铁路隧道高位穿越巨型溶洞关键技术

王 军 王清标 刘同江 朵生君 邱敬格 著

中国建筑工业出版社

图书在版编目（CIP）数据

铁路隧道高位穿越巨型溶洞关键技术／王军等著.
北京：中国建筑工业出版社，2025. 7. -- ISBN 978-7
-112-31185-9

Ⅰ. U495.1

中国国家版本馆 CIP 数据核字第 20252U9V33 号

本书从岩溶地质勘查、溶洞稳定性监测、沉降监测、试验设计、数值模拟、施工工艺等方面入手，深入研究了复杂山区铁路隧道高位穿越巨型溶洞综合处置与安全控制关键技术，提出了锚网索喷主动防护＋移动棚架被动防护的安全控制技术，提出了巨型溶洞综合处置优选方法及实用回填技术，研发了回填体上部注浆等多种超厚回填体沉降控制组合技术。揭示了静动载组合作用下超厚回填体沉降机理，建立了超厚回填体沉降预测双指数模型，形成了巨型溶洞稳定性综合评价体系等一系列具有实用性的理论技术成果。

本书可供隧道工程、岩土工程、工程地质等研究领域的工程技术人员、科研工作者及高等院校相关专业的师生参考。

责任编辑：杨 杰
责任校对：李美娜

铁路隧道高位穿越巨型溶洞关键技术

王 军 王清标 刘同江 朵生君 邱敬格 著

*

中国建筑工业出版社出版、发行（北京海淀三里河路9号）
各地新华书店、建筑书店经销
北京科地亚盟排版公司制版
建工社（河北）印刷有限公司印刷

*

开本：787毫米×960毫米 1/16 印张：16 字数：286千字
2025年7月第一版 2025年7月第一次印刷
定价：**68.00**元
ISBN 978-7-112-31185-9
（44872）

前　　言

随着中国高铁建设快速发展，穿越山区岩溶群的高铁隧道工程越来越多，遭遇更多巨型溶腔的风险大幅提高。中国 1/3 国土面积受岩溶影响，西南地区石灰岩分布最广，厚度最大，近年来仅西南地区就揭露巨型溶洞十余个，极大困扰工程建设。黔张常铁路是中国"八纵八横"高速铁路网主通道之一"厦渝通道"的重要组成部分，即渝厦高速铁路黔江至常德段，是一条连接重庆市黔江区与湖南省常德市的快速铁路，该铁路穿越西南广袤岩溶区，岩溶强烈发育，溶洞广泛分布。

黔张常高速铁路高山隧道为Ⅰ级风险隧道，先后揭露 38 个溶洞，其中 DIK53+678 巨型溶洞体量超过 200 万 m^3，仅厅堂状廊道约 60 万 m^3，处置工程量巨大；隧道正洞跨越溶洞段长度为 71m，影响段长度为 145m，隧道轨面以下溶洞深度为 36～57m，底部塌落体厚度为 50～65m，拱顶净空最大约 2m，局部侵限；溶洞侧壁及顶板危石遍布，溶洞落石先后发生近 200 次，施工风险极高。本书针对该溶洞开展了详细勘察评价、安全处置及监测分析研究。

通过溶洞勘查与稳定性监控、理论分析、数值模拟和经济技术对比，基于危岩体分布、围岩移动速率、围岩振动波速和裂缝发展速率，建立了围岩稳定性分级评价标准和 4 种安全防护技术；制定了线路绕避、回填和桥跨三类 12 种处置技术，提出了上部注浆减沉、碾压回填、结构减隔震、堆载预压、明洞预留净空等 8 种沉降控制技术，并优选了巨型溶洞"洞砟回填＋上部注浆"处置技术；针对超厚回填体，建立了表层沉降、回填体和底部堆积体分层沉降等多维沉降监控系统；得到了底部原始堆积体和超厚回填体在结构自重下的沉降规律、高速列车长期动载条件下超厚回填体沉降规律、巨型溶洞超厚回填体双指数沉降预测模型等一系列实用性的理论技术成果。

通过研究，黔张常高速铁路高山隧道巨型溶洞处置总成本节约 9600 万元，实现洞砟废料利用，作为国内外首个穿越百米溶洞的隧道工程，被央视等多家媒体单位报道，通车后重庆至长沙从 10h 行程缩短至 3h，研究成果为解决西南山区复杂巨型岩溶指明了方向，提高了我国山区铁路隧道建设水平。

　　本书在撰写过程中，得到了诸多企业领导和专家学者的支持，致以衷心感谢，他们是：中铁十四局集团王献伟、孙亚飞、于明洋、张华军、刘利、李秀东、李占先等，中铁第一勘察设计院罗文艺、王超宇等，山东建筑大学孙剑平、邱敬格、张文峰、郭毕钧、顾薛青等，感谢他们的鼎力支持与无私帮助！

　　由于笔者水平有限，书中难免有不足之处，请读者和同行专家批评指正。

作者　王军

目　录

第10章　总结与展望

参考文献

第1章 绪 论

近年来穿越岩溶地区的高铁隧道越来越多，穿越大体积溶洞的情况屡见不鲜，一般将溶腔体积大于 1000m³ 的溶洞称为特大型溶洞（即巨型溶洞）。巨型溶洞给隧道工程施工带来极大挑战，主要表现在巨型溶洞体量大、地质复杂、底部堆积体厚、危岩体遍布、整体稳定性差及铁路高位穿越等特征。因此，针对隧道工程中遇到的巨型岩溶问题，亟需制定经济合理、技术可行的处置方案，解决巨型岩溶问题，具有重要的技术价值和研究意义。

1.1 背景与意义

1.1.1 研究背景

我国是世界上高速铁路运营里程最长的国家，在建设过程中，经过不断地引进吸收和自主创新，高铁综合建造技术迅速提升，逐渐适应更为复杂的建设环境。21 世纪以来，随着我国经济快速发展，交通基础设施的建设力度不断加大，特别是在西南部山岭地区，隧道的修建能穿越许多地形复杂的山区，极大地缩短行驶路程并提高交通运输效率，但该地区岩溶地质显著发育，其复杂性、隐蔽性和高风险性给地质勘测、工程建设及工程施工构成了严重的安全威胁，极易造成重大经济损失和人员伤亡。

岩溶又名喀斯特，是水对可溶性岩石（碳酸盐岩、石膏、盐岩等）进行化学溶蚀作用为主，流水的冲蚀、潜蚀和崩塌等机械作用为辅的地质作用，以及由这些作用所产生的现象的总称[1]。我国是岩溶发育国家，岩溶面积达 $344.3 \times 10^4 km^2$，出露面积有 $90.7 \times 10^4 km^2$，超过我国国土面积的 1/3，我国岩溶遍及多个省、自治区、直辖市，以碳酸盐岩分布最为广泛。岩溶分布广泛的省份、自治区有四川（$36.0 \times 10^4 km^2$）、云南（$24.1 \times 10^4 km^2$）、贵州（$15.6 \times 10^4 km^2$）、广西（$13.9 \times 10^4 km^2$）、湖南（$11.3 \times 10^4 km^2$）、湖北（$7.8 \times 10^4 km^2$）。随着我国高铁建设快速发展，穿越山区岩溶地层的隧道工程将越来越多，据《中国铁路隧道数据统计》统计截至2023年底，我国铁路运营隧道18573座，总长23508km，其中27%～35%的隧道穿越岩溶地层。随着岩溶地区隧道建设数量增加，隧道穿越岩溶频次增大、溶洞处置难度增加，导致工程建设成本增高，因此有必要对巨型溶洞开展深入研究，解决巨型岩溶处置共性难题。

1.1.2　研究意义

本书以黔张常高速铁路高山隧道巨型溶洞处置为案例，结合溶洞处置设计和工程施工，采用现场调查、物探钻探、无人机探测、三维激光扫描、室内测试、模型试验、数值分析、现场试验、在线监测和工程实践等一系列研究方法，从溶洞探测勘察、溶洞稳定分析、处置方案比选、溶洞回填体沉降监测、沉降预测、沉降控制、列车动载对回填体沉降影响、隧道结构健康监测以及工程施工技术等方面开展研究工作，解决一系列巨型岩溶处置技术难题，降低溶洞处理经济成本，提高铁路运行安全性，为其他巨型溶洞工程处理提供技术指导与参考。

研究过程中，开展了三维激光扫描仪监测溶洞岩体位移、爆破振动测试监测岩体表面波速、全站仪监测危岩裂缝，结合洞内落石观测，综合分析了巨型溶洞稳定性和隧道爆破掘进对巨型溶洞的扰动影响；比选研究了线路绕避、回填和桥跨三类巨型溶洞处置方案，针对巨型溶腔洞砟回填处置技术，阐明了溶洞内超厚回填体沉降机理，提出了多维沉降监测技术、沉降预测技术及沉降病害控制技术，形成了沉降风险评价与监控预警系统等一系列成果；构建室内相似模型，模拟路基及列车动载等条件，分析了长短期加载条件下路基的振动响应规律，并对巨型溶洞施工防护技术开展研究，提出了洞内全面防护与点对点防护两类技术。这些成果的应用极大地提高了溶洞处置施工效率、降低了溶洞处置施工成本、提供了较好的施工安全防护。

1.2　国内外研究现状及发展趋势

1.2.1　岩溶地质勘察技术

目前有关岩溶地质勘察主要包括岩溶超前探测和溶洞揭示后勘察两个阶段。

在岩溶超前探测方面，国外的研究侧重于预测不良地质，尤其是岩溶地区的预测。包括钻探和地球物理探测方法，采用地质雷达、TSP（隧道地震勘探）地质超前预报仪、TRT（真地震反射成像）地质超前预报仪来实施地质超前预报工作。针对岩溶地区的溶洞和水文问题，提出了地震波反射和电阻成像技术，并依据获得的地质信息建立了含水层地质及水文概念模型；国内的岩溶超前探测技术主要包括工程地质及水文地质分析、超前平行导坑、钻探和地球物理探测等。

在溶洞揭示后勘察方面，其探测方法与超前探测大致相同，溶洞揭示后应注重采取洞内探测与洞外地质勘测相结合、地质方法与物探方法相结合、多种物探方法与钻探方法相结合、辅助导坑与主洞探测相结合，开展多层次、多手段的综合探测。部分学者指出岩溶地区桩基施工质量中的桩身完整性检测所采用的声波透射法和低应变动测法等，均存在各自的局限性。所以在施工质量检测过程中，应将多种测试方法相结合使用，从而使得勘察结果更加可靠。比如在探测漠阳江特大桥的岩溶情况时使用了多种方法内外相结合的综合勘察手段，首先采用高密度电法探测，从总体了解桥址区地质情况，然后采用钻探和管波探测，通过管波探测解释了岩溶现象与钻探揭露的岩溶情况具有一致性，最后采用跨孔 CT 探测，揭示了岩溶发育的延伸情况，为后续岩溶地区桩基设计、施工提供可靠的依据。

目前常采用的岩溶地质勘察技术方法如下：

1. 物探技术方法

物探是以各种岩石的密度、磁性、电性、弹性、放射性等物理性质的差异为研究基础，用不同的物理方法和物探仪器，探测天然的或人工的地球物理场的变化，通过分析、研究所获得的物探资料，推断、解释地质构造和岩溶分布情况。常用的方法包括传导类电法、电磁感应法、地震波法、微动探测、遥感技术、管波探测法等。该类方法一般作为定性分析法，在巨型溶腔超前预测、溶洞周边地质分析、地下水径流及暗河探测中效果显著。

常用物探技术有以下几种：

（1）传导类电法：1）电阻率法是以岩（矿）体的导电性差异为基础的电法勘探方法，它依靠人工建立直流电场，在地表测量某点垂直方向（电测深法）或沿着某一测线的水平方向（电剖面法）的电阻率变化，从而了解岩土体介质的分布或推断地质体性状的方法。电阻率法操作简单方便，它比一般的钻探节约资金和时间，它是电法中勘察岩溶地质最常用的勘察方法，也是早期岩溶勘察中运用最多的物探方法。在实际岩土工程勘察中电测深法对地表比较平坦、地下各层电阻率差异较大的地质体进行探测时勘察效果较好。2）高密度电法是 20 世纪 80

年代兴起的一种物探方法，近年来在岩土工程勘察界被广泛应用。高密度电阻率法实际上是集中了多个深度电剖面和密集的电测深于一体的一种地学层析成像技术，其原理与电阻率法相同，所不同的是在观测中设置了较高密度的观测点，实行密集采样来提高采样率和"多次覆盖"方法提高信噪比，从而获得较丰富的地质信息。3）激发极化法（简称激电法）是以不同岩、矿石激电效应之差异为物质基础，在人工电场作用下，通过观测和研究激发极化电场以达到找矿或解决其他地质问题的一种电法勘探方法。激发极化法更多的是应用在岩溶地区的地下水查找，要配合其他的物探或钻探方法使用，才能达到良好的勘察效果。

（2）电磁感应法：1）地质雷达法是探空雷达技术向地下的扩展。它是利用超高频短脉冲电磁波来探测地下介质分布的一种地球物理勘探方法。地质雷达工作时，由地面通过发射天线将高频电磁波以宽频带短脉冲形式送入地下，经地下地层分界面或目的体反射后返回地面，被另一天线接收。反射雷达波信号经过处理之后，输出一幅反射波的时间剖面图，由于不同介质的反射波形特征不同，因此根据雷达时间剖面图像，结合测区已知的地质和钻探资料以便划分不同地层分界面以及探查介质内部结构。因此，地质雷达是工程地质勘察中一种高科技方法，它具有可视性强和探测精度高的特点。2）瞬变电磁法是利用不接地回线（大回线、磁偶源）或接地线源（电偶源、线源）向地下发送一次脉冲磁场（电场），在一次脉冲磁场（或电场）的间歇期间利用线圈（或接地电极）测量地下介质产生的感应电磁场（二次场）随时间的变化，从而探测地下不均匀体的位置，并估算其规模和导电性能的一种方法。瞬变电磁法主要用于查找溶洞、溶蚀和岩溶地下水的情况。探测深度能够达到100m左右，在探测溶洞埋深方面准确度较高，通过资料的正反演计算处理，解释出的成果对于溶洞有很好的控制，并得到过钻孔的验证。

（3）地震波法即在地表以人工方法激发地震波，在向地下传播时，遇有介质性质不同的岩层分界面，地震波将发生反射与折射，在地表或井中用检波器接收这种地震波。收到的地震波信号与震源特性、检波点的位置、地震波经过的地下岩层的性质和结构有关。通过对地震波记录进行处理和解释，可以推断岩层的性质和形态。在隧道工程中地震波法主要用于中、长距离超前地质预报。其数据采集速度快，探测深度大，在隧道内应用具有一定的优势，但抗干扰能力差，而且耗时长，因使用炸药具有一定安全隐患，但其探测深度大，在隧道内应用具有一定的优势。此外还包括跨孔地震CT反演成像技术，是指测试前在目标区两侧钻孔，分别在两个钻孔中完成地震波的激发和接收，利用观测到的弹性波各种震相的运动学（地震波旅行时、射线路径）和动力学（振幅、波形、频率、相位）等信息，通过求解非线性方程组，反演孔间地下介质的结构、速度分布、刻画地质体构造的跨孔物探方法。岩溶地区地质情况复杂，岩溶和围岩性质差异很大，属于波速差异较大的非均匀介质，采用弯曲射线追踪方法更符合实际情况。近年来，在岩土工程领域有些学者运用井间地震层析成像技术，较好地揭示完整基岩顶界面的形态，岩溶发育程度、形态以及空间分布规律。在工程实践中无锡地铁 4 号线 3 号标段四院站—河埒口站区间采用了跨孔地震 CT 技术进行探测，通过等值线云图共揭示了 3 个地质异常点。还有学者采用反射波法进行隧道地质预报，该方法具有预报距离远、现场施作受施工干扰较小、探测结果能满足地质探测需要等优点。

（4）微动探测技术本质上属于弹性波勘察方法范畴，即以地球表面无时无刻都存在的微弱振动为信号源，采用高精度的探测仪器接收这种天然振动信号，通过一定流程的数据处理获取地下介质的瑞雷波（横波）速度分布结构及拟钻孔柱状图，作为分析地层结构和圈定不良地质体的基础资料。其具有无需人工振源、抗干扰能力强、场地适应性好等优点，在工程地质勘察中得以广泛应用。

（5）遥感技术是较为现代化和智能化的一种勘察方法，对于遥感技术而言，在实际调查的过程中，不但具备调查面广的优势，而且实际的重复性还相对较高，此外，相关的遥感图像不仅可以真实反映出实际的地表特征，还能全面详细地反映出整体的空间关系。不但可以对岩溶的地貌形态进行全面识别，还能对岩溶层组的划分讲行全面了解，遥感技术包含的内容也非常多，不但有航空遥感技术，还有地球资源卫星遥感技术，不仅如此，还有侧视雷达遥感技术和热红外遥感技术等，在岩溶地区的工程地质勘察中，已经将这些技术广泛地应用进来。

（6）管波探测法是在钻孔中利用"管波"作为探测物理场，探测孔旁一定范围内的溶洞、溶蚀裂隙、软弱夹层等不良地质体的孔中物探方法，可以利用桩位中心的一个勘察钻孔，通过发射管波，采集记录并分析管波反射信号，就可探明整个桩位范围内的岩溶、软弱夹层及裂隙带的发育和分布情况，并评价嵌岩桩基桩持力层的岩土性状。

2. 钻探技术方法

钻探技术方法是工程地质勘察的基本方法，根据破碎岩土方法的不同，主要分为冲击钻进、回转钻进、冲击—回转转进、振动钻进和超前钻探法等形式。

（1）冲击钻进利用钻具的重力和向下的冲击力使钻头冲击孔底以破碎岩石。根据使用工具的不同可以分为钻杆冲击钻进和钢绳冲击钻进。对于土层，一般采用圆筒形钻头的刃口，借钻具冲击力切削土层钻进；对于硬层（基岩、碎石土）一般采用孔底全面冲击钻进。

（2）回转钻进利用钻具回转使钻头的切削刃或研磨材料切削岩土使其破碎，回转钻进可分为孔底全面钻进和孔底环状钻进。岩芯钻进根据所使用的研磨材料的不同又可分为硬质合金钻进、钻粒钻进和金刚石钻进。

（3）冲击—回转钻进也称综合钻进，即岩石的破碎在冲击、回转综合作用下发生。在地质勘察中，冲击—回转钻进应用较广泛。

（4）振动钻进是将机械动力所产生的振动力通过连接杆及钻具传到圆筒形钻头周围土中。由于振动器高速振动的结果，使土的抗剪力急剧下降，这时圆筒钻头依靠钻具和振动器的重量切削土层以达到钻进的目的。振动钻进速度较快，主要适用于粉土、黏性土层及较小粒径的碎石层的钻进。

（5）超前钻探法是利用钻机对掌子面前方进行冲击或回转钻进的探测方法，按探测长度可分为长距离（大于 60m）、中距离（30～60m）、短距离（小于30m）超前钻探。利用加深炮孔可以将钻探深度进一步提高。可以直接判断钻探周边的岩溶、断层带的具体位置，也可通过钻孔量测水压，进行放水试验，是不可缺少的施工地质超前探测方法。现今可以使用 360° 高清摄像头对孔内进行进一步的勘察。在工程实践中运用超前钻探预报技术对隧道进行探测，该技术可以准确有效地预报掌子面前方的地质情况，同时还可以预排掌子面前方岩溶水和裂隙水，预防透水事故的发生。

钻探只是对地质环境点的揭示，通过推测去了解点点（不同钻探孔）之间的地质情况。对于岩溶区这种复杂的地质环境，这种推测往往是不准确的，甚至是错误的。这就使得仅仅依据钻探成果完成的设计成果，有可能存在较多的地质隐患。以往为解决这一问题，通常采用增加钻探孔数量的方法，来提高推测的精度。但是这样在大大提高勘察成本的同时，并不能彻底解决这一问题。

3. 勘察技术的综合运用

岩溶区勘察技术现有的研究都局限于某个或者某几个物探勘察方法的研究，其综合地质勘察方法很少涉及。但是，应该充分认识到在岩溶地区运用综合勘察手段，能够较为准确地查明岩溶的分布、岩溶发育形态及岩溶水的储存规律，并且取得良好的效果。

对于岩溶区综合勘察的方法，首先必须意识到由于岩溶地区的复杂性，必须采取各种勘察手段相结合的方式，才能取得与实际相符的资料。而这些方法中，物探方法只是间接的地质勘察方法，最终地下的岩溶地质情况还需要通过钻孔勘察来验证。而若只采取钻探的方法，不仅成本大，而且不一定能满足勘察的要求。根据勘察性质、地质条件、技术经济等综合因素，合理制定勘探方案是岩溶地质勘察的关键。在地球物理综合勘探方面，地球物理探测技术作为勘察的重要辅助手段，近年来其设备更新和技术应用得到了飞速发展，大大提高了勘察的效率和准确度。

利用地质测绘，同时在场地范围内布置高密度电法、探地雷达等地面物探方法，初步查明场地范围内岩溶发育和分布情况，进行岩溶场地的划分，判定"无岩溶区"和"岩溶不发育区"以及"岩溶发育场地稳定区"与"岩溶发育场地不稳定区"。

在前期工作初步判定为岩溶区的场地上，以一桩一孔的布孔原则布置钻探孔。在钻探孔完工后，在钻探揭示为完整基岩段的范围内进行管波探测，以判断该段范围内是否存在岩溶、裂隙等不良地质现象，不存在的话则终孔；若存在地质隐患，孔深不满足要求时，便进一步加深钻孔，重复上述步骤，直至满足桩端持力层的选定要求。当场地岩溶发育强烈，需要进行处理时，利用跨孔 CT 扫描等跨孔探测手段，直观揭示场地范围内岩溶分布形态，确定处理范围及处理工作量。对于复杂的岩溶场地要适当地利用多种物探方法进行勘察，物探方法能补充传统钻探的不足。从某种意义上讲，它们可以看成是传统方法的延展。物探方法的合理应用，可以大大减少这些直接方法的工程量。但是，再次强调的是，物探方法只是个间接的勘察结果，只有与钻探紧密结合，该方法的投入才有依据，成果的解释才会有明确的地质内容。通过多种勘察手段相互补充和印证，从而全面准确地反映岩溶场地的地质情况，使设计、施工建立在一个坚实可靠的基础上，确保工程设计、施工和使用达到经济合理的目的，以避免由于单一的勘察手段所提供的不确切的甚至错误的勘察结果给设计和施工所带来的不良后果。

1.2.2　巨型溶腔处置技术研究

依据溶洞发育特征，结合溶洞处理原则，巨型溶洞主要分为以下 5 类处理方案[2, 3]：

（1）不处理方案：1）溶洞在基础影响范围以外；2）溶洞处于地基压缩层深

度以下或垂直附加应力与洞顶地层自重应力之比小于或等于 0.1 时，洞顶板无破碎现象，受力地基边缘无上洞、漏斗、落水洞地段；3）基础位于微风化硬质岩表面且宽度小于 1m 的竖向溶蚀裂隙和落水洞旁，洞隙被充填密实且无被水冲蚀可能的地段；4）洞体厚跨比大于 1，围岩完整性好或洞体深于基础底面。以上四种情况，可不进行处理。

（2）绕避方案：当岩溶区断裂、孔隙发育，宽度和密度较大，其底与溶洞、暗河相通的地段；溶洞、暗河发育地区，溶洞的洞径大、顶板薄、裂隙发育、基岩破碎；暗河水流较大且洞内无或少充填物的地段；岩溶水以表流和暗流交替出现，岩溶发育复杂无规律；落水洞分布较密且漏水严重，塌陷时常发生的地段；基岩起伏、流塑或可塑软土分布广且厚度变化大、地下水活动强烈地段；地基处理成本太高的地段，宜采取绕避方案。在工程实践中重庆奉节至巫溪高速公路羊桥坝隧道采用了费用少、工期短的左线左偏绕避溶洞方案；万铁路野三关隧道穿越大型高压富水块石充填型溶洞时[4]，通过迂回绕避先行越过溶洞腔体，依次对溶腔采用释能降压措施，解除溶洞出现不可预料的突水突泥石安全风险。

（3）填垫法方案：当溶洞内如有塌陷松软土体，应先将其挖除，再以块石、片石、砂等填入并夯实。此法要估计到地下水活动被再度掏空的可能性。为提高土体强度和整体性，在回填施工完成后，可注入水泥浆液，对于重要工程基础下或较近的溶洞、土洞，挖除洞中软土后，将钢筋或废钢材打入洞体裂隙后用混凝土进行填洞，对四周的岩石裂隙注入水泥浆液，使其粘结成整体，提高强度并阻断地下水。在工程实践中长昆客运专线朱砂堡 2 号隧道巨型溶洞和云桂客运专线营盘山隧道巨型溶洞对线路范围隧底溶洞采用大体积混凝土分层回填，混凝土回填以外区域采用隧道弃渣回填；黔张常高速铁路高山隧道巨型溶洞下部范围采用弃渣回填，上部范围采用级配碎石回填处理，在高位穿越条件下，首次采用了下部超厚加工洞砟回填＋上部注浆加固方案，极大降低了施工成本。

（4）跨越法方案：当岩溶洞体较深或者挖填困难时，可以考虑采用跨越法。这种方法是将跨越结构放置在岩溶地基基础上，根据上部结构性质、荷载大小和跨度大小，可以选择板、梁、拱等方式进行跨越。在设置跨越结构时，需要确保有可靠的基岩支撑，梁式结构的支撑面需要通过经验计算确定。这种方法的优点是将地下工程变为地面工程，不受地下水流影响，而且适用于各种岩溶形态。其又分为以下四种处置方法：板跨法、梁跨法、拱跨法、桩基法。有些学者提出采用洞渣回填作为施工通道和防护基础，连续组合桥梁跨越，钢筋混凝土套拱、混凝土护拱和沙袋缓冲层的组合拱形防护，取得了较好的治理效果。在工程实践中宜万铁路下村坝隧道采用承台跨越处置方案，其结构较安全，但隧道底板不宜过高；岩湾隧道特大型溶洞采用洞渣回填、桥跨和拱形防护共同跨越的处理方案。

（5）综合处置方案：由于溶洞空腔分布范围广，实际施工时将面临溶洞空腔处置难度大、施工作业受限、处置结构影响大等技术难题，部分溶洞若采用单一的处置方案将难以解决施工问题。越来越多的巨型溶洞采用了综合处置技术。在工程实践中宜万铁路龙麟宫隧道 2 号溶洞采用溶洞隧底空洞段用复合地基混凝土桩加固，岩石侵入段设置挡墙并将隧道悬空部分用混凝土填密，溶洞大厅则采用黏土块石回填、混凝土换填、钢管桩加固及注水泥浆加固，根据溶洞与隧道的不同空间位置关系，采用多种地基处理和结构加固的方法；成贵铁路玉京山铁路隧道跨越巨型暗河溶洞时采用了"小范围新增泄水洞、连续梁＋分层回填＋洞壁防护"的综合处置方案，还采用了"暗河改道＋溶洞满填＋桥梁跨越＋隧道衬砌防护"的总体施工方案，安全穿越了溶洞，确保线路运营长期安全稳定；那丘隧道采用"承载桩基—纵横框架梁板—钢筋混凝土挡墙"组合处置结构与洞渣回填综合处置的方案。

1.2.3　巨型溶腔回填体沉降机理与沉降控制研究

1. 巨型溶腔回填体沉降机理

采用路基填筑处理巨型岩溶，具有施工简单、操作方便和成本经济等优点；但巨型溶洞填筑厚度一般较大，且溶洞底部通常存在较厚堆积体，超厚路基沉降问题不容忽视。

在长期列车荷载作用下路基的沉降主要来源于三部分[5]：一是在列车荷载作用下，土体颗粒重分布，土体骨架发生变化，产生塑性变形，这时土体的体积将发生相应变化，从而致使路基产生附加沉降；二是土体颗粒在列车荷载作用下破碎、粉化，造成土体颗粒形状的变化和细颗粒含量增加，使路基出现明显的附加变形；三是动力接触稳定问题，即路基各层不同材料的接触面在列车荷载作用下发生颗粒迁移和侵蚀现象，从而引起附加变形。

大量的专家学者针对回填体材料的工程特性和回填体路基沉降变形分析开展了许多研究。一些国外学者根据碎石填料试验结果分析表明[6-14]：颗粒间的摩阻力和破碎量的大小是影响填料压缩变形的两个主要因素。一些国内学者开展改性的隧道弃渣填料强度试验的研究结果表明：水泥含量为 4% 时，级配碎石填料的含水率达到最佳值；对不同初始含水量和干密度的土石混合料进行剪切和压缩试验，深入分析不同土石比试样的强度与变形特性随初始参数的变化规律；通过数值分析软件建立了填石路基的二维模型，部分学者还模拟分析了五种粒径填料路基在列车荷载作用下的稳定系数、位移以及应力应变规律，建立了黏弹性地基上的二维铁木辛柯梁模型，研究了路基的动力响应，将有限元和边界元两者相结合，通过设置边界元的方法来模拟路基无限边界，分析了列车荷载作用下路基的动力特性，并通过对挪威至瑞典的高速铁路现场测试数据进行分析，提出了包括 5 个独立影响因子的路基低频振动半经验模型。

土体在列车荷载作用下会产生不可恢复的塑性变形，且随着荷载作用次数的增加，变形逐渐增长。不同围压下累积应变随振次的发展趋势可分为稳定型、破坏型和临界型。

（1）稳定型：初始阶段应变增长迅速，随振次的增加，应变增长速率逐渐减小，即塑性变形逐渐减小，土体密实度增加到一定程度后，能够抵抗外荷载的作用，这时土体在动荷载作用下只产生弹性应变，累积应变基本趋向于稳定。

（2）破坏型：土体累积应变随加载次数增加呈现非线性增长，达到一定的加载次数后，土体的结构被破坏，导致强度降低，变形量迅速增加，直到破坏。当加载次数相同时，动应力越大，则土体的累积应变也就越大，较高的动应力水平能有效加快土体的应变软化。

（3）临界型：临界型曲线是表明土体处于稳定型与破坏型之间的临界状态，随加载次数增长，应变可能增大，也可能减小，处于一种波动状态，是区分变形稳定型与破坏型的界限。

循环荷载作用下土体的变形主要受颗粒级配、应力水平 σ、荷载作用次数 N、压实度 K、含水率 w 等因素影响，这些因素对路堤沉降的作用并不是独立的，而是相互制约，共同起作用。

路基沉降涉及多种因素，如：回填高度、回填形状和填筑施工过程等。

（1）回填高度对路基沉降的影响

路基产生的沉降主要是由于上层填土所施加的荷载引起的，并随着填土高度的增加路基产生的沉降增大。余涛通过研究填石材料的工程特性，分析了填石路基的瞬时沉降与工后沉降的沉降机理与沉降特征，并得出了回填高度差、基岩坡度、覆盖层厚度对填石路堤不均匀沉降的影响规律。

（2）回填形状对路基沉降的影响

路堤的回填形状对其沉降有一定影响。在平坦地基上，路堤的沉降基本以路堤中心对称分布，最大沉降发生在路堤中心下。而在斜坡地基上，路堤的最大沉降发生在靠近斜坡的位置，沿路堤内侧边缘到外测沉降逐渐增大，路堤顶部沉降量从内侧边缘向外逐渐增大，然后逐渐减小。对于巨型溶腔，由于是在腔内进行回填，回填形状的不同会产生更加特殊的影响。

（3）填筑施工过程对路堤沉降的影响

填筑施工过程对路堤沉降的影响主要体现在施工速率和压实度的控制上，快速施工会导致土体侧向变形较大，从而引起较大的瞬时沉降速度。陈永凯认为路基施工的速率对沉降过程有一定程度的影响，路基的主要沉降量是在填筑期产生的，填筑速率过快时，土体中的附加应力会增加很快，从而引起沉降变化的速率会相应增加，相比于慢速率的填筑方法，土体的固结时间较短，孔隙水压力较大，超载预压期的时间较长，对工后沉降影响较大。

土体的密实度对沉降影响显著。达到一定密实度后，土颗粒之间紧密镶嵌，施工期可完成大部分沉降，从而降低工后沉降数值和缩短工后沉降稳定时间。

2. 巨型溶腔回填体沉降控制技术研究

以回填方式处理巨型溶洞具有施工简单、成本经济和易于防护等优点，但是巨型溶洞回填处置技术也面临一大难题，即回填路基的工后沉降控制，特别是隧道高位穿越巨型溶洞时，隧道底板以下溶腔高度大，溶洞底部充填物厚，处置后的超厚回填体极易产生较大工后沉降，路基也是线路工程中最薄弱且最不稳定的环节，回填体沉降控制不力会严重威胁高铁列车的运营安全。

（1）回填体沉降预测方法

迄今，被广泛运用于工后路基沉降预测的方法有经验公式法、灰色系统法和数值模型法[15-28]。高路堤的沉降是与多种影响因素有关的发展过程，它与地基所处的特殊环境、地基土的应力历史、填料的工程性质、路堤的填方高度及施工方法等密切相关，针对不同的侧重点都有不同的预测模型。目前运用最广泛的是灰色系统模型和曲线模型，这类预测模型被称为单项模型，比如 H 模型、V 模型（源自于 Malthasia 模型）、D 模型（邓英尔提出）。每个单项模型的侧重点不同，每一种模型都能为预测提供相应的侧重点的信息。为解决单个预测模型预测精度较低、预测结果存在片面性的问题，国内外很多学者们试图通过组合模型来综合考虑每个单项模型有用的信息，来提升预测的精度和可靠性，有些学者将其引入岩土工程领域用来预测路基沉降，目前运用较多的为单一的两模型组合模型，即将两个单项预测模型按照某种组合方法进行组合，形成一种新的预测模型，然后将新模型的预测结果与每个单项模型的结果进行对比来分析各模型的优劣性，针对同时建立多个组合模型。还有学者将三种单项模型进行两两组合，建立三种新的两模型组合模型，再将三种单项模型同时组合，建立一种新的三模型组合模型，比起两模型、单模型，更加精准地预测了路基沉降。针对铁路路基沉降，部分学者利用差分干涉合成孔径雷达（DInSAR）数据导出的地面沉降数据，通过数据反算提出沉降预测模型。

（2）回填体沉降控制标准

不同国家对路基沉降的控制标准和方法略有差异。目前各国高速铁路在制定路基工后沉降标准时主要是考虑线路的维修养护标准，特别是考虑了无砟道结构对路基沉降的高标准要求，其工后沉降较小。从铁路线路平顺性考虑，路基应控制沉降差和最大沉降量。法国高速铁路对于有砟轨道不均匀沉降差为20mm/10m，最大沉降量为5cm；对于无砟轨道不均匀沉降差为30mm/20m，最大沉降量为5cm。德国高速铁路对于无砟轨道考虑扣件调整范围为20mm，在保证轨道线型的情况下，路基工后最大沉降量为3倍的扣件允许调整量，即路基工后最大沉降量为6cm。日本高速铁路对于无砟轨道考虑路基工后最大沉降量为3cm[5]。

在国外，由于各国地理条件不同，导致工程地质条件存在很大差别，所以差异沉降控制标准也各不相同，主要国家控制标准见表1-1。

各国工后容许差异沉降控制值   表1-1

国家	控制标准
德国	相对沉降（工后沉降与总沉降量之比）为5%～15%，绝对沉降为3～5cm，特殊情况下为10cm
法国	工后沉降不超过20mm，剩余沉降每年不超过10mm，25年总沉降不超过100mm
日本	当土方工程结束后立即铺筑高等级路面时，路堤中心处剩余沉降量的限值，对一般路段为10～30cm；与桥梁等邻接的填土部位为5～10cm

根据我国国家行业标准，建筑地基的处理按照施工方法和加固机理划分为换填垫层法、预压地基法、压实地基法、夯实地基法、复合地基法、注浆加固法及微型桩法等。经过长期的发展，某些单独的地基处理方法的效果可能达不到工程

沉降量控制的要求，从而发展出将多种地基处理方法联合使用的方法，形成了众多复合加固方法。国内学者总结了当前较为常见的路基施工技术，对于道路桥梁沉降段常见的施工技术包括注浆法、换填法、托换法、土工织物加筋法等。

从地基沉降变形分析可以看出，单纯以地基的沉降和侧向水平位移的绝对值大小来确定地基的稳定性是不够的，更重要的是分析其沉降速率和侧向水平位移速率。我国现行行业标准《公路软土地基路堤设计与施工技术细则》JTG/T D31-02 对路基稳定性的控制标准是：施工期间宜按路堤中心线地面沉降速率每昼夜不大于 10～15mm、坡脚水平位移速率每昼夜不大于 5mm 控制路堤稳定性。特殊软土地基应根据设计要求确定稳定性控制标准。当沉降或位移超过标准时，应立即停止路堤填筑，同时要求路基填筑期每填一层土应测一次。

（3）回填体沉降控制技术

在岩溶隧道的处置中，大多采用洞内回填方案，回填路基的沉降变形主要由三个部分共同组成，分别是瞬时性沉降、固结式沉降和蠕变性沉降。总沉降由新增回填体沉降和既有地基沉降组成。填方材料常来源于隧道爆破开挖岩体产生的废弃石料，具有来源广泛、压实性能好、填充密度大等优点，但其粒径范围变化比较大，回填体的沉降问题比较突出，需要采用沉降控制技术来解决此问题。对此大量的专家学者针对回填体沉降控制技术进行了研究。

一些学者根据路基沉降病害的类型和成因，提出了机械抬升与注浆填充相结合的高速铁路路基沉降病害整治方案，制定了路基沉降病害整治的工艺流程。部分学者通过运用分层振动压实技术、注浆加固技术以及预压加固技术[29,30]来减小超厚回填路基工后沉降。还有学者采用结构注浆与调整扣件系统治理高铁运营期有砟轨道路基沉降病害[31-34]。通过分析高填方路基沉降的原因，采用了压力注浆的施工工艺和方法，压力灌浆法即利用机械施加高压，将能够固化的浆液压入土体空隙，浆液凝固后，固结压力区范围内的土体，使松散的土颗粒形成整体，达到控制沉降、减少不均匀沉降的目的，特别是对于公路路基下局部软弱部分，可以直接改善土体结构，固结土体，控制沉降，在施工过程中保证了施工质量。灌浆法于 1802 年始于法国，其利用液压、气压或电化学的原理，用注浆管将浆液注入地基中，以填充、渗透和挤密的方式，赶走土粒间的水和气体而占据其位置，形成"结合体"。

在工程实践中，玉京山隧道穿越巨型溶洞段，超厚回填土和软黏土等都会造成沉降，针对高填方回填体沉降控制，主要从回填施工和注浆加固两方面入手，分别采用了分层回填施工、隧道两侧注浆加固以及基底注浆加固技术来对回填体沉降进行控制。不少工程采用土工合成材料处置沉降，土工格栅等可以对填挖结合部位的路基差异沉降进行有效处理，使之调节和控制不均匀沉降。加筋土处置措施，是在填土中分层水平铺设采用特殊合成材料制成的土工格栅（网）等，其一方面利用被锚固加筋材料一端的张拉作用，在局部范围分层阻止填料沉降；另一方面，按一定层间距水平铺设的加筋材料使没有直接接触的土颗粒受到约束，使土体颗粒本身之间以及土颗粒与加筋材料接触面间的摩擦咬合作用增强，土体中的部分应力得到扩散和转移，改善局部荷载作用下土体内部的受力状态，扩大荷载沿土体深度方向的扩散范围，从而达到减少外部荷载对土体的压缩沉降作用，提高土体抵抗变形的能力。

　　总体来讲，国内外各学者依托于工程实践在岩溶地质勘察技术、巨型溶洞处置技术及溶腔回填体沉降控制技术等方面均做出了大量研究成果，对工程施工提供有益参考。

第 2 章 巨型溶洞勘察与岩溶发育特征研究

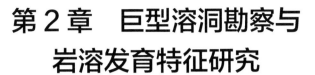

巨型溶腔体地质条件复杂，一般采用多种勘察手段相互验证，主要包括工程地质调绘、物探、钻探、三维实体建模和测试分析。工程地质调绘是运用工程地质理论，对与岩溶有关的地质现象进行观察和描述，初步确定岩溶区地质特征。物探是地球物理勘探的简称，是将物理原理和方法运用于研究地质构造和解决岩溶勘探中所遇到问题的方法。钻探是利用钻探的机械工程技术，采取地层的剖面实况，撷取实体样本，进而进行实验以取得相关数据资料的方法。三维实体建模是指巨型溶腔发现后，进入溶洞内采用三维激光扫描仪和无人机探测，建立溶洞三维实体模型，并标注主要地质特征。测试分析是指将钻探取得岩土芯样加工成标准试样，在实验室内测试分析岩土芯样的物理力学参数，主要包括抗拉强度、抗压强度、抗剪强度、含水率和浸水特征等。

2.1 巨型溶洞勘察

2.1.1 巨型溶洞工程概况

1. 黔张常铁路

新建铁路黔江至张家界至常德铁路（以下简称"黔张常铁路"）位于渝东南、鄂西南和湘西北三省交界地带。线路西起重庆市黔江区，东至湖南省常德市，线路总长 339.42km，为Ⅰ级电气化双线铁路，设计速度 200km/h。黔张常铁路穿越地形总体趋势西高东低，沿线地质构造复杂、地形地貌多变、起伏较大，全线穿越武陵山区影响范围，隧道与桥梁工程占比较大，存在多处高风险长距离隧道，多处桥梁跨越既有铁路、高速公路、等级道路，跨越乌江、沅江、澧水水系，铁路工程地质及水文地质条件十分复杂，可溶岩广布，岩溶强烈发育，地下暗河系统复杂多变，溶洞、落水洞等广泛分布，岩溶几乎涉及全线施工，是典型的山区铁路。黔张常铁路全线新建隧道 100 座，总长度为 170.901km，占线路总长的

50.3%。其中Ⅰ级风险隧道 6 座，Ⅱ级风险隧道 16 座，其中以"Ⅰ级风险隧道高山隧道 DIK53+678 巨型溶腔"问题最为突出。

2. 高山隧道

高山隧道位于黔张常铁路湖北咸丰—来凤区间，为Ⅰ级风险隧道，进口里程为 DIK51+328，出口里程为 DIK55+286.2，全长 3958.2m，如图 2-1 所示；本线为时速 200km 客货共线双线铁路，隧道采用曲墙有仰拱复合式衬砌结构，隧道内铺设有砟道床，线路纵坡为 −12‰、−17.4‰ 的单面下坡，最大埋深约 365m，进口轨面高程为 799.158m，出口轨面高程为 732.973m。

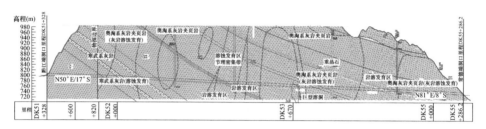

图 2-1　高山隧道纵断面图

隧道地处咸丰斜歪背斜南东翼，进口为土落坪溶蚀洼地，出口发育林家坪 F3 平移断层，洞身穿越奥陶系下统南津关组、分乡组、红花园组灰岩，寒武系上统耗子群灰岩夹白云岩、道陀组灰岩。地表岩溶形态主要为溶蚀洼地、落水洞、岩溶漏斗、溶蚀沟槽和溶洞等，洞身穿越 3 条管道流，距隧道出口约 700m 发育区域 14 号地下暗河。隧道在出口端线路左侧设置一座长度为 2662m 的平导，高山隧道施组平面示意图如图 2-2 所示。

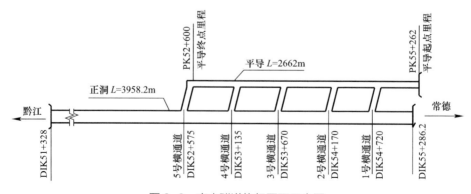

图 2-2　高山隧道施组平面示意图

3. 巨型溶洞

高山隧道 DIK53+678 揭示巨型溶洞,如图 2-3 和图 2-4 所示,溶洞由主溶蚀裂隙通道、厅堂状廊道及支洞三部分构成,隧道通过设置迂回平导、施工支洞及施工横通道等施工措施,不仅减小了该溶洞对隧道施工总工期的影响,而且为溶洞的补充勘察及处置创造了条件。主溶裂隙通道长度约 450m,高度为 5~46m,宽度为 7~45m,总体呈 N45° E 向大里程方向发育;补勘发现厅堂状溶洞长度约 120m,宽度 32~63m,高度 46~65m,溶洞底板自线路左侧向右侧约呈 13°向下倾斜,在厅堂状溶洞南端尽头又以裂隙型溶洞继续向远离线路方向左右侧延伸;平导跨越溶洞长度约 68m,与溶洞约呈 42°夹角,拱顶以上溶洞高度 2~8m,隧道轨面以下溶洞深度 30~55m;正洞跨越溶洞长度约 71m,与溶洞约呈 42°夹角;拱顶以上溶洞最高处约 2m,路肩面以上空腔高度为 12~16m,以下空腔深度为 30~55m,洞底塌落块石及堆积物厚度为 37~66m;隧道轨面以下溶洞深度 36~57m。该溶洞规模巨大,对隧道工程施工影响大[35]。

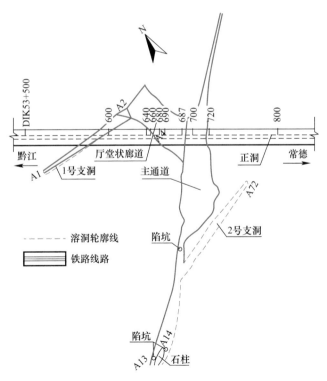

图 2-3　高山隧道 DIK53+678 巨型溶洞形态图

（a）　　　　　　　　　　　　　（b）

图 2-4　巨型溶洞现场实景
（a）厅堂状廊道；（b）主溶蚀裂隙通道

2.1.2　溶洞成因及水文地质特征分析

1. 溶洞成因

溶洞位于咸丰斜歪背斜的南东翼，出露于奥陶系南津关组、分乡组、红花园组厚—巨厚层灰岩中。厅堂状廊道溶洞底面高程为 665.81～671.87m，底部总体向主溶蚀通道倾斜，与岩层倾向基本一致，主溶蚀裂隙通道底部高程为 656.40～660.25m。洞内主要发育 N63°～75° E、N12°～24° W 两组优势构造节理，倾角82°～90°，地层产状为 N81° E/8° S。晚近期地壳不间断性抬升及间断性的宁稳期完成了岩溶化过程，在复杂的水动力条件下，顺优势张裂隙、岩层倾向溶蚀及后期塌落综合作用形成的巨型洞穴系统，目前处于衰退期。

2. 溶洞水文地质条件分析

（1）溶洞水文地质特征

通过洞外调查查明拟改线段工程地质、水文地质条件及不良地质发育情况，查明正洞前方重点风险段落岩溶发育情况及工程地质、水文地质条件，如图 2-5 所示；隧道位于鄂西南构造侵蚀、溶蚀中低山区，穿越阿蓬江与酉水河水系的分水岭，地表水不甚发育，隧道区地下水补、径、排受控于土落坪溶蚀洼地、区域性打车河暗河及桐木湾—干龙洞、DK53+250、阳河—陈家渠管道流。溶洞地下水补给范围受地表分水岭及岩溶裂隙、落水洞控制，补给量受控于汇水面积。溶洞发育区地表两侧各发育一条管道流，管道流大致顺冲沟发育，底板发育高程在 850～860m，明暗流交替出现，因此影响溶洞降水的补给面积较小。地表主节理产状为 N55° E/84° S 和 N25° W/82° N，与溶洞主溶裂隙 N47° E，节理 N12°～24° W 基本一致。同时，本区岩性为灰岩夹页岩，岩层产状近水平，页岩为非可溶岩，相对隔水，由此说明地下水径流以节理型岩溶裂隙径流为主导。

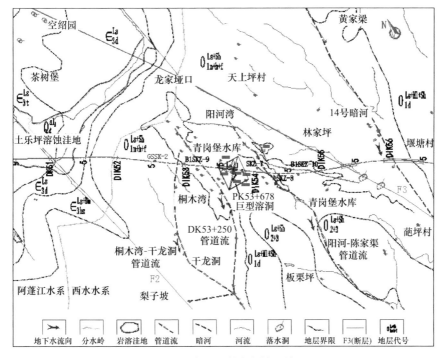

图 2-5　高山隧道水文地质缩图

（2）溶洞水补给量计算

溶洞主要补给源为大气降水下渗补给，通过落水洞、漏斗及溶蚀裂隙向下汇集，汇水面积约 0.32km²。溶洞水最大补给量计算采用大气降水入渗法，其中日降雨量根据长序列水文监测资料及皮尔逊—III 线型计算，日最大降雨量 P5%（20 年一遇）为 230mm，P20%（5 年一遇）为 138mm。溶洞水补给量计算见表 2-1。

最大补给量根据公式：

$$Q = 1000\alpha XA\eta \qquad (2-1)$$

$$A = L \times B \qquad (2-2)$$

式中　α——入渗系数；

　　　X——日降水量；

　　　A——汇水面积；

　　　B——时间滞后系数（η）与入渗系数（C）的乘积；

时间滞后系数 η 取 0.4。

溶洞水补给量计算表　　　　　　　　表2-1

日降雨量（mm）	汇水面积（km²）	入渗系数	补给量（m³/d）
138	0.32	0.59	10422
230	0.32	0.59	17370

经理论计算，溶洞水最大补给量为 17370m³/d。

地面物探主要针对拟改线段及正洞前方的重点风险段落进行调查，重点查明岩体完整程度、富水性、地质构造、洞身通过不同岩性接触带和构造带的情况，并评价对设计和施工的影响。通过洞外钻探，关注拟改线段及正洞前方的重点风险段落，调查物探异常区，包括地层物质组成、完整程度、岩溶发育情况和工程地质与水文地质特征。同时，在钻探孔内进行综合测试，包括工程地质、水文地质等参数的测试，以获取定性和定量资料，为设计提供工程地质和水文地质评价。从钻探、物探及地质调查情况综合分析，溶洞实际处于岩溶水垂直渗流带中，经进一步详细调查，厅堂状廊道洞顶平整，未见裂隙水流及管道水，溶洞基底多为塌落块石土。主通道裂隙型管道洞壁多发育钙化层及方解石晶簇，1、2号支洞均未发现明显来水通道，仅在洞壁有轻微滴渗水，其中主通道与平导相交主溶裂隙处有淋雨状滴水，水量约200m³/d。

（3）溶洞地下水径流、排泄及堆积体渗水分析

溶洞地表总体为岩溶峰丛、溶蚀残坡，峰丛与小型溶蚀洼地相间地貌。从溶洞地表地貌及区域水文地质特征，主通道南端及1号支洞南侧盲端拳头状溶蚀及洞内溶蚀特征综合分析，早期地下水总体流向为西南方向，挽近后期地壳不均匀抬升，地下水开始向两侧，最终向14号暗河汇集，具体流向如图2-6所示。

从图中可以看出，1 区、2 区、6 区、7 区洞底堆积体表面潮湿，局部洞顶有滴渗水，其中 1 区、2 区、6 区、7 区地表发育有 3 个落水洞；5 区、8 区洞底堆积体干燥；4 区洞底堆积体有渗水，洞顶有滴水，水量约 200m³/d。洞内实施的 7 个钻孔揭示结果表明，溶蚀底面为硬塑粉质黏土，堆积体及基岩均未见到地下水。主溶蚀通道底部高程均低于隧道通过区的厅堂状廊道高程，为溶洞的最低溶蚀底面。

由于地表降雨量补给有限，降水主要通过主溶蚀裂隙径流补给至溶洞，主溶蚀裂隙发育成熟，补径排通畅。溶洞地下水及局部的渗水均通过裂隙排泄。溶洞目前通过图 2-6 中的 A、D、E 点状渗漏消水，以线状及面状渗漏消水。

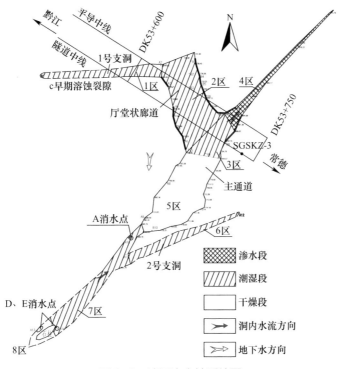

图 2-6　溶洞水文地质缩图

3. 水文专项监测资料分析

隧址区属亚热带潮湿湿润型气候，气候温和，四季分明。多年平均降水量为 1373.2mm，年最大降雨量为 1988.8mm（1983 年），年最小降雨量为 949.9mm（1988 年），降水多集中在 4～9 月。

经监测，2016 年降雨量为 2267.1mm，超过该地区有记录数据的年最大年降雨量1988.8mm。通过日最大降水量对比，根据长序列水文监测资料及皮尔逊—Ⅲ线型计算结果，日最大降雨量P5%（20年一遇）为230mm，P20%（5年一遇）为138mm。自建气象站监测日最大降雨量为254.5mm，达20年一遇降雨水平。截至2023年底，经多次洞内详细探查，溶洞内未见有明显水流痕迹。

4. 溶洞迂回平导及施工支洞地下水情况

揭示PK53+678巨型溶洞后，于PK53+728开始绕行施工，至PK53+290返回至原设计线位，绕行段平导中线与线路左线的线间距为85m，绕行长度为438m。施工揭示该段掌子面岩体完整，未见明显地下水，开挖过程中未揭示有明显渗流水。

2.1.3 溶洞顶板与侧壁无人机探测

通过洞内调查已揭示溶洞规模、发育形态、溶洞堆积物的厚度、洞壁的节理发育情况及稳定性、洞内岩溶水的补、径、排条件。

1. 顶板

根据洞内详细调查结果，目前顶部层面已形成塌落拱，基本稳定。靠近墙体边缘节理裂隙较发育，存在掉块风险。同时，受两侧岩壁节理裂隙切割影响，侧壁发生垮塌可能影响到顶部岩层的稳定性。

2. 洞壁

根据洞内详细调查结果，岩溶大厅侧壁多分布有危石，危石多由层理、节理及溶蚀裂隙切割而形成。根据现场调查情况，结合洞内持续监测结果，洞壁及洞顶多处见有块石掉落，共计16次，且存在同一地方发生多次掉落现象，由此说明该溶洞洞壁大部仍处于不稳定状态，塌落现象仍在继续；其中规模较大一次发生在施工一年前于图2-7的点B5附近，掉落块石块径为1.2～1.8m。根据洞内详细调查结果（结合无人机拍摄及危岩体裂缝监测），现将洞壁主要段落地质特征及稳定性分析分述如下（各调查点位置如图2-7所示）：

点A3（位于平导基底附近），如图2-8所示：A2～A3段主要发育一组N70°E向垂直张开节理，间距为3～4m，宽度为5～25cm，延伸长度为40～60m，无充填，岩壁底部岩层呈中厚层状，顶部呈厚—巨厚层状，顶部岩壁见有危石发育，未见钟乳石及方解石结晶体，底部堆积物以块石为主，单体最大体积约8m×2m×3m；综合分析该段洞壁稳定性差。

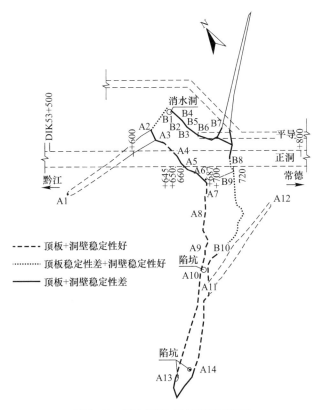

图 2-7　洞内调查点位平面示意图

图 2-8　点 A3 附近无人机拍摄节理裂隙及危岩发育情况

（a）点 A1～A2 支洞；（b）点 A3 处洞壁节理；（c）上部；（d）中部；（e）下部

该处附近于施工前七个月的第 6～16 天、整个施工周期内对典型危岩体进行了裂缝监测，测点位置如图 2-9 所示，裂缝宽度监测结果见表 2-2，监测结果显示裂缝一直处于增长阶段。

危岩体裂缝宽度监测结果   表 2-2

测点序号	第 6 天裂缝宽度（mm）	第 16 天裂缝宽度（mm）	最大单日变化量（mm）	累计变化量（mm）
4 号	37	45	2	8
5 号	48	59	3	9
6 号	21	25	2	4
备注	变化量以上次裂缝宽度减去本次裂缝宽度表示，正值表示变大，负值表示变小			

图 2-9　点 A3 附近危岩体裂缝监测情况

点 A4（位于正线中心左侧约 4m 处），如图 2-10 所示：A3～A4 段节理不发育，岩体完整，未见钟乳石发育，岩壁及顶板无危石，稳定性较好。

(a)　　　　　　　　　　　　(b)

图 2-10　点 A4～A5 岩壁情况

（a）点 A4 岩壁情况；（b）点 A5 岩壁情况

点 A5（位于正线中心右侧约 12m 处），如图 2-11 所示：A4～A5 段岩壁底部呈中厚层状，受自重挤压岩体较破碎，顶部呈巨厚层状，主要发育一组 N70° E 向垂直张开节理，岩体较破碎，岩壁上发育有危石，该段稳定性差。

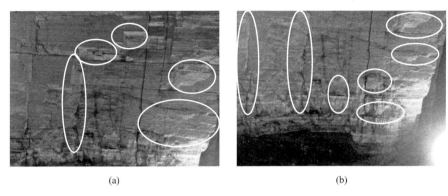

(a) (b)

图 2-11　点 A4～A5 段中上部无人机拍摄节理裂隙及危岩发育情况

（a）中上部；（b）中部

点 A6，如图 2-12 所示：A5～A6 段主要发育一组近 SN 向垂直张性节理，岩体受自重影响外侧岩层有挤压突出现象，持续监测结果显示，挤压张开裂缝宽度调查期间为 3～8cm，截至目前张开裂缝宽度为 10～25cm，顶上存在危石，底部岩体较破碎，该段稳定性差。

(a) (b)

图 2-12　点 A6～A7 岩壁情况

（a）点 A6 岩壁情况；（b）点 A7 岩壁情况

点 A7（该点为溶洞转点）：A6～A7 段节理不发育，底部岩壁呈中厚层状，岩体较完整，顶部呈巨厚层状，岩壁上存在突出岩体，洞壁局部存在小型溶槽及溶蚀现象，该段稳定性差。

点 A8，如图 2-13 所示：A7～A8 段主要发育一组 N30° E 向的垂直张开节理，间距为 0.5～2m，宽度为 1～5cm，延伸长度为 1～5m，洞壁见方解石晶簇发育，呈片状附着在岩壁上，顶部未见危石发育，该段稳定性好。

点 A9，如图 2-13 所示：A8～A9 段节理裂隙不发育，岩层以中厚层状为主，洞壁见方解石晶簇发育，呈片状附着在岩壁上，洞壁稳定，顶部未见危石发育，该段稳定性好。

(a)　　　　　　　　　　　(b)

图 2-13　点 A8～A9 岩壁情况

（a）点 A8 岩壁情况；（b）点 A9 岩壁情况

点 A10，如图 2-14 所示：A9～A10 段节理裂隙不发育，岩层以中厚层状为主，洞壁见方解石晶簇发育，呈片状附着在岩壁上，洞壁稳定，顶部未见危石发育，该段稳定性好。

在点 A10 处有一直径约 6m、深度约 5m 的陷坑，坑壁以粉质黏土为主，稍有胶结。

点 A13：在点 A13 附近发育一陷坑，呈椭圆状，长轴约 7m，短轴约 3m，可见深度约 15m，顶部存在危石。

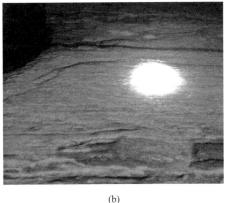

(a)　　　　　　　　　　　　　　　　　　(b)

图 2-14　点 A9～A10 岩壁情况

（a）点 A10 处陷坑点；（b）附近洞壁

点 A14：在点 A14 附近发育一陷坑，近圆状，直径约 8m，深度约 5m。

点 B1：该处洞壁见有少量方解石结晶体析出，岩层中厚—厚层状，夹有明显的溶蚀带，宽度约 2m，呈薄层—中厚层状，主要发育两组垂直张开节理，宽度一般为 2～5cm，节理位于岩壁高处，无法量取，该段稳定性差。

点 B2～B6：B2～B6 段岩壁基本呈垂直状，同时也是岩体的一组垂直节理面，岩壁较顺直，至洞顶附近可见叠层状穹顶，洞壁上部另有一组垂直节理，产状未能测量，与岩壁节理面基本垂直，岩体受这两组垂直节理发育的影响，多被切割呈巨块状、巨型长方体，部分洞壁发育有危岩，施工爆破易发生垮塌。岩壁可见多层明显的溶蚀带，溶蚀现象显著，还可见方解石结晶体析出，综合分析该段洞壁稳定性差，B4～B6 岩壁情况如图 2-15～图 2-18 所示。

(a)　　　　　　　　　　(b)　　　　　　　　　　(c)

图 2-15　点 B4 附近无人机拍摄节理裂隙及危岩发育情况

（a）上部；（b）中下部；（c）下部

该处附近于施工前第七个月的第 6～16 天、整个施工周期内对典型危岩体进行了裂缝监测，监测结果见表 2-3，监测显示裂缝一直处于增长阶段。

危岩体裂缝宽度监测结果　　　　　　　　　　　　　　　表 2-3

测点序号	第 6 天裂缝宽度（mm）	第 16 天裂缝宽度（mm）	最大单日变化量（mm）	累计变化量（mm）
1 号	32	43	3	13
2 号	192	207	3	15
3 号	77	92	3	15
备注	变化量以上次裂缝宽度减去本次裂缝宽度表示，正值表示变大，负值表示变小			

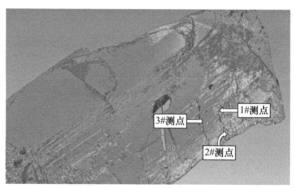

图 2-16　点 B5 附近危岩体裂缝监测情况

图 2-17　点 B5 附近施工前一年洞壁掉块情况

　　点 B7：B6～B7 段岩壁与 B2～B6 段基本相似。

图 2-18　点 B6 附近施工前第三个月洞壁掉块情况

点 B7～B8，如图 2-19 所示：该段大型溶蚀裂隙发育，延伸方向 N70° E，裂隙宽度为 3～5m，延伸长度大于 30m，溶蚀裂隙阔口与溶洞大厅相接处顶部发育有危石，岩体表面多有泥皮及溶蚀风化现象，洞壁顶部稳定性差。

(a)　　　　　(b)　　　　　(c)　　　　　(d)

图 2-19　点 B8 附近无人机拍摄节理裂隙及危岩发育情况
（a）上部；（b）中部；（c）下部；（d）左下部

点 B8～B10：该段节理裂隙不发育，岩层以中厚—巨厚层状为主，洞壁见方解石晶簇发育，呈片状附着在岩壁上，洞壁稳定，顶部未见危石发育，洞壁底部稳定性好、顶部稳定性差。

点 A2～B1：该段节理裂隙不发育，岩层以中厚—巨厚层状为主，洞壁稳定，顶部见危石发育，综合分析洞壁底部稳定性好、顶部稳定性差。

2.1.4　溶洞底部堆积体及周边物探

采用三维激光点云扫描等先进的测量技术，对溶洞形态进行测量，查明溶洞与隧道的空间相对位置关系。采用溶洞洞内及周边物探着重查明溶洞底部的塌落物厚度和隐伏岩溶发育情况。本次洞内物探方法选用 HPTEM 高精度瞬变电磁法和地震反射波法，其中高精度瞬变电磁法共布置 5 条主测线，地震反射波法共布置 2 条测线，测线布置平面图如图 2-20 所示。

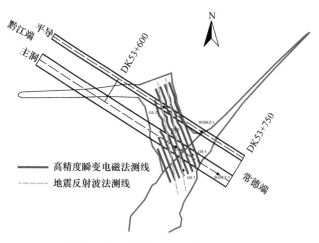

图 2-20　洞内物探测线布置平面图

经高精度瞬变电磁法结合钻孔成果资料解译，厅堂状廊道中心附近主测线电阻率断面图如图 2-21 所示。

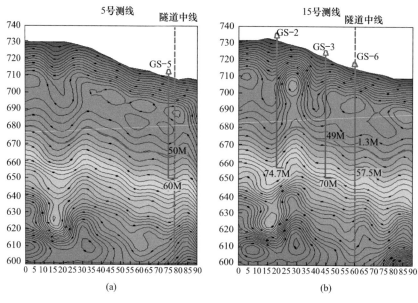

图 2-21　主断面 HPTEM 电阻率断面图

（a）5 号测线；（b）15 号测线

通过对 HPTEM 数据、溶洞形态和钻孔位置相结合后，对其进行三维可视化建模，得出溶洞 HPTEM 三维效果图如图 2-22 所示。

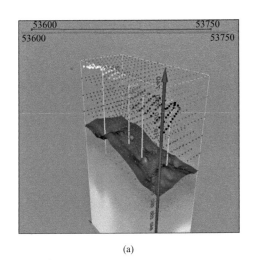 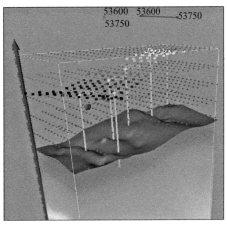

(a)　　　　　　　　　　　　　　　　(b)

图 2-22　溶洞 HPTEM 三维效果图

（a）沿主洞方向；（b）垂直主洞方向

综合 HPTEM 断面图得出：

（1）溶洞内覆盖层堆积体厚度为 41~65m，基岩面起伏变化较大，整体呈现小里程段高、大里程段低，溶洞四周高、中间低的形态。

（2）在线路通过位置基岩面向下约 30m 位置电阻率等值线光滑，未见明显的畸变，表明岩层完整性较好。

（3）基岩面附近电阻率测线平滑，未见明显含水特征。

溶洞揭露后，为了解溶洞岩溶的发育情况，对原物探资料进行重新解译，并在目前线位和拟改线方案线位地面采用 HPTEM 高精度瞬变电磁法和音频大地电磁法进行全段测试。溶洞所在正线地面 HPTEM 高精度瞬变电磁法电阻率断面图如图 2-23 所示。

根据断面成果图，共发现溶洞发育区 5 处，分别位于 DK52+610~DK52+685、DK52+745~DK52+850（位于隧道上方）、DK53+195~DK53+225、DK53+360~DK53+450 和 DK53+615~DK53+715。

根据上述物探结果，结合地表地形地貌情况，在 DK52+700 左 15m 处完成 1 孔 320.5m 深孔对洞身岩体完整性及岩溶发育情况等进行探测，钻探揭示地表以下岩体较完整，$RQD = 70\% \sim 90\%$，未揭示岩溶，揭示稳定水位高程约 848.5m。

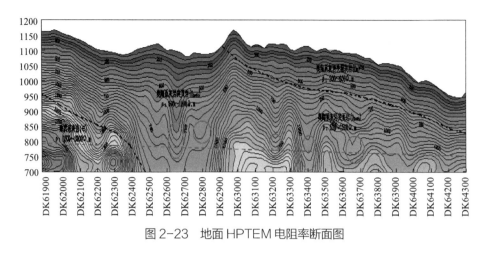

图 2-23　地面 HPTEM 电阻率断面图

2.1.5　溶洞底部堆积体钻探

通过洞内钻探，重点查明塌落体厚度和基底隐伏岩溶情况。根据洞内调查结果，结合现场实际情况，先期在洞内完成的 7 个控制性钻孔平面布置图如图 2-24 所示，各孔孔位布置及堆积体厚度见表 2-4。

各孔孔位布置及堆积体厚度　　　　　　　　表 2-4

孔号	里程	孔口高程（m）	终孔深度（m）	覆盖层厚度（m）	塌落体厚度（m）
GS-2	DK53+654 左 25m	731.31	74.7	65.5	47.5
GS-3	DK53+675 左 7.8m	716.56	70.1	49.1	22.7
GS-6	DK53+686 右 2.2m	715.27	57.5	43.4	22.2
GS-5	DK53+704	710.05	65.1	49.8	17.1
GS-7	DK53+704 右 18m	709.90	60.8	37.3	12
SGSKZ-1	DK53+700 左 25m	755.4	120.6	—	—
SGSKZ-3	DK53+736	758.4	120.5	—	—

根据洞内大厅完成的 5 个控制性钻孔（GS-2、3、6、5、7）结果，洞底堆积体成分主要为块石土，厚度为 37.3～65.5m，其中 12～47.5m 以上堆积体成分较纯，全为灰岩碎块石，岩芯多呈块状—短柱状，局部长柱状，最大节长度约 0.6m，岩芯断面新旧相间，采取率 60%～80%，分析为后期洞壁及洞顶塌落物；以下堆积体多见有黏性土夹层或透镜体，最大厚度约 7m，褐黄—灰黑色，土质不纯，含少量砂质，硬塑，堆积体岩芯多呈块状—短柱状，最大节长度约 0.3m，

岩芯断面新旧相间，采取率 60%～80%，局部 40%～50%，分析为溶洞早期堆积及塌落物。上述完成的 5 个钻孔均未揭示地下水，钻探结果如图 2-25～图 2-28所示。

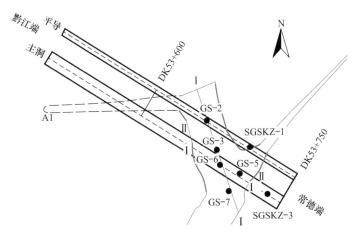

图 2-24　钻孔平面布置图

图 2-25　高程 690～681m 以上及以下堆积体代表性岩芯

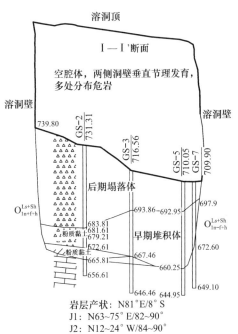

图 2-26　Ⅰ-Ⅰ′ 断面（厅堂状主轴线）

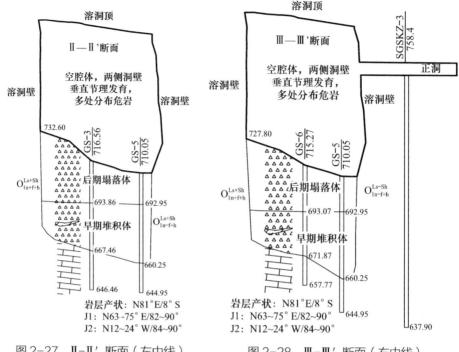

图 2-27　Ⅱ-Ⅱ′断面（左中线）　　　　图 2-28　Ⅲ-Ⅲ′断面（右中线）

2.2　岩溶分类与发育特征

2.2.1　岩溶分类

1. 按形态大小分类

按岩溶发育体积大小，将岩溶划分为小型、中型、大型和巨型四个等级。岩溶规模小于 10m³ 为小型岩溶，这类岩溶一般采取回填处理；岩溶规模在 10～100m³ 为中型岩溶，这类岩溶一般采用防护措施；岩溶规模在 100～1000m³ 为大型岩溶，这类岩溶采取支护加强措施；岩溶规模大于 1000m³ 为巨型溶腔，这类岩溶应根据具体情况特殊处理。

2. 按发育阶段分类

按岩溶发育所处的阶段，将岩溶划分为初期发育型、发展型和消亡型三种类型。

（1）初期发育型（幼年期）：洞穴形成的初期阶段，岩溶发育强度大，速度较快，有进一步发育的动力，洞穴空间规模一般较小，多呈孔隙状，主要表现为溶蚀现象。识别标志是该期的溶洞内仍存在崩塌的现象。

（2）发展型（青年期）：随着参与洞穴发育的水流流量流速的增加，洞穴空间逐渐扩大，发展成为具有一定规模的通道系统，形成了大量的岩溶现象，形态较多，规模较大，主要表现为溶洞和地下暗河。识别标志是该期的溶洞顶板处于相对稳定状态，基本不存在洞内崩塌现象，但岩溶发育的强度仍很大，在一定外因影响下有诱发加剧的可能。

（3）消亡型（老年期）：洞穴逐渐脱离地下水位进入包气带，失去了进一步发展的动力条件，崩塌现象显著，基本特征是岩溶发育相对缓慢甚至在相当长的时间内处于停滞状态，洞穴空间逐步萎缩减小，地下钟乳石类次生化学沉积大量发育。

3. 按充填特征及充填物性质分类

根据岩溶充填特征，将岩溶划分为充填型、半充填型和无充填型三种类型。有充填物充填的岩溶称为充填型岩溶；岩溶溶腔内既有部分充填物，又有一部分空腔的岩溶称为半充填型岩溶；岩溶溶腔内无充填物，为干溶腔的岩溶称为无充填型岩溶。

根据岩溶内具体充填物的不同，将岩溶划分为充填黏土型、充填淤泥型、充填粉细砂型、充填块石型和充水型五种类型。有充填物的隧道岩溶开挖时极易引起充填物的垮塌，这类岩溶有很大的危害性，当隧道穿越此类岩溶地段时，应对可能出现的地质灾害做出提前预报。在现场条件允许的前提下，应用物探手段或采用超前深孔探测，对隧道前方的地质做出较为准确的判断，针对不同充填类型的岩溶做出合理的处理措施。

4. 按隧道岩溶与地表的连通性分类

按是否跟地表相通，将岩溶划分为封闭式溶洞和开放式溶洞两种类型。封闭式溶洞多为无充填物溶洞，开放式溶洞为有岩溶通道与地表或外界相连的溶洞。开放式溶洞及其通道多被冲积物或溶洞自身塌陷块体充填。隧道开挖时，此类开放式溶洞极易出现突泥、塌方或冒顶。

5. 按岩溶涌水量分类

按岩溶涌水量大小，将岩溶划分为特大涌水型、大量涌水型、中等涌水型、少量涌水型和微量涌水型五种类型，见表 2-5。

岩溶涌水类型表 表2-5

涌水分类	涌水量（m³/h）	涌水类型	危害程度
特大涌水	>10000	暗河或岩溶管道涌水	影响施工顺利进行，可造成重大设备及人身事故，排水困难
大量涌水	1000～10000	岩溶管道涌水	影响施工顺利进行，可造成设备及人身事故，排水困难
中等涌水	100～1000	脉状岩溶管道涌水	对施工有一定影响，较易排水
少量涌水	10～100	脉状岩溶管道涌水	对施工影响不大
微量涌水	<10	岩溶裂隙涌水	对施工影响小

6. 按涌水量动态变化特点分类

根据涌水量动态变化特点，将岩溶划分为水文型、稳定型和突发型三种类型。

（1）水文型

涌水量大小与降雨及地表水补给关系十分密切，涌水量变化明显。多出现在浅部岩溶含水层中。

（2）稳定型

当岩溶含水层水量稳定时，涌水量也比较稳定。多出现在深部岩溶含水层中。

（3）突发型

枯水季节无涌水，而一旦遇到暴雨时期，岩溶管道被冲开，发生突然涌水，而且水量也大。多出现在洪枯水位变动带内。

7. 按地质构造特征分类

根据地质构造特征，将岩溶分为向斜轴部岩溶承压水型、背斜岩溶水型、多层岩溶含水层同时涌水型、单一岩溶含水层暗河涌水型和火山岩中灰岩包裹体封存水涌水型五种类型。

（1）向斜轴部岩溶承压水型

处于向斜轴部的岩溶含水层，往往存在较高的压力。地下洞室遇到这类含水层时，将造成较长时期的高压涌水。

（2）背斜岩溶水型

在背斜地层中，两种岩层接触带会存在大量的岩溶水。

（3）多层岩溶含水层同时涌水型

当隧洞穿过多层岩溶含水层时，多层同时涌水，总涌水量较大。

（4）单一岩溶含水层暗河涌水型

隧洞开挖中遇岩溶暗河，易造成突水或较为稳定的涌水。

（5）火山岩中灰岩包裹体封存水涌水型

对于包裹在玄武岩中的灰岩块体，其中封存大量地下水，隧洞开挖到灰岩时地下水立即喷涌而出。此种封存水，在单一岩溶含水层中也常出现。但由于延续时间短，影响不大。

2.2.2　岩溶发育的规律

1. 岩溶发育的呈层性

溶洞呈层的原因在于地壳构造运动在上升稳定再上升的交替变化过程中，岩溶水地质作用相应地产生下蚀旁蚀再下蚀的交替变化，由此岩溶水的运动产生垂直水平再垂直的变化，从而形成溶洞垂直的管道和水平的溶洞交互出现、叠置的成层溶洞，也就形成了区域上岩溶发育的呈层性特点。地壳的上升、停顿与岩溶水的变迁等都会影响岩溶发育，因此不同岩溶时期发育着不同的岩溶形态。

2. 岩溶发育的不均匀性

所谓不均匀性，是指岩溶发育的速度、程度及其空间分布的不一致性。不同的岩层组合、地质构造和水动力条件等都会对岩溶的发育产生影响，这表明岩溶在对构造部位、地貌单元和地层层位有着极鲜明的选择性，从而导致岩溶分布极不均一。在地貌上，斜坡地带发育的岩溶个体形态数量少、规模小，这是因为斜坡上的水不能汇集。岩溶更集中发育在槽谷洼地中，岩溶洞穴、落水洞等比较发育，而在槽谷洼地中又集中发育于其中心部位。从构造上看，岩溶集中发育于断裂带和岩性变化带附近。

3. 岩溶发育具有系统性

岩溶发育与地下水运动有密切的关系。地下水不断得到补给，在径流过程中不断地溶蚀隧道围岩，使岩溶不断发育，形成溶隙和溶洞、岩溶管道。当地下溶洞形成后，地下水不断向岩溶管道集中。因此从补给区、径流区到排泄区岩溶发育具有系统性，与地表水系统一样，具有干流、支流之分，共同构成具有密切水力联系的地下水系统。

4. 岩溶发育的向深性

岩溶发育的向深性指岩溶急剧向地壳深处发育的特性，岩溶水在压力水头、水力坡度尤其是水重力的作用下有不断向深层运移的趋势，因此在水具有侵蚀性

的前提下，岩溶也具有向深层发育的趋势，并在厚层隔水底板及排泄基准面附近形成岩溶较发育带。在新构造运动作用下，地壳大面积间歇性强烈上升，侵蚀基准面也随之急剧下切，地下水为适应不断下降的排泄基准面，则急剧向深部径流，将岩溶化地面切割得支离破碎，形成洼地、溶蚀沟谷、落水洞、漏斗等现象，充分说明了岩溶发育向深性特点。同时，部分地下河洞穴管道为适应不同时期的侵蚀基准面而导致洞穴的多层性，也是岩溶发育向深性的真实反映。高山隧道溶洞属于无充填型、消亡型的巨型溶洞。

2.3 岩溶灾害与工程影响

2.3.1 岩溶地质灾害特征

岩溶地质是由地下水对可溶性岩石进行溶蚀扩展而形成的，其体系包括各种规模的构造裂隙和原生孔隙。隧道的开挖打破了原有的地下水流动路径，给岩溶系统带来了新的通道，同时也加剧了地下水对岩体的作用。尤其是在深埋隧道中，由于水头压力较高，地下水对岩体的改造作用更加显著。在隧道掘进过程中，通常先进行地质钻孔，然后再进行钻爆作业。在深埋的岩溶系统中，未贯通的岩溶管道常常有一定的隔水层，如黏土层或粉砂泥岩层。然而，施工中如果破坏了这些隔水层，可能导致地下水向隧道方向排放，特别是在水头较大且补给源丰富的情况下，可能引发严重的危害，甚至对环境造成灾害性影响。动水压力还可能导致岩体裂隙扩展，进而引发涌水、突泥等事故，给隧道施工带来严重的损失和挑战。

岩溶地质灾害对隧道工程的影响主要是造成涌水、突水、突泥及隧道变形、地表塌陷等问题。

岩溶涌水是岩溶隧道地质灾害中最常见的现象之一。隧道开挖改变了地下水原有的流动条件，使得隧道成为地下水的新排泄通道。涌水通常含有泥砂，尤其是在充填岩溶洞穴的情况下，泥砂会随着涌水速度减缓而沉积，严重时会掩埋施工设备和轨道等。涌水引发的地表塌陷范围受地质结构、岩溶分布和隧道埋深等因素影响。

2.3.2 溶洞对隧道施工的影响

（1）溶洞体量巨大：根据三维测绘，高山隧道 DIK53+678 巨型溶洞体量超

大处理起来耗时耗力，不但会影响工程进度，而且溶洞的处理也会加大工程投资。若处理不当则会危及施工人员和机械设备的安全，在铁路运营后发生问题将会危及行车安全，造成更大的经济损失，补救也非常困难。特别是巨型溶洞缺少同类技术文献和成熟经验，亟待形成新理论、新技术和新工法。

高山隧道穿越岩溶段平面图如图 2-34 所示。

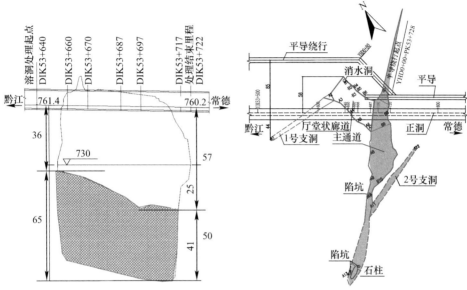

图 2-33　溶洞净空及底部堆积体剖面图　　　图 2-34　高山隧道穿越岩溶段平面图

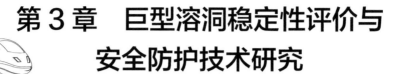

第3章　巨型溶洞稳定性评价与安全防护技术研究

黔张常高速铁路高山隧道巨型溶洞揭露后，通过多种技术方法进行了溶洞稳定性监测，基于围岩振动速度、裂缝发展速率和围岩位移速率，建立了围岩稳定性分级评价标准，评价结果显示洞内稳定性极差，落石随时发生。提出了三种满堂支架与锚网索喷全面防护共四种技术，最终优选锚网索喷全面防护＋移动式防护棚架点对点防护的安全控制技术。

3.1　巨型溶洞稳定性监测与评价

考虑到该溶洞规模巨大，周壁危岩发育，将对隧道工程造成很大影响，溶洞揭露后，开展了危岩体探测辨别、围岩移近变形监测、围岩振动速度监测、危岩体裂缝发展监测，并对巨型溶洞进行了稳定性分区评价。

3.1.1　危岩体探测辨识

通过无人机全面探测发现溶洞底部块石堆积，四壁危岩体众多，顶部岩体形成大平层。主洞斜穿溶洞，小里程入口处有数块大体积悬挂式危岩体，大里程入口处岩体纵横裂缝贯通，存在多处贴壁危岩。危岩体主要分三类：贴壁式、悬挂式和叠坐式。贴壁式危岩多为片状直立状态，紧贴母岩，同时与母岩之间又存在竖向裂缝，裂缝宽度最大值达到 30cm；悬挂式危岩下部悬空无支撑，主要受上部岩体粘结悬吊，与周围岩体尚存在连接，但又存在裂缝；叠坐式危岩已与母岩分离，受下部岩体单独支撑，稳定状态不佳。巨型溶洞探测、溶洞内危岩分类如图 3-1 和图 3-2 所示。

采用三维激光扫描仪对溶洞进行无接触式测量测绘。结合无人机探测，将溶洞分为稳定平顶区 A1～A2 和非稳定侧壁区 B1～B7。B1 区存在较多贴壁式危岩体，危岩多贯穿溶洞顶底，侧壁岩体多呈直立状，顶部为坍落拱，尚未形成平

（a）　　　　　　　　　　　　　　　　　　（b）

图 3-1　巨型溶洞探测

（a）无人机探测；（b）三维激光扫描探测

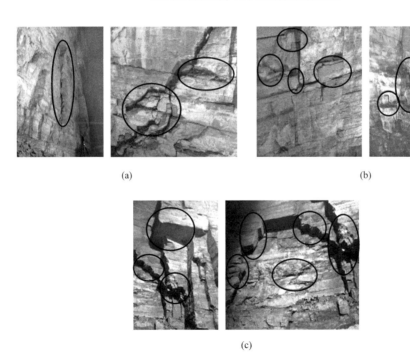

（a）　　　　　　　　　　　　　　　　　　（b）

（c）

图 3-2　巨型溶洞内危岩分类

（a）贴壁式危岩；（b）叠坐式危岩；（c）悬挂式危岩

顶，为极不稳定区。B2 区存在数条纵向裂缝和众多横向裂缝，叠坐式危岩较多，侧壁岩体拱形向上发展，为不稳定区。B3 区存在较多悬挂式岩体，侧壁岩体垂直垮落趋势大，为极不稳定区。B4 区为厅堂与主裂隙交叉位置，侧壁岩体竖向与水平节理裂隙众多，竖向裂缝宽度大，为不稳定区。B5 区与 B4 区类似，但存在多块贴壁或悬挂式小型危岩，掉落风险大，为不稳定区。B6 区与 B7 区相似，存在多块突出悬挂危岩体，侧壁中部存在多数叠坐式危岩体，为不稳定区，溶洞三维外形与稳定性分区如图 3-3 所示。

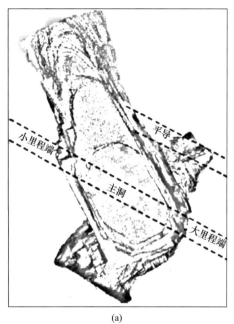 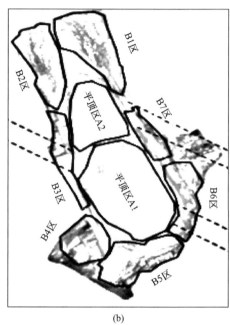

(a)　　　　　　　　　　　　　　(b)

图 3-3　溶洞三维外形与稳定性分区

（a）溶洞外形图；（b）溶洞分区图

3.1.2　围岩移近变形监测

采用三维激光扫描仪对溶洞进行无接触式监测，利用 3D 色谱对比功能，对溶洞前后两次扫描结果进行位移差值分析。经过时长 3 个月的不连续监测，对监测数据进行分析、成像处理形成色谱分析图，如图 3-4 所示，其中图中圈出部分表示溶洞岩壁向洞内位移，为不稳定区域。经分析，受平导绕行施工、平导通往溶洞的施工支洞开挖和主洞大里程端掘进影响，溶洞岩体普遍向洞内位移，施工支洞入口侧洞壁变形范围大，位移值高，形成图中圈出面域；主洞两个入口处变形明显，个别位置位移量较大。经统计，溶洞揭露后 3 个月内，溶洞顶部及侧壁位移超过 30mm 的危岩体共 22 处，最大位移超过 80mm，岩体位移速率为

1.68～6.17mm/ 周。

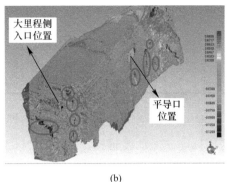

(a)　　　　　　　　　　　　　　　(b)

图 3-4　三维激光扫描仪色谱分析图

（a）主洞小里程侧溶洞表面位移色谱分析；（b）主洞大里程侧溶洞表面位移色谱分析

3.1.3　围岩振动速度监测

1. 监测系统设计

溶洞周边共有 3 个爆破位置[36]：主洞大里程端掌子面、平导掌子面和 2 号施工通道掌子面，3 个爆破掌子面均往小里程端方向推进，施工支洞已提前通至溶洞，其中主洞大里程端掌子面距 1 号测点 120m 开始监测，此时平导掌子面和 2 号施工通道掌子面分别距 3 号测点 133m、142m。主洞大里程端掌子面掘进至溶洞壁 10m 时，为减小扰动作用，改为人工掘进方式。溶洞所处地层为弱风化灰岩夹页岩，岩质坚硬，岩体较完整，局部较破碎，围岩等级为Ⅱ级，3 个爆破掌子面均采用全断面法掘进，爆破施工参数见表 3-1。

隧道掘进钻爆参数　　　　　　　　　　　表 3-1

施工爆破位置	主洞	平导	2 号施工通道
掏槽方式	楔形掏槽	楔形掏槽	楔形掏槽
循环进尺（m）	3	2	1.5
掏槽孔数（个）	18	12	10
炮眼数目（个）	202	127	93
开挖断面积（m²）	112.66	56.23	35.21
爆破时间间隔（h）	12	12	10
爆破次数（次 /d）	1	1	1

续表

施工爆破位置	主洞	平导	2 号施工通道
装药量（kg/ 孔）	2.1	1.2	0.7
炮孔深度（m）	3	2	1.5
总装药量（kg）	288	192	152
爆破方式	光面爆破		

　　依据《铁路隧道监控量测技术规程》Q/CR 9218[37]中相关监测技术要求，采用磁电式振动传感器、DH5922N 爆破测振仪和 DHDAS 动态信号测试分析软件进行岩体爆破振动监测，在溶洞侧壁选取 4 处岩体布设监测点，每处安装水平向和垂直向两个拾振器，如图 3-5 和图 3-6 所示，主要监测溶洞侧壁岩体表面质点振动速度。

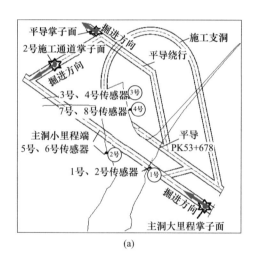

(a)

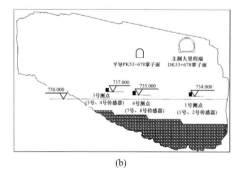

(b)

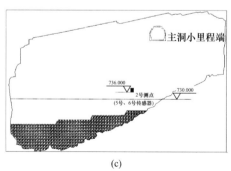

(c)

图 3-5　溶洞爆破振动测点布设

（a）爆破掌子面中心平面位置关系；（b）主洞前行方向右侧；（c）主洞前行方向左侧

 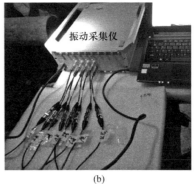

(a)　　　　　　　　　　　(b)

图 3-6　爆破测试设备

（a）拾振器；（b）振动采集仪

振动传感器（即拾振器）利用环氧树脂胶将其固定在预先植入岩壁的钢板支座上，并使传感器的定位方向与所测量的振动方向一致。爆破测振仪可实时捕获拾振器的数据。

如图 3-7（a）是 1 号测点 1 号拾振器在掘进爆破时间段内自动采集的三次爆破振动垂直向速度。第 1 次爆破振动发生在主洞大里程掌子面，该次爆破产生振动速度最大；第 2 次爆破振动发生在 2 号施工通道掌子面，该次爆破产生振动速度最小；第 3 次爆破振动发生在平导掌子面，该次爆破产生振动速度居中。调整记录仪标尺放大至第 1 次主洞爆破位置处，如图 3-7（b）所示，可清晰观测到主洞掌子面爆破对 1 号测点的扰动状态及其振动速度变化，曲线显示 31206.054～31206.108s 时间段内速度幅值为 1.56cm/s，第 2、3 次振动速度小于 1cm/s。

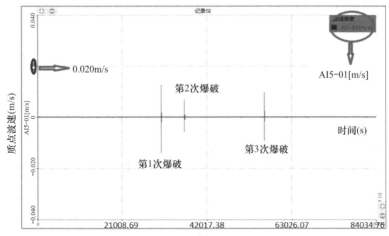

(a)

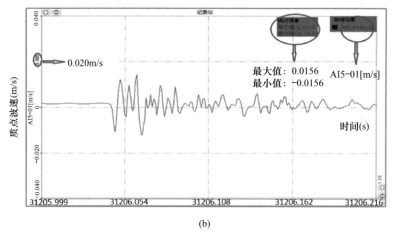

(b)

图 3-7　采集时间段内 AI5-01 通道采集到的速度曲线

（a）采集时间段内 AI5-01 通道爆破振动速度图；（b）AI5-01 通道第 1 次爆破振动速度曲线

2. 爆破振动监测成果分析

将监测数据汇总如表 3-2～表 3-4 和图 3-8 所示，通过监测数据分析表明，平导爆破掘进向远离溶洞方向，爆破扰动作用逐渐减小；2 号施工通道距离溶洞相对较远并且装药量小，扰动影响较小；主洞爆破装药量大，并逐渐靠近溶洞，对溶洞扰动作用最大，爆破扰动作用显现最大的测点为 1 号点。

1 号测点受主洞爆破影响的振动监测数据表　　　　表 3-2

测试 时间	爆心距 R（m）	最大一段 药量 Q（kg）	1 号传感器 振速 V_v （cm·s^{-1}）	2 号传感器 振速 V_h （cm·s^{-1}）
第 1 天	120	21	0.47	0.39
第 2 天	117	19	0.46	0.39
第 3 天	114	20	0.49	0.41
第 4 天	111	18	0.46	0.43
第 5 天	108	21	0.50	0.47
第 6 天	105	18	0.49	0.48
第 7 天	102	20	0.54	0.50
第 8 天	99	17	0.52	0.52
第 9 天	96	19	0.55	0.54
第 10 天	93	21	0.61	0.60

续表

测试时间	爆心距 R（m）	最大一段药量 Q（kg）	1 号传感器 振速 V_v（cm·s⁻¹）	2 号传感器 振速 V_h（cm·s⁻¹）
第 11 天	90	18	0.60	0.63
第 12 天	87	19	0.64	0.67
第 13 天	84	21	0.69	0.72
第 14 天	81	20	0.77	0.74
第 15 天	78	18	0.76	0.78
第 16 天	75	21	0.83	0.87
第 17 天	72	18	0.81	0.89
第 18 天	69	19	0.89	0.95
第 19 天	66	18	0.94	0.99
第 20 天	63	21	0.99	1.07
第 21 天	60	20	1.15	1.24
第 22 天	57	21	1.28	1.39
第 23 天	54	19	1.32	1.45
第 24 天	51	20	1.49	1.64
第 25 天	48	21	1.68	1.87
第 26 天	45	20	1.71	2.04
第 27 天	42	20	2.19	2.07

1 号测点受平导爆破影响的振动监测数据表　　　表 3-3

测试时间	爆心距 R（m）	最大一段药量 Q（kg）	1 号传感器 振速 V_v（cm·s⁻¹）	2 号传感器 振速 V_h（cm·s⁻¹）
第 1 天	208	11	0.163	0.162
第 2 天	210	9	0.156	0.155
第 3 天	212	10	0.149	0.146
第 4 天	214	8	0.123	0.120
第 5 天	216	11	0.107	0.108
第 6 天	218	8	0.081	0.083
第 7 天	220	10	0.056	0.058
第 8 天	222	7	0.031	0.037
第 9 天	224	9	0.015	0.018
第 10 天	226	11	0.009	0.013

1 号测点受 2 号施工通道爆破影响的振动监测数据表　　表 3-4

测试时间	爆心距 R（m）	最大一段药量 Q（kg）	1 号传感器	2 号传感器
			振速 V_v（$cm \cdot s^{-1}$）	振速 V_h（$cm \cdot s^{-1}$）
第 1 天	220	5	0.123	0.119
第 2 天	221.5	4	0.112	0.096
第 3 天	223	4	0.103	0.090
第 4 天	224.5	5	0.079	0.082
第 5 天	226	6	0.056	062
第 6 天	227.5	4	0.033	0.035
第 7 天	229	4	0.019	0.018
第 8 天	230.5	5	0.007	0.009
第 9 天	232	5	0.003	0.007
第 10 天	233.5	4	0.001	0.002

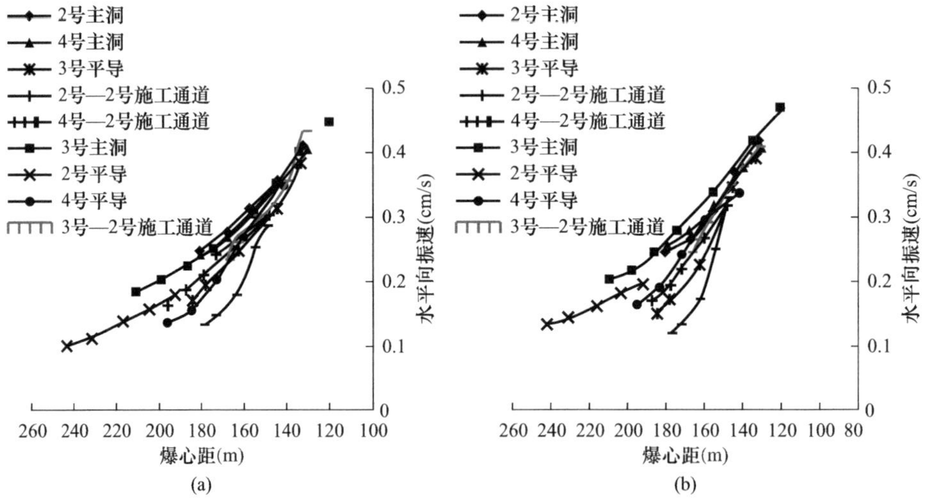

图 3-8　不同爆破位置测点振动监测成果汇总

（a）其他测点垂直向振动速度曲线；（b）其他测点水平向振动速度曲线

3. 爆破振动速度回归分析

为探讨爆破振动波在该大型干溶洞岩壁中的传播规律，根据《铁路隧道监控量测技术规程》Q/CR 9218[37] 规定中提出的萨道夫斯基公式［式（3-1）]，建立了比例药量和爆破质点振动峰值速度之间的相关关系，以此利用得出的经验公式进行振动速度的预测与评价。

$$V = K\left(Q^{1/3} / R\right)^{\alpha} \tag{3-1}$$

式中　Q——最大一段药量（kg）；

　　　V——爆破振动速度（cm/s）；

　　　R——爆破掌子面中心到测试点的距离（m），简称爆心距；

　K、α——岩性参数，与爆破掌子面中心至测试对象地形、地质条件有关的系数和衰减指数。

采用幂函数对爆破振动速度进行回归分析，分析中选取离散型较小的 1 号测点受主洞影响的表 3-2 中的数据。可以得到该大型干溶洞表面岩体的萨道夫斯基公式为：

（1）竖直向速度：$V_\text{v} = 97.454(Q^{1/3} / R)^{1.4528}$ 　　　　　　　（3-2）

（2）水平向速度：$V_\text{h} = 202.14(Q^{1/3} / R)^{1.6477}$ 　　　　　　　（3-3）

最终得到爆破振动速度衰减规律如图 3-9 所示。

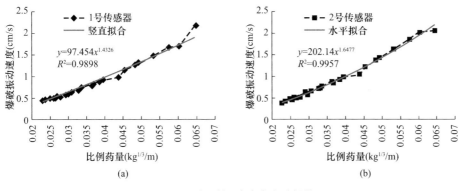

图 3-9　爆破振动速度衰减规律

（a）竖直方向；（b）水平方向

通过回归后的萨道夫斯基公式可以看出：

（1）爆破地震波在溶洞岩壁表面的衰减速率：α_v（1.4528）小于 α_h（1.6477），即随着比例药量的减小，质点振动速度的衰减沿水平方向多于竖直方向，同时大里程端危岩体多为贴壁式，垂直侧壁的水平向振动相比竖向（垂直向）振动对危岩影响更大，因此将水平向振动速度作为该巨型溶洞爆破振动控制标准。

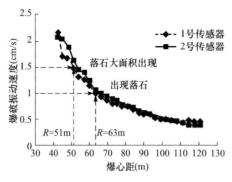

图 3-10　爆破振动扰动与落石相关关系

（2）爆破振动数据与溶洞落石记录对比分析表明，当隧道主洞爆心距进入 63m 后，溶洞内出现落石，此时溶洞岩体表面振动速度大于 1cm/s，当爆心距进入 51m 后，溶洞内落石频发，落石体积增大，此时溶洞岩体表面振动速度大于 1.5cm/s。因此，由萨道夫斯基公式建立爆破振动速度与落石风险相关关系是可行的，如图 3-10 所示。

3.1.4　危岩体裂缝发展监测

采用电子全站仪对溶洞内典型危岩体裂缝进行非接触式监测。在溶洞中选取贴壁式、悬挂式危岩各一处，贴壁式危岩靠近主线大里程端平导口，在其裂隙宽度发展显著位置选取测点 1～3 号；悬挂式危岩自下而上选取测点 4～6 号，布设 6 个测点，如图 3-11 所示，进行危岩体竖向裂缝变化监测，绘制裂缝发展曲线如图 3-12 所示。通过对危岩体裂缝受爆破扰动作用的分析，绘制裂缝宽度与爆破振动速度相关曲线，如图 3-13 所示，从图中可以看出：两处危岩体裂缝处于增长阶段，爆破振动速度超过 0.5cm/s 后裂缝宽度迅速增大。贴壁式危岩体裂缝发展速度快，与爆破振动波速存在近似线性关系，实际观测中贴壁式危岩体掉落较多，说明其受爆破扰动大。悬挂式危岩体竖向裂缝发展较慢，但其垂向位移大，一旦掉落危险性极大，需要加强防护。

爆破振动监测与分析表明，当爆破振动速度大于 1cm/s 时，溶洞开始发生落石，同时裂缝宽度发展持续增大，因此，将 1cm/s 作为本巨型干溶洞周边岩体爆破振动速度安全允许值；爆破振动速度超过 1.5cm/s 后，落石大范围密集出现，将该振动速度作为停止爆破的限值，超出该值后需改变爆破方式。遵循"短推进、弱药量、微扰动"的理念，具体减振技术措施如下：

（1）缩小单循环的进尺，控制在 1m 以下；（2）减小单孔的装药量、总装药量及掏槽孔的深度；（3）改变装药结构，周边眼采用空气间隔装药，大约留出 20% 深度不装药，并装填不少于 40cm 长的炮泥，其他眼采用连续装药。并采取适当的安全防护措施，保证溶洞内作业人员安全。

 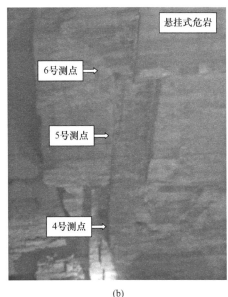

(a)　　　　　　　　　　　　　(b)

图 3-11　危岩体裂缝监测点

（a）贴壁式危岩裂缝监测；（b）悬挂式危岩裂缝监测

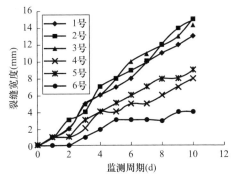 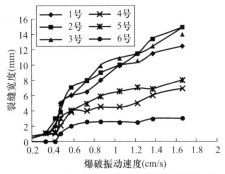

图 3-12　危岩体裂缝发展曲线　　图 3-13　爆破振动速度对岩体裂缝宽度发展影响曲线

3.1.5　巨型溶洞稳定性评价

将溶洞稳定性监测分析结果汇总见表 3-5，由分析可知，溶洞侧壁多处危岩体向溶洞内位移，其中大里程端主洞入口处、支洞入口处侧壁位移量最大值超80mm，存在危岩或形成新危岩的可能性很大；隧道爆破掘进逐渐逼近溶洞，水平爆破振动速度若不能得到有效控制，洞内将面临更大的落石风险；周壁危岩体裂缝宽度增长速度较快，随着施工的进一步开展，很有可能发生掉落。

溶洞稳定性监测分析结果汇总表　　　　　　　　表 3-5

监测对象	监测技术	监测分析结果
围岩移近变形	三维激光扫描仪	大里程端主洞和施工支洞两处通向溶洞的入口附近洞壁危岩体向溶洞内位移量较大，多数危岩体位移量超 30mm，位移量最大值超 80mm
围岩振动速度	爆破振动速度测试	大里程端主洞爆破对溶洞危岩体扰动影响较大，以爆破振动速度 1.0cm/s 和 1.5cm/s 为分界线，测点振动速度低于 1.0cm/s 时溶洞相对稳定，超过 1.0cm/s 时洞内落石初现，超过 1.5cm/s 时，洞内落石大范围发生。故围岩振动速度低于 1.0cm/s 是溶洞稳定控制值
危岩体裂缝发展	电子全站仪	危岩裂缝有明显扩展的趋势，贴壁式危岩裂缝宽度增长速度较快，落石风险大，悬挂式危岩裂缝发展较慢，落石风险较弱，应重点防护贴壁式危岩体

结合勘察和调研分析，溶洞埋深约 200m，厅堂和主裂隙廊道体型巨大，厅堂长度为 124m，空腔体积超过 50 万 m^3，岩层近水平产状、轻度风化，虽形成自然塌落拱但顶板和侧壁裂隙显著发育，特别是贴壁式危岩分布较广，在开挖扰动下剥离掉落的可能性较高。

制定稳定性评价指标见表 3-6，确定各评价指标权重，建立评价公式（3-4）：

$$T = 0.3V_1 + 0.4V_2 + 0.3V_3 \qquad (3-4)$$

式中　V_1——危岩体位移速率；

　　　V_2——危岩体振动波速；

　　　V_3——危岩体裂缝发展速率。

根据计算结果，通过 T 值进行溶洞稳定性评价，具体评价指标见表 3-6：

$T < 1$　　　　　　稳定

$1 \leqslant T < 2$　　　　不稳定

$3 \leqslant T$　　　　　　极不稳定

溶洞稳定性评价指标　　　　　　　　表 3-6

评价指标	量值	权重	量值	权重	量值	权重	评价用途
危岩体探测识别	叠坐式危岩	1	悬挂式危岩	2	贴壁式危岩	3	稳定性分区评价
围岩位移速率 V_1（mm/ 周）	≤ 1.0	1	（1.0，3.0）	2	≥ 3.0	3	稳定性定量评价

续表

评价指标	量值	权重	量值	权重	量值	权重	评价用途
围岩振动 V_2（cm/s）	$\leqslant 1.0$	1	（1.0，1.5）	2	$\geqslant 1.5$	3	稳定性定量评价
危岩体裂缝发展速率 V_3（mm/周）	$\leqslant 0.8$	1	（0.8，2.4）	2	$\geqslant 2.4$	3	

通过计算，高山隧道巨型溶洞 $T > 3$，溶洞处于极不稳定状态，有必要在洞内设立临时施工安全防护结构，为接下来的钻探施工等工作提供安全保障。下面将在进一步分析落石冲击力的基础上进行防护结构设计。

3.2　溶洞落石冲击力计算与点对点安全防护

落石冲击力是进行落石危险区被动防护结构设计的主要荷载之一，对落石冲击力的计算能有效指导防护结构设计。

3.2.1　落石冲击力计算方法概述

目前落石冲击力计算的依据主要有现行行业标准《公路路基设计规范》JTG D30、《铁路工程设计技术手册·隧道》以及杨其新等基于室内试验建立的经验公式。国外代表性的计算方法主要有日本方法及瑞士方法，将现有落石冲击力计算方法汇总见表 3-7。

现有落石冲击力计算方法汇总表　　　　　表 3-7

计算方法来源	计算公式	计算结果评价分析
《公路路基设计规范》JTG D30	$$P = P_{(z)}F = 2\gamma Z\left[2\mathrm{tg}^4\left(45° + \frac{\varphi}{2}\right) - 1\right] \times F$$ $$Z = v \times \sqrt{\frac{Q}{2g\gamma F \times \left[2\mathrm{tg}^4\left(45° + \frac{\varphi}{2}\right) - 1\right]}}$$	该方法的理论基础为功能原理，它假定落石冲击力大小与其冲击土层的深度成正比，落石在冲击过程中的动能损耗等于冲击力所做的功。该方法的主要局限性是未能考虑缓冲土层厚度大小对落石冲击力的影响
《铁路工程设计技术手册·隧道》	$$P = \frac{mv_0}{t}$$ $$t = \frac{2h}{c}；\quad c = \sqrt{\frac{1-\upsilon}{(1+\upsilon)(1-2\upsilon)} \cdot \frac{E}{\rho}}$$	该方法从理论分析上看是一种基于冲量定理的近似算法。该方法假设落石冲击缓冲层后速度变为零，而并未发生反弹；且没有考虑落石自身重力对于冲击过程的影响

续表

计算方法来源	计算公式	计算结果评价分析
杨其新经验公式	$P = \zeta m a_{max}$ $a = \dfrac{\sqrt{2gH}}{t}$; $t = \dfrac{1}{100}\left(0.097Q + 2.21h + \dfrac{0.045}{H} + 1.2\right)$	该方法是基于牛顿第二定律的计算方法，为大量室内试验拟合出来的结果。其中 a_{max} 实际中求解困难，计算中多以 a 代替。且因为其理论基础的原因，加之没有考虑落石反弹及自身重力的影响，计算结果也存在一定误差
日本方法	$P = 2.108 m^{2/3} \lambda^{2/5} H^{3/5}$	日本和瑞士的计算公式是基于大量的落石现场试验。它们假设落石垂直冲击缓冲层，不考虑斜冲；且公式中未能反映缓冲土层厚度大小对落石冲击力的影响
瑞士方法	$P = 1.765 M_E^{2/5} R^{1/5} (QH)^{3/5}$	

式中符号意义：P 为落石冲击力（kN）；$P_{(Z)}$ 为落石陷入缓冲层的单位阻力（kPa）；Q 为石块重力（kN）；g 为重力加速度（m/s^2）；γ 为缓冲填土的容重（kN/m^3）；φ 为缓冲填土的内摩擦角（°）；F 为落石等效球体的截面积（m^2）；v 为落石碰撞前的末段速度（m/s）

3.2.2 巨型溶洞落石冲击力计算

在现有的落石冲击力计算方法中，每种计算方法均有其局限性，落石冲击力的计算结果也有较大偏差。从表 3-7 中的对比可以看出，《铁路工程设计技术手册·隧道》方法是对落石冲击过程做一定的简化，具有理论概念清晰、计算简单准确等特点，是建立在大量的工程实践基础上得出的，与试验条件下得出的结果相比更接近实际工程。因此，选用该计算方法进行巨型溶洞落石冲击力计算。

根据目前观测，高山隧道 DIK53+678 巨型溶洞存在 0.6m×0.6m×0.6m 尺寸危岩掉落的可能性，取落石容重为 25kN/m^3，落石重约 0.55t，落石掉落最大高度为 50m。按照《铁路工程设计技术手册·隧道》提供的计算方法，结合宜万铁路下村坝隧道 DK237+084～DK237+101 溶腔落石计算经验，取落石冲击持续时间 $t=0.0386$s，则：

$$v_0 = \sqrt{2gH} = \sqrt{2 \times 10 \times 50} = 31.6 \text{m/s} \qquad (3-5)$$

$$p = \frac{mv_0}{t} = \frac{0.6 \times 0.6 \times 0.6 \times 2.5 \times 31.6}{0.0386} = 442.1 \text{kN} \qquad (3-6)$$

即形体尺寸 0.6m×0.6m×0.6m（重约 0.55t）的危石从 50m 高度下落时的冲击荷载为 442.1kN。

3.2.3 临时施工点对点安全防护

1. 临时施工防护通道设计

溶洞揭露后，在平导与溶洞交叉口位置安设防护平台及安全围挡，并快速搭设安全拆装式爬梯供溶洞勘探使用，如图 3-14 和图 3-15 所示。

图 3-14　安全拆装式爬梯　　　　图 3-15　安全拆装式爬梯顶端布置

进入溶洞施工支洞口紧靠洞壁向溶洞内设置人行通道防护棚架，如图 3-16 所示。防护棚架为直角三角形结构，结构类型为全钢结构，防护棚架截面尺寸为宽 × 高 2m×1.8m。主体框架采用单榀 I22 工字钢，屋架纵梁采用单双拼 I22 工字钢。主体屋架间距为 1m，在屋架斜边上部 1.5m 及立柱设置 5 道屋架纵梁，斜边上部 1.5m 范围设置钢板面板。屋架间隔设置交叉拉杆支撑，人行通道采用 ΦC22 锚筋固定在洞壁上。经校核，冲击承载力为相当于 50m 高度 145kg 落石冲击荷载。

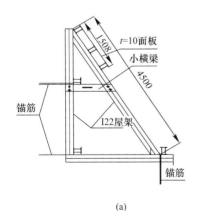 

(a)　　　　　　　　　　　　　　(b)

图 3-16　人行通道防护棚架示意图

（a）防护棚架结构示意图；（b）防护棚架实物图

排水管铺设作业安全防护采用直角三角形防护棚架，如图3-17所示。主要包括直角三角形屋架、屋架上方檩条和檩条上方钢板。屋架杆件及屋架与檩条连接均采用法兰连接，檩条间距为724mm，屋面钢板打孔采用穿心螺栓与檩条连接紧固，立杆顶部往下1.7m设置I22支撑横梁，支撑横梁下部1.9m，根据施工需要设置可拆卸的I22支撑柱，基础上打设长度2mΦ22锚筋与屋架底部横梁焊接，底梁之间填砂。经校核，能抵御相当于50m高度0.4t落石冲击荷载。

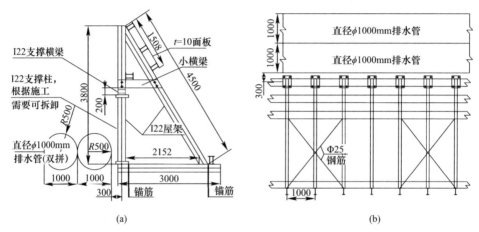

图3-17　排水管施工临时防护棚架设计图（mm）

（a）侧视图；（b）俯视图

2. 移动式防护棚架设计

根据巨型溶洞稳定性监测结果，溶洞稳定性差，落石风险大，必须要在溶洞内进行临时施工安全防护。

（1）防护棚架初步设计及校核

因溶洞体量巨大，钻探施工点不固定等难题，采用整体式钢结构防护棚架作为临时防护结构，防护棚架设计遵循"确保安全、经济合理"的原则。初步设计方案：棚架结构主要由等腰三角形屋架（I20a）、屋架上方檩条（I16a）、檩条上方钢板（厚度5mm）和钢板外侧废旧轮胎（双层）组成，具体如图3-18所示。屋架整体由三部分组成：左右屋面和底面，左右屋面架顶部的型钢端部焊接带孔钢板，钢板间夹橡胶垫，然后采用螺栓连接，可将螺栓受到的剪切力有效转化为钢板摩擦力；左右屋面架和地面亦采用螺栓连接；屋面和地面结构由型钢和钢板焊接而成，焊缝不低于母材承载力。

采用 PKPM 校核棚架抗冲击性能，根据落石可能砸击的位置不同，校核方式如下：1）取一榀三角形框架，校核框架顶部节点，腰边 1/3 节点、中点和 2/3 节点处抗冲击力；2）按四跨连续梁校核连接两榀框架的檩条防冲击力，主要校核两跨檩条中点。

经校核，檩条中点极限抗冲击荷载为 200kN，三角形框架腰边中点极限抗冲击荷载为 180kN，根据《铁路工程设计技术手册·隧道》落石荷载计算公式，按照 180kN 荷载反算，防护棚架仅能抵御 0.1t 落石自 50m 高度掉落的冲击荷载，不能满足防护要求，需优化防护棚架。

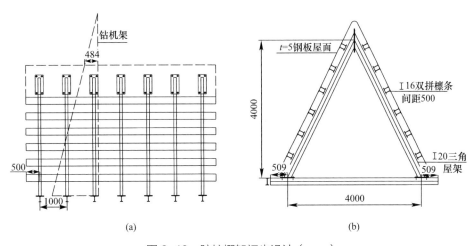

图 3-18　防护棚架初步设计（mm）

（a）防护棚架正面图；（b）防护棚架侧面图

（2）防护棚架改进及校核

防护棚架中两榀三角形屋架的间距由 1000mm 改为 500mm；顶部增加连系横梁，加大框架整体性；腰边中部增加可拆卸的垂向支撑钢管，加强腰边防冲击力；连接框架的檩条改用 20a 工字钢加工，防护棚架外侧挂废旧轮胎，改进后的防护棚架设计如图 3-19 所示。

经再次校核，檩条中点极限抗冲击荷载为 840kN，三角形框架腰边中点极限抗冲击荷载为 580kN，根据《铁路工程设计技术手册·隧道》落石荷载计算公式，按照 580kN 抗冲击荷载反算，相当于可抵抗 0.7t 落石自 50m 高度掉落的冲击荷载，满足巨型溶洞安全防护要求，现场点对点防护棚架如图 3-20 所示。

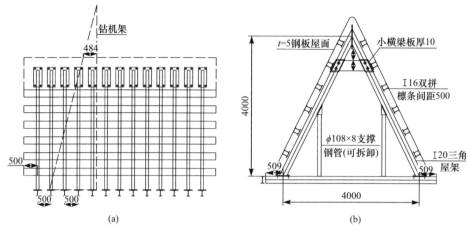

图 3-19 改进后的防护棚架设计图（mm）

（a）防护棚架正面图；（b）防护棚架侧面图

图 3-20 点对点防护棚架

回填洞砟整平主要使用推土机等设备，为保护空顶作业下的设备和司机，采用设备防护罩，如图 3-21 所示。防护罩支撑柱采用 24a 工字钢，每榀间距 1.0m，罩面连系梁采用 20a 工字钢，防护棚净宽度为 3.2m，净长度为 5.0m，净高度为 1.0m。

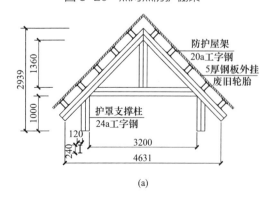

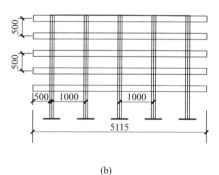

图 3-21 可移式设备防护罩

（a）防护罩；（b）罩面连系梁

3.3　巨型溶洞整体安全防护设计与施工

稳定性评价表明，溶洞当前仍处于极不稳定状态，溶洞顶部极易出现掉块或坍塌。洞壁不稳定给施工和日后运营带来巨大的安全风险的同时，对施工成本也产生影响。隧道穿越巨型溶洞的安全防护技术难题目前国内可以借鉴的经验较少。施工安全防护主要从溶洞危岩体加固和溶洞落石防护两个方面考虑，设计了满堂支架安全防护和全面锚网索安全防护两种方案，经比选，最终采用全面锚网索安全防护，并在溶洞底部设置临时施工防护通道和可移动式棚架防护保障施工人员安全。

3.3.1　满堂支架安全防护设计

根据溶洞发育规模、形态、初步稳定分析、同主线隧道空间关系及各种主线处理方案，满堂支架安全防护方案又分为溶洞整体满堂支架、主线范围满堂支架和溶洞周边满堂支架三种方案，不同方案主要内容如图 3-22 所示。

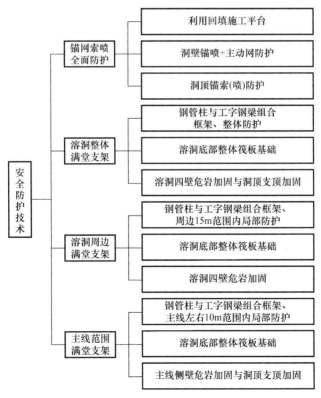

图 3-22　安全防护方案图

1. 整体满堂支架安全防护设计

溶洞整体全面支防，共分 5 个防区，以筏板台阶作为分区边界，溶洞底部按照 12% 坡度做台阶式筏板基础。第一和第二防护区沿支洞方向布设满堂支架，每个防护区设 3 榀框架；第三、第四和第五防护区沿主线方向布设满堂支架，其中第三防护区 4 榀框架，其他防护区设 3 榀框架。在满堂支架底层布置通道满足车辆通行，宽度为 8.35m，高度为 7m；每层台阶同时布置横向施工通道。整体满堂支架形成后对溶洞形成全面支防。溶洞四壁与顶板加固以满堂框架为施工平台，钻探、注浆等工作在满堂框架防护下进行，整体满堂支架如图 3-23 所示。

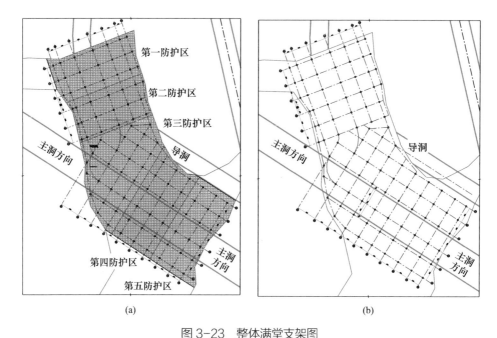

(a)   (b)

图 3-23　整体满堂支架图

（a）整体满堂支架分区图；（b）满堂框架首层剖面

满堂框架结构柱采用 $\phi609 \times 16$ 钢管，结构柱采用纵横梁连接，梁柱之间螺栓连接，首层与标准层梁构件采用 HN400×200 型钢梁，顶层梁采用 HN792×300 型钢梁，螺栓为 10.9 级摩擦型大六角高强度螺栓；框架顶层搭设 HN400×200 型钢作次梁，次梁上铺设规格为 80mm×80mm×6mm 的方钢管；方钢管上铺设 3 层防护网，底层为密目网（建筑外墙安全防护网），中层为小孔布鲁克网，上层为大孔布鲁克网，有效预防落石危险。框架柱间排距为

6.6m×6.6m，首层框架高度为 7.0m，标准层高度为 4.5m，沿支洞中线或主洞中线通道两侧的框架柱间距设为 8.35m。满堂框架第一和第二防护区沿支洞中线方向，剖面如图 3-24 和图 3-25 所示。

以溶洞顶板 3.0m 厚岩石重量作为顶板荷载，岩石容重取 25kN/m³，则顶板荷载为 75kPa，框架周边和顶部施工荷载按 4kPa 考虑，经 PKPM 校核框架结构满足稳定性要求。

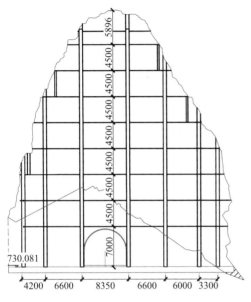

图 3-24　第一防护区第 2 榀框架图

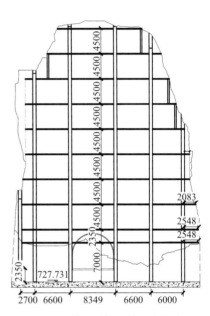

图 3-25　第二防护区第 2 榀框架图

2. 主线满堂支架安全防护设计

溶洞底部按照 12% 坡度做台阶式筏板基础，以台阶作为分区边界，共设 4 个防护区。第一防护区沿支洞方向布设满堂支架，为洞口防护区，与整体满堂支架安全防护一样，第一防护区为洞口防护区，防护区分布及顶升分区如图 3-26 所示。

框架结构钢管柱锚固在筏板基础上，柱顶支撑溶洞顶板，框架顶部设作业面以满足主线洞顶加固施工。沿主线及左右 8m 范围架设满堂支架。除图 3-26 中 4 个顶升区域外，其他区域仅设单层框架结构，第二层剖面俯视图如图 3-27 所示。

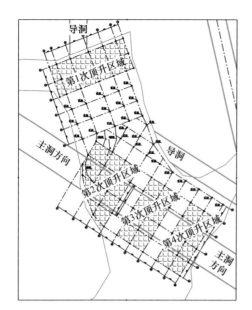

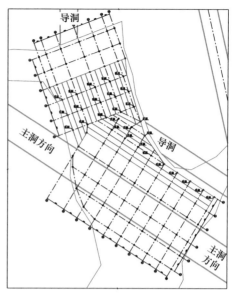

图 3-26　主线满堂支架防护及顶升分区图　　图 3-27　主线附近满堂支架
第二层剖面俯视图

3. 周边满堂支架安全防护设计

溶洞底部按照 12% 坡度做台阶式筏形基础。沿溶洞周边洞壁布设双跨满堂支架，共 5 个防护区，其余区域仅布置单层框架。第一防护区为洞口防护区，与整体满堂支架安全防护相同。溶洞周边的双跨框架结构钢柱锚固在筏板基础上，柱顶支撑溶洞周边区域的顶板，框架顶部设作业面以满足洞顶加固施工。防护及顶升分区如图 3-28 所示。

除图 3-28 中五次顶升区域外，其他区域溶洞内仅设单层钢框架结构，钢管梁上方亦铺设 3 层防护网，第二层剖面俯视图如图 3-29 所示。

4. 满堂框架顶升工艺设计

框架采用顶升法逐层抬高，直到接顶，为保证结构稳定性，一个防护区内的所有框架柱同时顶升。每个框架柱采用两个千斤顶顶升，分为 A 类千斤顶和 B 类千斤顶。以第一防护区为例，第一防护区有 21 根框架柱，布设 42 个千斤顶顶升，其中 A 类千斤顶 21 个，B 类千斤顶 21 个，21 对 A、B 类千斤顶交替顶升，A 类千斤顶顶升后在 B 类千斤顶上部螺栓连接 0.5m 高垫块，每次顶升 0.5m。框架柱分段连接，分两类：1.5m 柱段和 3.0m 柱段，其中 1.5m 柱段设纵横梁接头端。顶升到位后依次接长框架柱，并及时连接纵横梁，最终形成满堂框架结构。

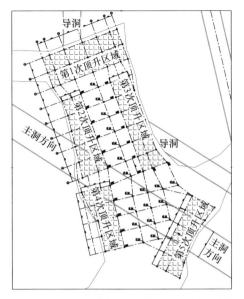
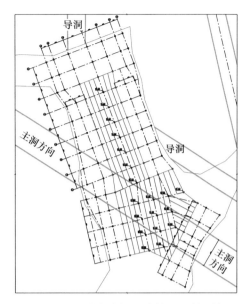

图 3-28　周边满堂支架防护及顶升分区图　　图 3-29　周边满堂支架方案第二层剖面俯视图

溶洞顶部和侧壁凹凸不平，框架柱很难同时准确接顶，在框架柱顶部设伸缩接头，该接头下端插入 $\phi609×16$ 钢管内，上端焊接 $1000mm×700mm×16mm$ 钢板，并在周边设加强肋板。伸缩接头可伸出 $0.5～1.0m$，顶升施工结束后，用千斤顶顶出伸缩接头，使框架柱接顶，并采用抱箍卡紧接头，防止接头下落。顶升施工过程如图 3-30 所示。

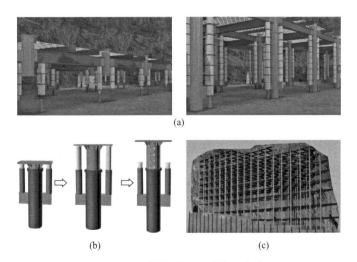

图 3-30　满堂支架顶升施工方法

（a）不同阶段顶升图；（b）钢管顶部伸缩接头设计；（c）整体满堂支架效果图

5. 溶洞侧壁与洞顶支护加固设计

一个防护区的满堂支架完成后，沿框架柱架设垂向升降通道，并在框架梁上搭设周边环向施工通道，以通道为作业平台对溶洞四壁危岩体进行加固支护，以增强侧壁自稳能力，如图 3-31 所示。以通道为作业平台对溶洞洞顶进行支护加固，以增强洞顶稳定性。根据岩层参数和工程类比，选用 $\phi25$ 锚杆，洞壁锚杆长度为 4m，洞顶锚杆长度为 6m，间距为 1.5m；对洞壁危岩体适当加长锚杆到 6m 以上或采用预应力锚索，锚索长度为 6～8m，直径为 21.6mm。混凝土喷层厚度为 80mm，混凝土强度等级为 C20；钢筋网采用 $\phi8$ 钢筋焊接，150mm×150mm 网格，网片尺寸为 2.1m×1.8m。钢筋网与锚杆点焊，钢筋网搭接长度不低于 200mm。

锚网索喷施工工艺流程：定位→钻孔→清孔→安设锚杆→压浆→挂网喷射混凝土。

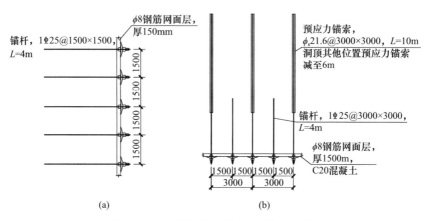

图 3-31　溶洞侧壁和洞顶支护加固设计

（a）侧壁与洞顶支护加固方案；（b）洞壁危岩体支护加固方案

6. 三种方案的优缺点对比

对比分析三种方案优缺点见表 3-8。

三种方案优缺点对比表　　　　　　　　　　表 3-8

分类	优点	缺点
整体满堂支架防护	1. 对溶洞全面防护，支撑效果最优，防护效果最佳，可全面保证作业人员和设备安全； 2. 可以实现溶洞侧壁和洞顶全面支护加固； 3. 框架结构受力均匀，竖向力和水平力传递连续，整体稳定性好； 4. 方便溶洞监测点全面布设	防护工作量大、成本高

分类	优点	缺点
主线满堂支架＋其他位置单层防护	1. 较整体满堂支架安全防护工程量稍小，成本较低； 2. 可以保证主线范围作业人员和设备安全； 3. 可以实现主线范围侧壁和洞顶支护加固； 4. 方便主线范围的监测点布设	1. 不能实现溶洞全面设防，主线范围以外作业人员和设备防护不足，不能避免大块落石带来的风险； 2. 主线范围以外位置无法实现侧壁和洞顶加固
周边满堂支架＋其他位置单层防护	1. 较整体满堂支架安全防护工程量稍小，成本较低，可以在框架底层布设周边施工通道； 2. 可以保证溶洞周边作业人员和设备安全； 3. 可以实现溶洞周边洞壁支护加固； 4. 方便溶洞周边的监测点布设	1. 不能实现溶洞全面设防，周边防护以外作业人员和设备防护不足，不能避免大块落石带来的风险； 2. 周边防护区以外位置无法实现洞顶支护加固

3.3.2　全面锚网索喷安全防护设计与比选

1. 全面锚网索喷安全防护设计

在巨型溶洞侧壁与洞顶实施全面锚网索喷永久支护，用做施工安全防护，对正洞中心两侧各 20m、绝对高程 758.000m 以上范围的洞顶及大、小里程侧洞壁进行永久防护，对应正洞里程 DIK53+634～DIK53+721，如图 3-32 所示，喷锚网防护范围为隧道中线两侧各 20m，侧壁防护采用喷锚网支护：$\phi22$ 砂浆锚杆＋喷层＋钢筋网片＋局部主动防护网。洞顶防护同样采用喷锚网支护：涨壳式预应力中空注浆锚杆＋喷层＋主动防护网＋钢筋网片，支护参数见表 3-9。

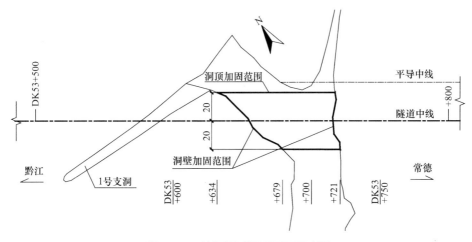

图 3-32　溶洞洞壁洞顶平面示意图

溶洞洞壁洞顶永久支护参数表 表 3-9

序号	工程项目、规格		顶板	洞壁
1	锚杆	类型	涨壳式预应力中空注浆锚杆 $\phi32 \times 6$（壁厚）	$\phi22$ 砂浆锚杆 + 主动防护网
2		长度（m）	6m	4m
3		锚杆间距	1.5m×1.5m	1.5m×1.5m
4	$\phi8$ 钢筋网片		200cm×200cm	200cm×200cm
5	C25 喷混凝土层厚度		15cm	15cm

2. 满堂支架与全面锚网索安全防护技术比选

从安全防护性能、经济性、工期和施工难度四个方面进行对比。

（1）满堂支架安全防护：有满堂支架 + 锚网的双重防护，安全防护性能高；但其在支架完成后才施作洞顶和洞壁的锚网，机械施工困难，增大了施工难度，且施工时间长，经核算施工成本偏高。

（2）全面锚网索安全防护：在安全性方面稍逊于满堂支架防护方案，但在其他方面更具优势，具有施工简单快捷、周期短、机械化程度高等特点，经核算施工成本大幅降低，且施工速度快。

经过综合评价锚网索方案足以满足安全防护要求，且锚网索方案在经济性、工期、施工难度方面具备明显优势，最终采用锚网索防护方案。

3.3.3　全面锚网索喷安全防护施工

在溶洞回填至绝对高程 750.000m 时，根据设备作业高度及支护范围利用洞砟填筑喷锚网支护作业平台，如图 3-33～图 3-35 所示。利用多臂钻、湿喷喷射手、曲臂式自行式高空作业平台，以"先洞壁后洞顶，先两侧后中间"的原则进行喷锚网防护。在完成喷锚网防护后，采用加长臂挖机沿溶洞纵向自中间向两侧挖除喷锚网支护作业平台，如图 3-36 所示。

1. 洞壁安全防护施工

在进行喷锚网施工前，首先由监控单位进行洞壁稳定性分析，并对溶洞进行细致的排查，确定不稳定区域和危险区域。针对不同情况，采取相应的措施，如清除小块危岩体、加固底部大块危岩体、采用锚网喷支护等。接下来，在稳定区域自上而下施作锚杆，同时暂不施作危险区域的锚杆，以确保施工安全。在稳定区域铺设钢筋网片，而危险区域则利用周边稳定区域内的锚杆挂设主防护网。主防护网张紧后，从周边向中心加密锚杆，以增强危险区域的稳定性，确保洞壁的安全。最后，进行混凝土喷射，达到设计厚度，完成喷锚网防护施工。整个施工流程需要严格按照设计要求进行，以确保施工质量和安全。

(a)　　　　　　　　　　　　　　　　　　(b)

(c)　　　　　　　　　　　　　　　　　　(d)

图 3-33　三臂钻机与自移式作业平台演示图

（a）开挖掌子面；（b）加长臂挖机；（c）喷锚网支护作业平台清除；（d）自移式作业

图 3-34　溶洞侧壁防护施工

图 3-35　洞壁支护施工图

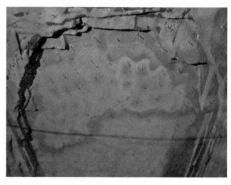

(a)   (b)

图 3-36　洞顶支护图
（a）洞顶加固；（b）洞顶防护效果

2. 洞顶安全防护施工

洞顶喷锚网防护采用涨壳式预应力中空锚杆结合喷层和钢筋网的方式进行施工。施工过程按照顺线路方向自两侧向中间进行。首先进行涨壳式锚杆的施工：使用十字形钻头钻孔并彻底清孔，确保钻孔直且钻径精确；将安装有涨壳式锚头的杆体插入钻孔底部；使用专用工具预紧杆体，使涨壳式锚头充分涨开，直到扭不动为止；注浆，确保在施加预应力后及时进行注浆，注浆质量关乎永久支护锚杆的耐久性。最后，铺设钢筋网并进行混凝土喷射，达到设计厚度。整个施工过程需严格按照规范进行，以确保施工质量和安全。

第 4 章 巨型溶腔处置技术研究

根据国内大量岩溶隧道施工经验和运营过程中出现的问题，并参照国外有关岩溶处理的文献资料，岩溶处理应遵循"以疏为主、堵排结合、因地制宜、综合治理"的原则。以疏为主，就是尽量不改变岩溶水的径流和渗流路径，保持地下水的原始循环和贮存状态，从而减少地下水的流失，保证施工、结构和环境安全，达到建设绿色环保工程的目标；堵排结合，就是根据隧道内涌水量大小、所含泥砂程度，并考虑对隧道运营安全和环境的影响，将堵水和排水结合起来，综合确定治理方案。对于规模较大的干溶洞或暗河，当封堵困难时，可采取在隧道外部修建排水或在隧道中修建涵管或桥梁进行跨越，既达到了排水目的，又保证了施工和运营安全；因地制宜、综合治理，是根据隧道所处的工程地质条件和水文地质条件及周边环境条件，采取多种方法进行综合治理。

4.1 巨型溶洞处置案例分析与评价

4.1.1 典型溶洞处置案例分析

因隧道所处的施工环境条件存在差异，隧道穿越巨型溶洞施工处置方法也有所不同。为保证隧道合理穿越巨型溶洞，对近年来国内外的数十个巨型溶洞处置实例进行了分类研究。通过结合溶洞形态特征、隧道与溶洞的空间位置关系等对巨型溶洞施工处置方案进行系统总结与评价，具体见表 4-1。

黔张常高速铁路高山隧道巨型溶洞为无水溶洞，针对多种可选方案，关键在于加强对不利因素的控制，确保施工和工后运营的质量。根据表 4-1，若选择改线方案，则需要关注线路平纵指标变化和废弃已建工程等问题；若选择路基回填处理方案，则需要关注回填方式和路基沉降控制等问题；若选择桥跨方案，则需要关注洞内施工难度和安全防护施工等问题[38-46]。

表 4-1

巨型溶洞处置方法案例

工程案例	溶洞概况	具体方法	工程图例/评价
奉溪高速羊桥坝隧道 LK34+181 溶洞	奉溪高速羊桥坝隧道位于重庆奉节至巫溪高速公路，高速公路70%为灰岩区，岩溶发育。LK34+181溶洞最大长度为267m，最大宽度为180m，最大高度为120m（隧道设计标高至溶洞顶约70m，至溶洞底约50m）；隧道洞身段穿越溶洞长度为174m。溶洞间壁岩面风化严重，塌溶物局部堆积达30余米高，由于溶洞内雾气大，溶石无规律，单块塌溶物最大体积约十余立方米，勘察施工风险极大	溶洞最终采用改线方案，右洞完全利用，左线左偏，尽量利用已施工完成的支护衬砌，同时绕避方案一中新发现的大型溶洞，隧道开挖距离已揭露大溶洞最小距离按50m控制。该改线方案及其他改线方案新增成本最少，回填暗挖方案工期最短，且地质条件较优越	方案一左侧设计线　方案二左侧设计线　方案三左侧设计线　原左侧设计线　方案一右侧设计线　方案四右侧设计线　方案五右侧设计线　方案四、五左侧设计线　方案二、三左侧设计线　溶洞
云桂客专营盘山隧道巨型溶洞	营盘山隧道位于云南省曲靖市丽江市华坪—丽江高速公路，隧道全长3481m，属剥蚀溶蚀地貌，岩溶强烈发育。溶洞空腔分布于DK396+440～DK396+700段，与线路中线平面交角约11°，溶洞上尖下宽，洞底部宽度约6～35m，高度约10～75m；最低处位于隧道轨面以下65m，最高处高于隧道洞面40m左右，隧道穿越长度约110m。洞壁及洞顶塌溶块石土层呈松散形态，最大块径长度约20m	考虑到改线方案仍存在遭遇大型溶洞的风险，且工程废弃量大，桥跨方案施工工艺复杂，安全防护难以施作等，溶洞最终方案采用了C20大体积混凝土回填方案。为降低振荡揭对溶洞洞壁的扰动，回填分层分段实施，第一层厚度为4.5～12m，纵向分段长度为10～15m；第二层厚度为7.48～8.71m，并设置1：0.3网片；并在回填层内设置型钢骨架及钢筋。第三层厚度为8m，外侧坡率及分段情况与第一层相同；第四层厚度为8m，外侧坡率分段长度与第三、二层相同。避免大体积混凝土浇筑水化热对混凝土强度产生的不利影响，浇筑分层预留2.2m×1.8m的空心柱，空心柱每节高6m，各空心柱纵、横向间距为3.2m，空心柱竖向每间隔6m设置一道2m厚混凝土隔板	溶洞边界线　隧道　C20混凝土回填　土石回填区域　溶洞底填充　基底工字钢支撑　12.0　20.2　4.5　1：5　1：0.3

续表

工程案例	溶洞概况	具体方法	工程图例/评价
长昆客专朱砂堡二号隧道 D2K473+530 巨型溶洞	朱砂堡二号隧道全长 505m，岩性为寒武系薄层灰岩，最大埋深约 49m。D2K473+530 巨型溶洞大厅底部纵向长度约 90m，横向宽度约 53m，溶洞深度约 58m，隧道呈"梨"状，向上收窄变小，高约 58m，隧道簟近该溶洞边部约 45m，溶洞上部通过顶部通过，溶腔距溶洞底部约 45m，溶腔内无水，溶腔以下 40m 发育暗洞。	溶洞采用大体积混凝土分段、分层回填处理，为解决大体积混凝土水化热问题，混凝土内预留横载面为 2.2m×1.8m（纵×横）的空心柱，纵向间距为 5m，竖向间隔设置 1~2m 的整体回填层作为类似群桩的横联。横联按照纵向间距为 10m、高度为 2m 设置。该方案不仅工后沉降易于控制，还节省了混凝土的用量，减少了混凝土水化热的影响；但回填圬工量仍比较大，技术难度高，洞底需增设排水措施	
田德铁路陇外隧道 DK38+325 巨型溶洞	田德铁路陇外隧道全长 1037m，最大埋深约 260m，岩性以黏土和白云质灰岩为主，沿线路方向宽度 55m，垂直线路方向宽度约 37~62m，溶洞深度为 30~53m，高程范围为 329~392m，溶洞上部空间较小且洞壁较垂直，下部空间向四周扩宽变大；隧道某区段穿越溶洞腔体顶部，其他区段轨面至溶洞顶板厚度在 5~25m 之间，穿越长度为 5m 左右	经过比选，隧道溶洞采用洞内分层回填+振捣碾压的处置方案。基底黏土层范围开挖洞渣换填级配碎石并振捣，洞内自下而上分层填筑片石层、块石土层、碎石土层及基床底层，基床表层填筑掺 5% 水泥的粗、细角砾土。填筑密实度控制采用小型振捣设备及小型碾压设备施工简单，对隧道围岩扰动小，填料可从隧道弃石中选用，回填经济有效	
永吉高速那丘隧道厅堂式溶洞	那丘隧道全长约 2875m，所处地貌属于岩溶中低山地貌，最大埋深约 185m。溶洞长度为 170m，溶洞平面走向与隧道左线走向基本重合，底板在隧道设计高程以下约 32m 处，顶板在隧道设计高程以下约 10~28m 处，溶洞底板以约 35° 坡度上升状。在小里程端，溶洞底板基本呈水平上升	溶洞处置采用回填方案。先在溶洞底部全纵向设置钢筋混凝土拱涵，以保持排水通畅；然后对隧道底部进行回填，洞道、洞渣部进行回填，自下而上分别回填干砌片、洞渣、级配碎石和片石混凝土；顶板不规则则采用浆砌片石和泵送 C20 混凝土填充密实	

续表

工程案例	溶洞概况	具体方法	工程图例/评价
宜万铁路龙麟宫隧道1号溶洞	龙麟宫隧道全长3241m，地层为寒武系白云质灰岩，溶洞沿溶腔长轴与线路平行，底部距轴长度为171m，横向宽为65m，溶腔最底部距路面高度为76m，距地表高度为110m。溶腔顶部、侧壁岩体破碎，洞顶及侧壁塌穿块掉落现象严重。溶腔塌落物堆积于溶腔底部，堆积体最大厚度为30～40m	溶洞采用路基+明洞方案处置方案。溶腔处理总体方案是溶腔段改为路基，轨面以上溶腔段放坡开挖形成路堑，轨面以下用硬质岩渣回填后用注浆加固。首先挖出隧底以下7m内的岩体及隧道倾填弃作，并采用强夯处理基底，轨面以下溶腔段60m采取硬质岩作分层填筑干注浆，强夯后采用注浆加固处理。岩碴上部2m采用掺5％水泥的碎石分层填筑，碾压、压实，填筑以后再进行夯击	
宜万铁路龙麟宫隧道2号溶洞	宜万铁路龙麟宫隧道2号溶洞地层为灰岩，云质灰岩局部夹薄层泥质白云岩，节理发育，溶腔纵向发展100m，横向发展150m；溶腔顶板在轨面以下12～20m，洞底在轨面以下12～20m。溶洞中部线路位置被巨石侵入，巨石下部悬空，形成"鹰嘴"，极可能出现整体坍塌	溶洞采用分段处理的方式：溶洞底部空洞区段，隧道结构下部填筑2m厚C20混凝土，其下部分采用复合地基填筑混凝土桩加固；溶洞"鹰嘴"区段，悬空侧上部采用毛混凝土挡墙回填，溶洞大厅区段，下部采用C20片石混凝土换填，下部隐伏溶洞充填黏土及块石土，浅层溶洞充填黏土，隧底局部换填C20混凝土和溶洞之间的空间进行了加固。该方案依据溶洞形态及其与隧道之间的位置关系，分别采用不同的方法对隧道路基进行了加固，取得了良好的处置效果	
朱家岩隧道溶洞	宜昌至恩施高速公路朱家岩隧道右线穿越一溶洞，沿线路长约23.5m，溶洞顶部距隧道开挖轮廓线顶部最高为4.3m，底部距离隧底线约30m；左线穿越溶蚀大厅沿线路长度约33m，顶部通过岩溶竖井与地表连通，底部溶槽斜深大于80m，左线底部通过溶槽沟与右线连通	溶洞处置采用桥、托梁和衬砌共同跨越的方案，即隧道路面以桥梁形式跨越，边墙、拱部为钢筋混凝土砌结构，并在拱脚处设置托梁承托往注混凝土结构。该方案既保证了衬砌结构的稳定，又保证了路面以下的排水通畅，但乃隧道施工难度较大，桩基暴露在外会受到落石冲威胁	

续表

工程案例	溶洞概况	具体方法	工程图例/评价
湖北恩利段高速公路岩湾隧道溶洞	湖北恩利段高速公路岩湾隧道溶洞沿隧道轴线方向长度为31m，垂直隧道轴线方向长度为50m；溶洞顶高于隧道拱顶10~20m，溶洞底距隧道仰拱顶约20m，低处低于隧道仰拱顶中部	隧道溶洞处置最终选用了洞作回填和桥梁跨越的组合方案，即洞渣回填至仰拱顶作为施工通道及拱形防护的基础，桥梁作为行车道部分。上部结构采用2×16m的连续组合梁桥，下部构造桥墩采取桩基接帽梁，桥台采取扩大基础。该种方案处置可靠，能有效减少路基沉降，相比"桥、托梁和衬砌共用跨越"的方案可节约成本和工期，但施工较繁琐，回填密实度难以保障，同时影响地下水的流通	（工程图例：隧道断面结构图）
宜万线下村坝隧道溶洞	宜万铁路下村坝隧道全长1975m，穿越地层为白云质灰岩，灰岩局部含白云岩等可溶岩地层，岩溶发育。溶洞沿线路方向发育50m，垂直线路方向从左边墙发育至右边墙外18m；竖向向上发育至拱面以上最大高度为30m，向下发育至轨面以下最大深度为18m	根据溶洞发育情况，采用了拱部回填稳定危岩，隧底仰基承各结构跨越溶洞，隧底加强复合型复合式衬砌结构的方案。隧底为溶洞无填物段，施作前先对隧底，右边墙外溶洞填充物充物注浆加固，初期支护施隧道发育浅层溶洞段采用C20混凝土换填处理。该种道回填浅层溶洞混凝土换填处理。该方案变构稳定，工后沉降量能够得到控制，但适用范围较窄，受结构型式复杂，受溶道与溶洞至位置关系影响较大	（工程图例：隧道回填跨越断面图）
成贵高铁玉京山隧道溶洞	溶洞位于干地面以下60m，高度为230m，溶洞底顺线路长度为95m，横向宽度为30~90m，横坡30°~40°，横坡部堆积物厚度为5~15m，长度为低侧发育一大型暗河，宽度为70m³，隧道高悬于溶洞顶18km，雨季流量每秒70m³，距溶洞底高度为40m，与暗河水面垂直高度为110m	溶洞处理的总体方案采用"暗河改道+溶洞回填+桥梁跨越"。修建排水洞，从溶洞底层由下至上分层回填土石；接着对回填洞顶板采用锚索加强结构加固；然后在回填洞顶内挖出断面修建新隧道；最后架设桥梁。通过进一步精细设计，使得玉京山隧道内的桥梁达到了沉降标准，确保了隧道内的桥道梁稳定	（工程图例：溶洞回填及桥梁跨越示意图）

续表

工程案例	溶洞概况	具体方法	工程图例/评价
瑞士 Dodoni 隧道	Dodoni 隧道全长3300m，开挖跨度为12m，隧道埋深约100m，施工中隧道需穿越100多米的溶洞群，塌岩溶发育，施工中隧道出现了两次大的坍塌，最大连通至地表，最大一次塌方地表天坑直径为3m，约1200m³围岩塌落洞内	施工中采用了超前探测孔以对隧道周边围岩进行了探测，针对地质情况提出了回填，隧道超前处理方式，通过设置冠前管棚形成有效的支撑维持隧道稳定，对于塌腔采用回填灌浆填充。隧道施工中对隧道排水进行专门设计，降低季节性降水对隧道的影响	
西班牙 Gavarres 隧道	Gavarres 隧道是马德里—法国边境高速铁路线的一部分，位于吉罗纳省境内，为双线隧道，全长758m，最大埋深为31m，隧道开挖断面面积110m²。隧道采用新奥法施工，台阶法开挖。围岩以石灰岩和泥灰岩为主，穿越多条断层层破碎带，部分区段穿越溶洞群	现场采用了回填灌浆，超前管棚的方式进行处置，并对结构设计参数进行加强	
奉溪高速羊桥坝隧道溶洞	溶洞最大长度为267m，最大宽度为180m，最大高度为120m；隧道设计标高至溶洞顶约70m，至溶洞底约50m，隧道洞身段穿越溶洞长度为174m；溶洞内雾气大，落石无规律	右洞完全利用，左洞改线左偏绕避	只对左线改线，新增造价低，相比溶洞处置成本小，施工风险低，需报废部分已建隧道，改变了线路的平纵指标
云桂客专营盘山隧道溶洞	溶洞底部宽度约6~35m，高度约10~75m；最底处位于隧道轨面以下65m，最高处高于隧道轨面约40m，隧道内底板存在暗河等常年岩溶管流水	隧道基础范围溶洞回填处理，采用 C20 混凝土分层分段回填，第一层回填层内设置钢骨架及钢筋网片	施工简单，施工质量易于控制，结构安全性高，易受大体积混凝土浇筑水化热的影响
朱砂堡二号隧道溶洞	溶洞大厅底部纵向长度约为90m，横向宽度约53m，高度约58m；隧道靠近溶洞顶部通过，隧道底距溶洞底部约45m，隧道穿越长度约60m；溶腔以下40m发育暗河，溶腔内无水，	大体积混凝土分层回填，回填体中预留矩形竖向孔洞并设置横向联系层	工后沉降易于控制，节省了混凝土的用量，减少了混凝土水化热的影响；回填后需要增设排水措施

续表

工程案例	溶洞概况	具体方法	工程图例/评价
田德铁路陇外隧道溶洞	溶洞沿线线路方向宽度约为55m，垂直线路方向宽度为37~62m，溶洞深度为30~53m；隧道某段落穿越溶洞体顶部，其他段落溶洞轨面至溶洞顶板厚度在5~25m范围内，无暗河流经	分层回填；基底设置碎石盲沟，洞内自下而上抛填片石，回填块石土、碎石土、基床层填筑掺5%水泥的粗、细角砾土	施工难度小，围岩扰动小，方案经济有效；回填厚度大，路基压实标准要求不易控制，影响地下水疏、排
永吉高速那丘隧道溶洞	溶洞颇道厅堂式，长度为170m，洞体平面走向基本与隧道重合，顶板最高处在隧道顶以上28m，最低处在隧道设计高程以下约为6m，隧址处在隧道设计高程以下约为32m。隧道最高处在隧道设计高程以下约为10m，最低处地下水位远低于隧道设计标高	自下而上回填干砌片石，洞碴，级配碎石和片石混凝土	方案简单，技术成熟；影响洞内质有水路
宜万铁路龙麟宫隧道1号溶洞	溶洞底部轴线长度为171m，横向宽度为65m，距地表110m，溶洞顶板坍塌至地表形成"天窗"；路肩距离隧道底部为76m，隧道穿越溶洞长度约50m；溶洞位于地下水位之上，有水流在底面附近流过	路基+明洞方案，利用塌方垮落的岩碴回填溶腔，采用强夯+注浆的处理方式改善地基、隧改路通过溶洞	充分利用塌方垮落的岩块，施工安全；回填量大，有可能造成沉降超限问题
龙塘坪隧道溶洞	溶洞沿轴线方向最大跨度约为72m，横向最大净空宽度约为65m，顶板最小厚度约为34.2m；溶洞空腔下方为堆积体，溶洞底面设计标高以下堆积体面厚度为2~29.2m，溶洞局部有少量裂隙水滴落	"洞中洞"方案，即保留溶洞顶板，洞内采用明洞方式通过，基底处理采用换填块石回填、溶洞大厅则采用黏土块回填，溶洞局部采用增设钢管桩	挖方量小，成本低，对环境影响小；洞内防护施工难度大，基础处理较复杂
宜万铁路龙麟宫隧道2号溶洞	溶洞纵向发展约150m，横向发展约100m，溶腔顶板在轨面以上10~20m，洞底在轨面以下12~20m，溶洞中部线路位置被巨石侵入，隧道穿越溶洞近100m；溶洞为古暗河通道，拱顶局部有滴、渗水现象	溶洞隧底空洞段用复合地基混凝土桩加固，岩石侵入段设置挡墙并将隧道悬空部分用混凝土填密，溶洞大厅则采用巨石块石回填，混凝土换填，钢管桩加固及注水泥浆加固	根据溶洞与隧道的不同空间位置关系，采用多种地基处理和加固结构的方法，可靠性强；回填工序较复杂

续表

工程案例	溶洞概况	具体方法	工程图例/评价
朱家岩隧道溶洞	右线穿越一溶洞，沿线路长度约23.5m，溶洞顶部距隧道边墙线顶部最高处为4.3m，底部距离隧底约为30m，左线穿越溶洞大厅沿线路长度约33m，溶洞通过岩溶竖井与地表连通，隧底溶槽斜深>80m，左线右侧底部通过溶沟与右线集连通，平时无地下水渗流，雨季会有地表浅地集水通过溶洞	隧道路面以杯形梁形式跨越；边墙、拱部为钢筋混凝土衬砌结构，以托梁形式跨越	保证了隧道顶部及边墙安全、确保了溶洞洞内排水通畅；施工难度大，底部未回填，桩基对于溶洞不可预见的跨塌抵抗力较差
湖北恩利段高速公路恩岩湾隧道溶洞	溶洞沿隧道轴线方向长度为31m，垂直隧道轴线方向宽度为50m；溶洞顶高于隧道拱顶10～20m处，溶洞底最低处仍低于隧道仰拱顶约20m，隧道穿越溶洞中部；未见明显过水岩溶管道	洞砟回填作为施工通道和防护基础，连续组合桥梁跨越，钢筋混凝土套拱、混凝土护拱和砂浆缓冲层组合拱形防护	处置安全可靠，方法经济，对水系影响小；回填密实度不易控制
宜万铁路下村坝隧道溶洞	溶洞沿线路方向发育50m，垂直线路方向从左边墙发育至右边墙向外18m；竖向向上发育至拱顶以上最大高度为30m，向下发育至最大深度为18m。溶洞地表溶沟、溶槽较发育，局部有渗水	拱部回填固结危岩，隧底桩基承台结构跨越溶洞，隧道结构加强	桩基承台结构有效避免了工后沉降问题，可以维系溶洞原有水路，保障了结构安全；施工难度大
成贵高铁玉京山隧道溶洞	溶洞横向最宽为95m，纵向最宽97m，顺线路长度为230m，溶洞底部堆积物厚度为30～90m，溶洞底部有暗河。隧道位于溶洞顶板内，距溶洞底约40m，与暗河水面垂直高度约110m	暗河改道，利用隧道弃碴回填溶洞。对溶洞顶板采用锚索加固结构加固。在回填体内，修建大断面隧道，架设明隧道	对水系影响小，锚索结构增强溶洞顶板稳定性。方案系统安全，实现了高悬岩溶隧道建造技术的瓶颈突破
重庆贵阳铁路东山隧道溶洞	由两个巨型溶洞和伴生小型溶洞、管道及溶隙汇集而成，主厅部分位于干线路左侧200m处，厅室面积达到10800m²，洞高为10～60m，底部为岩水深潭，次厅位于干线路右侧，处上游位置；溶洞高度为10～30m，厅室面积达11500m²	采取了隧顶截排水沟＋边墙底及拱腰截排水管＋隧底过水涵洞的综合立体排水系统，隧道采用桥板明洞跨越溶洞的结构形式，同时加强结构及溶洞，（腔）壁支护	结构、基础稳定性好，深桩基础施工难度较大；形成隧道岩溶水害整治以及技术合理、经济最优、广泛适用的巨型溶洞综合处理成套技术

4.1.2　巨型溶腔处置分类评价

目前国内外隧道穿越巨型溶洞处置方法主要分为改线避绕、路基处理和桥梁（承台）跨越等，还有些富水溶腔需要对岩溶水做特殊处理，结合具体案例对各类方法评价见表 4-2。

巨型溶腔处置方法分类评价表　　　　　　　　　　表 4-2

处置方法	具体方案	方法评价		相关工程案例
改线避绕	线路纵断面调整 / 线路平面调整	可避开巨型溶洞或减少隧道穿越长度，可能改变线路平纵指标，报废一部分已建工程，改线后面临新的地质条件； 优点：避免对已知巨型溶洞的处理，在地勘资料的支持下可降低施工及运营风险； 缺点：可能会改变原线路设计平纵指标，报废一部分已建隧道，新线或将面临新的地质难题		奉溪高速羊桥坝隧道等
路基处理	大体积混凝土回填 / 大体积空心混凝土回填	施工难度小，回填圬工大，易受大体积混凝土浇筑水化热的影响，施工成本高	优点：施工简单技术成熟，回填料一般易取且利于环境保护，填料能够反压溶洞侧壁从而降低运营期溶洞溶蚀坍塌对隧道的影响，可利用回填（换填）平台对溶洞内洞顶及洞壁进行防护等； 缺点：回填体厚度大沉降不易控制，大体积混凝土回填受水化热影响较大，回填、换填影响溶洞地下水的疏、排，换填挖方可能存在困难等	云桂客专营盘山隧道、沪昆高铁朱砂堡二号隧道等
	洞砟回填 / 多种填料分层回填 / 换填	技术成熟，材料一般易取，可利用回填平台施工安全防护措施，路基沉降不易控制，影响地下水流通		田德铁路陇外隧道、永吉高速那丘隧道、宜万铁路龙麟宫隧道等
	钢管桩、复合地基混凝土桩等地基加固措施	挖方量小，较环保，洞内施工较复杂，施工成本高		思南至剑河高速公路龙塘坪隧道、宜万铁路龙麟宫隧道等
桥梁（承台）跨越	桥梁（托梁）跨越	线路沉降量小，几乎不影响洞底排水，洞内施工难度较大，安全防护难以施作，施工成本高	优点：能为隧道结构提供较为稳定的基础，几乎不影响地下水的流通； 缺点：施工难度一般较大，造价一般较高，桩基易受到溶洞内不可预见的落石威胁，桥跨结构支承面须有可靠基岩，桥梁布置可能需要对隧道面开挖从而扰动溶洞围岩等	宜昌至恩施高速公路朱家岩隧道等
	洞砟回填＋桥梁跨越	线路沉降量小，可利用回填洞砟作为防护基础，施工较繁琐，影响洞内排水，施工成本高		湖北恩利段高速公路岩湾隧道等
	承台跨越	结构较安全，隧道底板不宜过高		宜万铁路下村坝隧道等

处置方法	具体方案	方法评价	相关工程案例
岩溶水做特殊处理	绕行、释能降压、暗河改道等	适合巨型富水溶腔	宜万铁路野三关隧道[4]、宜万铁路齐岳山隧道[47]、成贵高铁玉京山隧道等

综上，隧道在穿越巨型溶洞时，需综合考虑隧道悬空高度、溶洞稳定性和地下水活动等因素。对于隧道高度悬空、溶洞围岩周壁不稳定、处置成本昂贵且工期长的情况，改线避绕的方法是一种选择；对于溶洞发育深且规模大的情况，可以采用路基填筑处理的方法；对于溶洞内水量大、充填物承载力好且与溶洞交界面稳定时，可以采用考虑桥梁（承台）跨越的方法；而对于溶腔高度不大、充填物承载力较低的情况，则适合采用复合地基加固的方法。总之，选择合适的溶洞处置方法需要综合考虑隧道结构安全、经济性和隧道施工的可行性等因素。

4.2　高山隧道巨型溶洞处置技术分析

4.2.1　绕避处置技术

溶洞揭露时，高山隧道正洞已掘进施工长度为 902m，剩余长度为 3057m，平导施工长度为 1584m，剩余长度为 1078m。

1. 线路纵断面优化

根据溶洞与线路空间位置关系，隧道基本位于该溶洞顶部，隧道拱顶部分与溶洞顶板相切，部分溶洞顶板侵入隧道，为降低溶洞处高度，研究调坡方案，按照尽量不产生废弃工程的原则；由于隧道内已采用足坡，只能将 −12‰/730 坡段长调为 −12‰/400，调整后溶洞处高程降低了约 1.78m，且 400m 的坡长属于规范规定特殊困难地段的限值，此处调整后改善效果不明显。

2. 线路平面优化

结合该隧道施工进度，从绕避溶洞的程度、废弃工程量和未施工段地质情况等，采用两个改线方案，如图 4-1 所示。

（1）方案一：线路左绕，不废弃已施工工程

完全利用正洞已施工段，不废弃正洞工程，局部改线后未完全绕避溶洞，仅将正线跨越溶洞跨度缩小至 40m 左右。改线后废弃平导长度为 218m，引起正洞长度加长 9.8m。

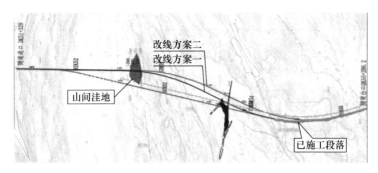

图 4-1　改线方案示意图

（2）方案二：线路左绕，废弃正洞已实施工程

完全绕避了已揭示溶洞大范围发育空腔区，但该方案需要将已实施正洞工程完全废弃，代价重大，且其也通过线路左侧山间溶蚀洼地，工程潜在风险大。且区间使用两处 $R3000$ 曲线，线路标准较之前方案有所降低。

4.2.2　回填处置技术

对位于隧道结构下部的溶洞空腔进行回填处理，不仅能为隧道结构提供基础，同时能够反压溶洞侧壁。根据填筑材料的不同，结合现场条件，共研究了洞砟回填＋上部注浆、级配碎石回填＋下部注浆、级配碎石＋混凝土板＋下部注浆和大体积空心混凝土回填＋下部注浆四个处置方案，具体处置方案见表 4-3。

回填处置方案　　　　　　　　　　表 4-3

回填处置方案	具体操作	断面示意图
洞砟回填＋上部注浆方案	从施工支洞进入溶洞，在溶洞底部回填洞砟至 730.000m 高程（施工支洞口地面高程），然后施作 30cm 厚钢筋混凝土止浆板，继续回填洞砟至 750.000m 高程并对洞砟回填体上部 20m 范围内进行注浆加固处理。洞砟回填体上部采用掺 5% 水泥级配碎石回填，回填厚度为 5m，再设置 3m 厚钢筋混凝土路基板至主洞底板 758.000m 高程。根据溶洞的发育特征及其与隧道的空间关系，线路左侧厅堂状廊道全部回填，线路右侧主溶蚀裂隙通道按 1∶1.5 放坡回填并确保底部消水洞不被掩埋	洞砟回填＋上部注浆方案溶洞空腔纵断面示意图

续表

回填处置方案	具体操作	断面示意图
级配碎石回填＋下部注浆方案	从施工支洞进入溶洞，分层填筑掺5%水泥的级配碎石至溶洞730.000m高程下2m处，然后采用$\phi76\times5$袖阀管进行底部注浆加固，注浆深度为55～65m。完成基底处理后，沿730.000m高程设置2m厚钢筋混凝土板，板上分层填筑掺5%水泥的级配碎石，填筑至主洞底板以下3m，边坡坡率为1∶1.5，分级高度为10m，边坡平台宽度为2m，边坡以外采用洞砟回填	级配碎石回填＋下部注浆方案溶洞空腔纵断面示意图
级配碎石＋混凝土板＋下部注浆方案	从施工支洞进入溶洞，完成基底处理后，沿溶洞730.000m高程设置2m厚C30钢筋混凝土板，由此向上至755.000m高程（隧道底板）每隔8～10m设置一道2m厚C30钢筋混凝土板，钢筋混凝土板之间填筑掺5%水泥的级配碎石，隧道底板为3m厚钢筋混凝土。隧道中线左右12m宽度范围以外设边坡，边坡坡率为1∶1.5，分级高度为10m，边坡平台宽度为2m，边坡以外采用洞砟回填	级配碎石＋混凝土板＋下部注浆方案溶洞空腔纵断面示意图
大体积空心混凝土回填＋下部注浆方案	1. 从施工支洞进入溶洞，完成基底处理后，沿溶洞730.000m高程设置3m厚型钢骨架混凝土板。板采用C20混凝土，骨架采用I18型钢，沿线路方向布置，横向间距为0.5m，其上采用$\phi22$钢筋网片，网格间距为20cm×20cm。 2. 采用C20混凝土浇筑大体积基础；基础回填横截面采用梯形，外轮廓采用高度为5m、宽度为1m的台阶；为减少大体积混凝土浇筑水化热，在混凝土内部预留2.2m×1.8m×6m（长×宽×高）的空心柱，空心柱横、纵中心间距均为5m；每层空心柱间设置一层2m厚的混凝土隔板。基础沿线路纵向每隔10m留一道变形缝。大体积混凝土基础回填后，在周边溶洞采用洞砟分层回填	大体积空心混凝土回填＋下部注浆溶洞空腔纵断面示意图

4.2.3　桥跨处置技术

1. 桥面防护方案选择

在运营期间，为防止溶洞壁和洞顶的溶蚀导致小型块石掉落，可能危及运营安全，桥梁桥面需要设置隧道明洞或其他防护结构。这些防护结构可以采用混凝土明洞或柔性钢架防护，并设置在桥梁梁面的两侧。混凝土明洞防护的截面面积约为 16m²，而柔性钢架防护采用 I40a 型钢架，间隔 3m 设置一处，纵向钢架之间加设钢管，外包厚度为 5mm 钢板。这两种结构都能承受一定大小的落石，起到一定的防护作用。然而，混凝土明洞防护方案会导致桥梁结构二期恒载增加较大，达到 400kN/m，尽管其结构耐久性较好。相比之下，采用钢架柔性防护结构，桥梁二期恒载增加值较小，约为 15~20kN/m，但结构耐久性较混凝土结构差。考虑到防护结构距离溶洞顶的距离较小，并且溶洞经过加固后掉落大块落石的可能性较小，因此防护结构仅考虑一定大小的落石荷载。从应力图 4-2、图 4-3 可以看出，不论是混凝土明洞防护方案还是型钢柔性防护方案，都能承受一定大小的落石荷载，并且应力有一定的富余。尽管混凝土防护方案具有较好的结构耐久性，但由于二期恒载过大，桥梁设计较为困难，因此桥梁更适宜采用型钢柔性防护方案。

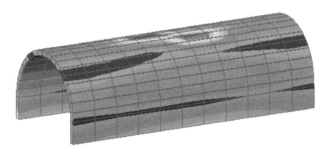

图 4-2　混凝土防护方案洞顶应力分布

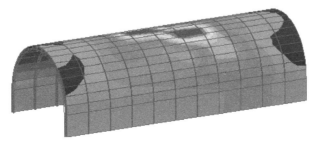

图 4-3　钢架柔性防护方案洞顶应力分布

2. 防护方案比选

根据应力图分析采用型钢柔性防护方案，各方案具体设计情况见表4-4。

根据应力图分析采用型钢柔性防护方案表　　　　　表4-4

防护方案	具体方案	方案示意图
钢筋混凝土框架方案	DIK53+644.65～DIK53+719.35溶洞空腔内采用钢筋混凝土连续框架结构，上部采用隧道明洞防护设计方案，框架结构纵向柱间距为10.5m左右，横向柱间距为10.86m，截面尺寸为2.5m×2.0m矩形截面，柱高度在39～50m之间，高度方向柱间每12～13m左右设置纵、横向系梁。柱顶设置厚度为2.5m的钢筋混凝土底板，按板单元计算结构并配置受力钢筋，其上设置11.55m高混凝土防护结构，防止溶洞顶落石危及线路安全。溶洞底部塌落体厚度达49m，桥梁基础的施工不能采用清理落石、挖井方案来施工，仅能采用钻孔桩基础。但在如此厚度的块石体中成孔难度极大	 框架明洞组合方案截面布置图
简支梁方案	简支梁桥跨拟定DK53+637.4～DK53+726.6采用1-24m+1-32m+1-24m简支梁方案跨越溶洞，本方案中简支梁采用预制架设，按常规简支梁结构设计，梁型采用通桥（2012）2209梁，桥台置于隧道内。溶洞底部塌落体厚度达49m，桥梁基础的施工不能采用清理落石、挖井方案来施工，仅能采用钻孔桩基础。但在如此厚度的块石体中成孔难度极大。施工过程中需对溶洞顶及隧道进行部分爆破开挖以满足桥梁施工所需空间，施工安全风险大、防护工程施工困难。运营期桥墩需防护洞壁滚落块石，需要采用一定工程措施进行防护	 简支梁方案截面布置图
2×43m单T刚构桥方案	桥跨拟定DK53+636.9～DK53+727.1采用2×43m单T刚构桥方案，桥梁全长90.2m，两侧桥台均位于隧道中，1号墩墩身高度为38m，采用空心墩，墩底实体段为9.0m，施工方法拟采用挂篮悬臂施工。施工及运营期间基础、墩身及桥面防护与简支梁方案相同	 单T刚构方案截面布置图

续表

防护方案	具体方案	方案示意图
1～74m 上承式空腹拱桥方案	拟采用上承式空腹拱桥，一跨跨越溶洞，跨度为 74m，矢高为 14.8m，拱桥矢跨比为 1:5，桥梁全长为 80m。拱脚施工时需对溶洞两侧进行爆破开挖，开挖造成的振动对溶洞边坡及顶板可能存在一定稳定风险；拱底距离溶洞底为 25～55m，施工时需要搭设平均 40m 高的支架，高支架施工风险较大，支架基础置于堆积厚度达 49m 块石上，支架基础处理困难，风险较大。为解决拱桥基础施工需要对溶洞进行一定高度的回填，并进行地基处理后搭设支架，总体成本较高，施工难度较大	 拱桥方案截面布置图

4.2.4　处置技术对比分析

对高山隧道巨型溶洞提出线路调整、回填处置和桥跨处置三类研究方案，其中回填处置方案有四种，其优缺点对比分析如下：

线路调坡对改善溶洞处理施工作用不大，平面改线方案从工程废弃量、改线后的线位工程地质条件等方面比较，均存在较大风险，可行性较差，经研究确定维持原线位处理方案；由于隧道高位穿越巨型溶洞，洞内堆积体厚度大，给桥梁桩基施工和高支架的搭设造成很大困难，施工质量难以保证；溶洞围岩周壁存在多处不稳定区域，桥梁墩身抗冲击能力弱，难以应对来自洞顶及周壁不可预见的落石冲击，威胁运营安全；桥跨方案成本较高，且施工工期较长。基于以上考虑，经研究分析，桥跨处置方案不予采用；回填处置方案能为隧道结构提供较为稳定的基础，同时能够利用回填体反压溶洞侧壁，减小溶洞空间，可以降低运营期溶洞溶蚀坍塌对隧道的影响。回填处置方案对溶洞的次生影响小，施工工艺简单，施工成本低，施工人员少，利于施工安全防护管理。回填之后可利用回填平台对溶洞内洞顶及洞壁进行必要的防护，通过加强上部明洞隧道结构，能够保证高铁运营安全。

分别针对四种回填处置方案分析了其优缺点，见表 4-5。

回填处置方案优缺点对比分析 表4-5

方案编号	具体方案	方案优点对比	方案缺点对比
方案1	洞砟回填＋上部注浆加固	1. 利用弃渣，材料成本低，保护环境； 2. 利用平导和正洞3个抛填口，施工简单速度快，全面防护前溶洞内施工少； 3. 注浆加固使上部回填体质量较好，后期抵抗高铁振动能力强，整体减沉效果好； 4. 可快速形成施工平台，溶洞安全防护施工容易；溶洞内大范围施工前可完成全面防护	回填体工后沉降可能较大，特别是注浆层下部回填体，需进行严密的沉降监测和控制
方案2	级配碎石回填＋下部注浆加固	下部注浆，上部级配回填，回填质量高，回填体沉降量小	1. 回填工程量大，材料成本高，施工困难； 2. 注浆工程量大，底部注浆量无法控制； 3. 全面防护前洞内施工量较多，施工安全不易保证
方案3	级配碎石与混凝土板回填＋下部注浆加固	回填质量高，回填体沉降量小	同上，且施工安全风险更大
方案4	大体积混凝土回填＋下部注浆加固	回填质量高，回填体沉降量小	同上，且大体积混凝土发热导致的混凝土开裂问题不易解决

4.3 巨型溶洞回填处置技术比选

4.3.1 回填处置方案比选因素分析

对于四种回填处置方案比选因素的分析，结合不同方案的特点，选择可量化的评估指标。包括工程质量、施工工期、工程造价和施工安全四个重要影响因素。

1. 工程质量

在铁路工程建设中，工程质量是至关重要的问题。四种回填方案均能够满足工程质量的最低标准，但由于回填材料和施工工艺的不同，它们达到的质量水平也会有所差异。方案一采用隧道弃砟作为回填材料，其粒径范围较大，施工过程中采用高处抛填工艺，回填质量相对较低；方案二采用掺5%级配碎石填筑，填筑密度较高，采用分层振动碾压技术，填筑质量较高；方案三与方案二类似，但在碎石层间施工两层混凝土板，有利于填筑整体性和降低差异沉降量，回填质量稍高；方案四采用大体积空心混凝土回填，混凝土浇筑密实度高，易于控制，回填质量最高。

2. 施工工期

四种回填方案的工期差异主要由施工工艺和材料制造、运输时间产生。方案一弃砟材料由附近两个隧道弃砟场提供，取材方便，且回填工艺采用高处抛填工艺，碾压遍数较少，其所需工期最短；方案二和方案三中需大量制备级配碎石填料，大部分材料需要外购，且回填过程中对压实控制要求高，工艺较复杂，所需工期较长；方案四中混凝土回填量较其他方案减少，但支设模板量和回填混凝土工量大，所需工期最长。

3. 工程造价

工程造价指标是所有影响因素中最可量化的指标，根据各回填方案的施工内容，对各方案中主要工程内容及成本进行估算。洞砟回填 + 上部注浆加固方案合计约 6926.06 万元；级配碎石回填 + 下部注浆加固方案合计约 11744.92 万元；级配碎石与混凝土板回填 + 下部注浆加固方案合计约 12870.68 万元；大体积混凝土回填 + 下部注浆加固方案合计约 10137.63 万元。

4. 施工安全

根据溶洞风险评估结果，溶洞风险较高，洞内工作环境不利，因此应尽量减少洞内工作量。方案一主要利用隧道及平导洞口进行抛填，洞内工作量较少，施工安全容易控制；而方案二和方案三中，洞底堆积体处理量大，填筑过程中需要进行的洞内填筑和压实次数较多，机械施工时间较长，施工安全风险较高；方案四中，洞底堆积体处理量大，混凝土浇筑回填工作量也较大，施工人员和机械需求量大，施工风险最高。

4.3.2　巨型溶洞回填处置方案比选

采用层次分析法[48-50]（Analytic Hierarchy Process，缩写为 AHP），其为一种处理多目标决策的定量与定性结合的理论方法，被广泛应用在资源配置、方案排序、政策分析等领域。该方法是将影响问题的各种因素按其相互关系和隶属关系建立递阶层次分析结构模型，对相同阶层的各因素进行重要性程度对比排序以解决问题。建立溶洞回填处置方案递阶层次结构模型，通过层次结构中各影响因素以及各因素下相关方案两两比较的方式，确定各因素的相对重要性，进而对四种备选方案的重要程度进行综合排序，最终得到最优处置方案。

1. 建立层次结构模型

针对具体问题建立的递阶层次结构模型，由目标层、准则层及方案层构成。其中，目标层为该问题需要达到的最终目标或理想结果；准则层是根据备选方案确定目标达成所需的多个影响因素；方案层包括用于实现目标所提供的多种备选方案，彼此之间关系连成线段。回填处置方案层次结构模型图如图4-4所示，目标层为比选得到经济合理的溶洞处置方案，准则层为工程质量、施工工期、工程造价以及施工安全四个主要影响因素，方案层为四种回填处置备选方案。

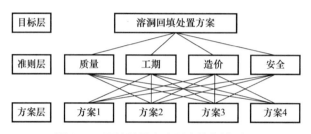

图4-4　回填处置方案层次结构模型图

2. 因素两两比较

从层次结构模型中的第一个准则层开始逐步确定各层因素相对于上层因素的重要性程度，并按计算结果确定各方案的风险大小，按照SAATY[51]提出的1~9级标度法可得出因素对比标度。

（1）对准则层而言，根据因素比对标度表得到溶洞处置方案选择的影响因素两两比较结果如下：

1）工程质量因素与施工工期因素相比，在同样重要和稍微重要之间，前者得2分；

2）工程质量因素比工程造价因素稍微重要，前者得3分；

3）工程质量因素与施工安全相比，同样重要，前者得1分；

4）施工工期因素与工程造价相比，在同样重要和稍微重要之间，前者得2分；

5）施工安全因素与施工工期因素相比，在同样重要和稍微重要之间，前者得2分；

6）施工安全因素比工程造价因素稍微重要，前者得3分。

（2）对方案层而言，四个影响因素下溶洞回填处置方案的比对结果见表 4-6。

四个影响因素下方案层回填处置方案比对　　　　表 4-6

工程质量					施工工期					工程造价					施工安全			
	a_{11}	a_{12}	a_{13}	a_{14}		a_{11}	a_{12}	a_{13}	a_{14}		a_{11}	a_{12}	a_{13}	a_{14}		a_{11}	a_{12}	a_{13}	a_{14}
a_{11}	1	1/3	1/4	1/5	a_{11}	1	3	4	5	a_{11}	1	4	4	3	a_{11}	1	3	3	5
a_{21}	3	1	1/2	1/3	a_{21}	1/3	1	2	3	a_{21}	1/4	1	1	1/2	a_{21}	1/3	1	1	3
a_{31}	4	2	1	1/2	a_{31}	1/4	1/2	1	2	a_{31}	1/4	1	1	1/2	a_{31}	1/3	1	1	3
a_{41}	5	3	2	1	a_{41}	1/5	1/3	1/2	1	a_{41}	1/3	2	2	1	a_{41}	1/5	1/3	1/3	1

3. 建立判断矩阵

针对结构模型中的准则层和方案层分别建立判断矩阵。对于准则层而言，通过两两比较各因素得出判断矩阵 A，各因素自身比较时，结果为 1，即 $i=j$ 时，对应的 $a_{ij}=1$。准则层判断矩阵的阶数 n 由对应的准则层要素数量 n 决定。

根据准则层及方案层中两两比对结果，建立各自的判断矩阵如下：

对准则层而言：

$$A = \begin{bmatrix} 1 & 2 & 3 & 1 \\ 1/2 & 1 & 2 & 1/2 \\ 1/3 & 1/2 & 1 & 1/3 \\ 1 & 2 & 3 & 1 \end{bmatrix} \tag{4-1}$$

对方案层而言，两两对比同一要素下不同方案得出判断矩阵 $A_1 \sim A_n$。矩阵阶数 m 与备选方案数量相同，矩阵个数为 n。

$$A_1 = \begin{bmatrix} 1 & 1/3 & 1/4 & 1/5 \\ 3 & 1 & 1/2 & 1/3 \\ 4 & 2 & 1 & 1/2 \\ 5 & 3 & 2 & 1 \end{bmatrix} \quad A_2 = \begin{bmatrix} 1 & 3 & 4 & 5 \\ 1/3 & 1 & 2 & 3 \\ 1/4 & 1/2 & 1 & 2 \\ 1/5 & 1/3 & 1/2 & 1 \end{bmatrix} \tag{4-2}$$

$$A_3 = \begin{bmatrix} 1 & 4 & 4 & 3 \\ 1/4 & 1 & 1 & 1/2 \\ 1/4 & 1 & 1 & 1/2 \\ 1/3 & 2 & 2 & 1 \end{bmatrix} \quad A_4 = \begin{bmatrix} 1 & 3 & 3 & 5 \\ 1/3 & 1 & 1 & 3 \\ 1/3 & 1 & 1 & 3 \\ 1/5 & 1/3 & 1/3 & 1 \end{bmatrix} \tag{4-3}$$

4. 判断矩阵特征向量计算

判断矩阵 A 的特征向量计算可通过如下步骤进行：

（1）计算矩阵 A 的各行之和

$$\begin{bmatrix} a_{11} & a_{12} & \cdots\cdots & a_{1n} \\ a_{21} & a_{22} & \cdots\cdots & a_{2n} \\ \cdots\cdots & \cdots\cdots & \cdots\cdots & \cdots\cdots \\ a_{n1} & a_{n2} & \cdots\cdots & a_{n3} \end{bmatrix} = \begin{bmatrix} a_{11}+a_{12}+\cdots\cdots+a_{1n}=A_1 \\ a_{21}+a_{22}+\cdots\cdots+a_{2n}=A_2 \\ \cdots\cdots \\ a_{n1}+a_{n2}+\cdots\cdots+a_{nn}=A_n \end{bmatrix} = \begin{bmatrix} A_1 \\ A_2 \\ A_3 \\ A_4 \end{bmatrix} \quad （4-4）$$

（2）计算矩阵各行平均值

用矩阵各行之和 A_i 除以矩阵的阶数 n，即

$$\begin{bmatrix} A_1/n \\ A_2/n \\ A_3/n \\ A_4/n \end{bmatrix} = \begin{bmatrix} a_1 \\ a_2 \\ a_3 \\ a_4 \end{bmatrix} \quad （4-5）$$

（3）求矩阵向量 W

用各行的平均值 a_i 除以 n 个平均值之和 $a=(a_1+a_2+\cdots\cdots+a_n)$，得到判断矩阵 A 的特征向量 W，其中，$w_1+w_2+\cdots\cdots+w_n=1$，根据 w_i 的数值大小，可以分析准则层中要素 i 的相对重要性。通过前述步骤计算准则层和方案层判断矩阵特征向量，计算结果如下：

1）准则层判断矩阵的特征向量 W

$$W = \begin{bmatrix} 0.3471 \\ 0.1983 \\ 0.1075 \\ 0.3471 \end{bmatrix} \quad （4-6）$$

2）方案层判断矩阵的特征向量 W_1、W_2、W_3、W_4

$$W_1 = \begin{bmatrix} 0.0710 \\ 0.1924 \\ 0.2986 \\ 0.4380 \end{bmatrix} \quad W_2 = \begin{bmatrix} 0.5175 \\ 0.2522 \\ 0.1493 \\ 0.0810 \end{bmatrix} \quad W_3 = \begin{bmatrix} 0.5256 \\ 0.1204 \\ 0.1204 \\ 0.2336 \end{bmatrix} \quad W_4 = \begin{bmatrix} 0.4891 \\ 0.2174 \\ 0.2174 \\ 0.0761 \end{bmatrix} \quad （4-7）$$

5. 综合矩阵计算

根据上述步骤，可以计算出备选方案对应的特征向量 W_1、W_2、$\cdots\cdots$、W_n，

为得出最优方案，需综合准则层各个因素将特征向量 W_1、W_2、……、W_n 组合成一个综合矩阵 C，根据如下计算步骤得到综合矩阵 C 的特征向量 W_f，比较其中大小即可得到各方案的重要性排序，数值最大的为最佳方案。

（1）综合矩阵 C

$$C = \begin{bmatrix} W_1 & W_2 & W_3 & W_4 \end{bmatrix} = \begin{bmatrix} 0.0710 & 0.5175 & 0.5256 & 0.4891 \\ 0.1924 & 0.2522 & 0.1204 & 0.2174 \\ 0.2986 & 0.1493 & 0.1204 & 0.2174 \\ 0.4380 & 0.0810 & 0.2336 & 0.0761 \end{bmatrix} \qquad （4-8）$$

（2）综合矩阵向量 W_f

随后，用综合矩阵 C 乘以特征向量 W，得到一个新的向量 W_f，即：

$$W_f = CW = \begin{bmatrix} 0.0710 & 0.5175 & 0.5256 & 0.4891 \\ 0.1924 & 0.2522 & 0.1204 & 0.2174 \\ 0.2986 & 0.1493 & 0.1204 & 0.2174 \\ 0.4380 & 0.0810 & 0.2336 & 0.0761 \end{bmatrix} \begin{bmatrix} 0.3471 \\ 0.1983 \\ 0.1075 \\ 0.3471 \end{bmatrix} = \begin{bmatrix} 0.3535 \\ 0.2052 \\ 0.2217 \\ 0.2196 \end{bmatrix} \qquad （4-9）$$

6. 一致性指标检验

为保证因素判断结果的一致性，需通过如下公式对判断矩阵进行一致性检验。

$$CI = \frac{\lambda_{max} - n}{n - 1} \qquad （4-10）$$

$$\lambda_{max} = \left\{ \sum_{i=1}^{n} [(AW)i / wi] \right\} \Big/ n \qquad （4-11）$$

求得 CI 值后，找到阶数 n 对应的随机性指标 CR 值后进行 CI / CR 的比值一致性检验判断。当 $CI / CR < 0.1$ 时，判断矩阵的一致性符合要求；反之，则需重新进行判断，CR 取值见表 4-7[52]。

随机性指标 CR 取值　　　　　　　　　　　表 4-7

n	1	2	3	4	5	6	7	8
CR	0	0	0.58	0.90	1.12	1.24	1.32	1.41

判断矩阵 A_1 的 $\lambda_{max} = 4.0736$，$CI = 0.0245$，$CI / CR = 0.0273 < 0.1$，满足一致性条件；

判断矩阵 A_2 的 $\lambda_{max} = 4.0659$，$CI = 0.0220$，$CI/CR = 0.0244 < 0.1$，满足一致性条件；

判断矩阵 A_3 的 $\lambda_{max} = 4.0251$，$CI = 0.0084$，$CI/CR = 0.0093 < 0.1$，满足一致性条件；

判断矩阵 A_4 的 $\lambda_{max} = 4.0585$，$CI = 0.0195$，$CI/CR = 0.0216 < 0.1$，满足一致性条件。

从上述结果可以看出，在综合考虑工程质量、施工工期、工程造价和施工安全四个主要比选因素后，四种回填处置方案中方案 1"洞砟回填 + 上部注浆加固"得分最高，$W_f = 0.3535$。因此，高山隧道巨型溶洞回填处置最终采用"洞砟回填 + 上部注浆加固"方案。

针对该方案的不足，制定了两类监控措施：超厚回填体沉降监测和明洞隧道健康监测。前者包括回填体表层监测、回填体及底部堆积体分层监测、水平位移监测、钢筋混凝土路基板下脱空监测和路基板内力监测。后者包括溶洞顶板压力监测、顶板锚杆锚固力监测、明洞初支钢架应力监测、明洞衬砌钢筋应力和混凝土应变监测，以确保工程后期的安全运营。

此外，为预防工程后期的沉降问题，还采取了溶洞底部洞砟分层碾压回填、钢筋混凝土路基板上堆载预压、路基板预留沉降注浆孔、路基板预留自调整沉降技术和明洞结构预留净空等多项预控措施，以确保工程后期的沉降满足使用要求。

第5章 巨型溶腔超厚回填体沉降监测与沉降规律研究

黔张常高速铁路高山隧道巨型溶洞底部堆积体厚度为 37～66m，表层高度由小里程侧向大里程呈 13°下降，回填体厚度为 35～60m。由于回填体和隧道结构对底部堆积体施加堆载作用，导致堆积体沉降。回填体包括上部 5m 厚的级配碎石层和下部 30～55m 厚的洞砟层，在超厚回填土自重和上部隧道结构荷载作用下也会发生沉降，需要开展较为严密的施工监控量测及沉降规律研究。

5.1 沉降监测技术方案与实施过程

5.1.1 沉降监测技术方案设计

1. 监测目的

随着时间的推移和铁路列车频繁通过，超厚回填路基可能会出现整体和局部沉陷，尤其是在填挖方接头处。针对高山隧洞巨型溶洞，底部堆积体和洞砟路基的厚度导致工后沉降明显。为确保铁路正常运营，需要建立严密的路基沉降监测系统。本项目采用在线监测系统，以实现高频率和长期监测。

2. 监测项目

路基沉降监测技术指标见表 5-1。

路基沉降监测技术指标　　　　表 5-1

监测项目	测点数量	测点编号		钻孔深度	使用元件	监测精度	监测周期
		钻孔编号	元件编号				
回填体表层沉降	18+3基点	—	BC1-18	755.000m 高程安装	压差式静力水准仪	5mm	24 个月
回填体分层沉降	24	FQ1	FQ1-1～4	35m	多点位移计	0.5mm	24 个月

续表

监测项目	测点数量	测点编号		钻孔深度	使用元件	监测精度	监测周期
		钻孔编号	元件编号				
回填体分层沉降	24	FQ2	FQ2-1~5	47m	多点位移计	0.5mm	24 个月
		FQ3	FQ3-1~5	47m			
		FQ4	FQ4-1~5	47m			
		FQ5	FQ5-1~5	60m			
堆积体分层沉降	5	FS1	FS1-1~5	80m	多点位移计	0.5mm	24 个月
水平位移监测	8	SW1	SW1-1~2	15m	固定式测斜探头	0.5mm	24 个月
		SW2	SW2-1~2	25m			
		SW3	SW3-1~2	15m			
		SW4	SW4-1~2	25m			
路基板底离层	3	—	LC-1~3	755.000m 高程安装	土应变计	0.5mm	24 个月
合计	61	—	—	—	—	—	—

3. 测点布置

（1）表层沉降监测，共计 18 个测点，分成 3 组，每组增设一个基准点，共使用 21 个压差式静力水准仪监测，中间测点位于线路中间位置，边测点位于翼墙外侧，均设在 3m 厚混凝土板下。测点分布如图 5-1（a）所示。

（2）分层沉降监测，共计 6 个在线监测孔，其中浅孔 5 个，深孔 1 个，每孔 4~5 个测点，共计 29 个测点。分层沉降监测系统使用多点位移计，钻孔内每间隔 10m 设一个测点。钻孔布置在级配碎石层顶，测点分布如图 5-1（b）所示。

（3）水平位移监测，共布设 4 个钻孔，主线左侧 2 个孔，右侧 2 个孔，每孔 2 点，共计 8 个测点。监测时使用管内固定式测斜探头，测点布置在级配碎石层两侧边线位置，测点分布如图 5-1（b）所示。

（4）路基板离层监测，采用智能数码土应变计监测回填体与钢筋混凝土路基板之间离层量，沿线路中心布置 3 个测点，一旦超过允许值 80mm 即采用预留注浆管压注快硬混凝土浆液。

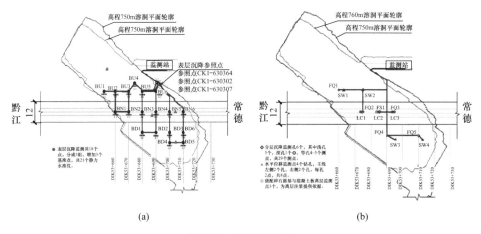

(a)　　　　　　　　　　　(b)

图 5-1　测点布置图

（a）表层沉降监测点平面位置图；（b）分层沉降测孔平面布置图

4. 在线监测系统设计

隧道内超厚回填体表层沉降监测值密切指导上部注浆等处置施工，对采集频率及采集便捷性要求很高。采用在线监测系统，系统主要由感知系统、采集系统、传输系统和处理系统组成，系统构成如图 5-2 和图 5-3 所示。

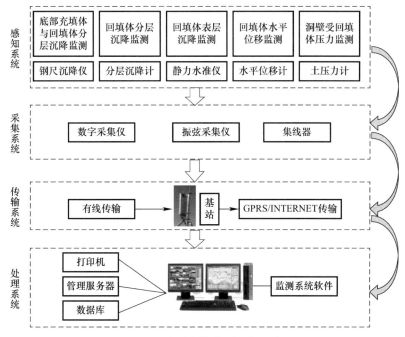

图 5-2　实时在线监测系统设计图

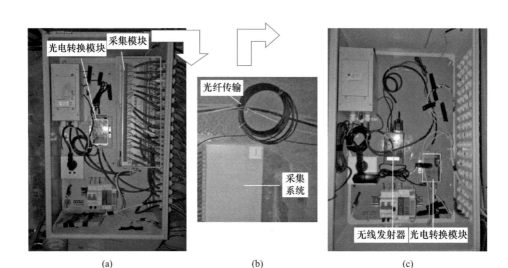

图 5-3　采集系统与传输系统

（a）采集系统；（b）洞内传输光纤；（c）洞外无线传输系统

通过压差式静力水准仪实时记录回填体沉降，沉降值由综合模块采集存储，经光纤传输至隧道洞口基站，通过 4G 通信模块上传至云端服务器，最后在远程 PC 端的沉降在线自动处理软件上实现数据抓取和分析。

5. 监测数据分析方法

对于表层沉降，将测点分为 3 个系统，分别对每个系统进行数据分析，再根据实际布设状况，将测点分为上、中、下三组，绘出沉降曲线，对比分析每横断面沉降差异；对于回填分层沉降，可以由浅孔沉降测点得出，分别对 FQ1～FQ5 孔数据进行沉降量数据分析，汇总得出土应变计数据表，建立沉降量曲线，从而直观地反映各点沉降变化；对于堆积体分层沉降、回填体水平位移、回填体与路基板离层沉降，可分别由深孔 FS1、测斜孔 SW1～SW4、离层监测点所测数据进行分析，分析方式与浅孔类似；对于所测数据中出现奇异值的情况，结合现场施工状况和仪器安装台账分析奇异值出现的原因，对于出现故障的通道进行排查，对于异常数据取每日其余时刻的数据进行对比，保证数据的可靠性。

6. 监测控制指标

需满足现行标准《铁路工程测量规范》TB 10101、《国家三、四等水准测量规范》GB/T 12898、《铁路隧道监控量测技术规程》Q/CR 9218 的要求。监测值超过控制值的 85% 即启动预警，各项控制指标见表 5-2。

监测控制指标表　　　　　　　　　　表 5-2

沉降变形量等级	垂直位移测量		水平位移测量
	沉降变形点的高程中的误差（mm）	相邻沉降变形点的高程中的误差（mm）	沉降变形点位移中的误差（mm）
三等	±1.0	±0.5	±6.0

5.1.2　沉降监测实施过程

1. 回填体表层沉降监测系统安装

采用压差式静力水准仪等附件建立级配碎石表层沉降监测系统，监测系统由静力水准仪、PU 管、水箱和信号采集模块等元件构成，如图 5-4 所示。相比传统的静力水准仪测试，该监测系统具有精确度高、灵敏度强、响应速度快、长期稳定性好等特点，具体安装步骤如下：

(a)

(b)

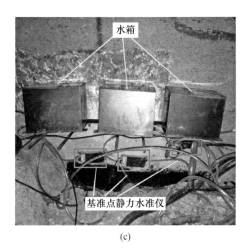
(c)

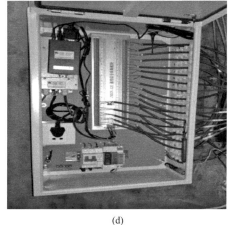
(d)

图 5-4　表层沉降测试元器件

（a）压差式静力水准仪；（b）接线保护措施（c）基准点与水箱；（d）数据采集系统

（1）利用全站仪放线定点；（2）在级配碎石表面挖20cm深沟槽，布设传感器；（3）将测试传感器两端分别连接PU管，并将PU管及电缆线用土工布包裹穿入直径5cm钢丝软管内，依次连接每组剩余的全部传感器；（4）安装基准点传感器，布设水箱，用PU管串联形成3条并联静力水准仪系统；（5）接通线缆，连接采集模块，形成测试系统；（6）水箱加水，通电测试系统，调节水箱水位高度，保证系统稳定。通过测试机箱内部信号采集模块测量测点传感器与基准点传感器之间的电压值变化，计算相对基准点的水头差值，以此得到测点的沉降量。

2. 堆积体及回填体分层沉降监测系统安装

从溶洞与主线相交的2个洞口倾倒洞砟回填，回填至755.000m高程（掺5%水泥级配碎石层顶面）后布设安装多点位移计，建立堆积体及回填体分层沉降监测系统，具体安装步骤如下：

（1）利用全站仪定点，钻孔，其钻孔直径为130mm；（2）于测杆端头处安装最深测点的锚头；（3）根据设计孔深接长PVC管和测杆，接长前，需先对PVC管一端的接头涂胶固化，测杆接头用防松胶锁固，PVC管接头用给水胶涂胶并缠绕胶带加固，连接完毕后，临时固定在孔口处；（4）采用水灰比1:3的水泥浆与粗砂混合封孔；（5）砌筑传感器保护基座，砌筑期间用综合测试仪持续监测传感器工作状态；（6）布设数据采集线，统一连接至采集机箱。分层沉降测试元件安装如图5-5所示。

3. 水平位移监测系统安装

采用管内固定式测斜探头等附件建立水平位移监测系统，测试系统主要由测斜管、固定式测斜探头、加长杆和万向节等元件构成，如图5-6所示，具体安装步骤如下：

（1）安装测斜管底盖并缠好胶带；（2）将测斜管插入孔内，同时进行对接和固定，确保连接牢固。起始的两根测斜管可以在地面上对接。下放测斜管时需采取牵拉措施，以防止其掉入孔内。在下放过程中，需调整轨道方向，以确保测斜管到达底部时方向正确；（3）向孔内填入细砂，尽可能保证填充密实；（4）锯除多余部分的测斜管，使其留至地面以上约10cm；（5）安装传感器，使用加长杆和万向节连接，并将线缆固定在加长杆上；（6）在安装传感器时，调整两个侧轮的指向，使其对准要测量的位移方向。高位的轮子指向高能值的方向，低位的轮子指向低能值的方向；（7）安装传感器后，在测斜管一侧开一个豁口，将线缆引出，并盖上测斜顶盖以密封；（8）将线缆连接至机箱，确保红、黄、绿、蓝线分别对应接至测试模块A、B、C、D接口。

图 5-5　分层沉降测试元件安装

（a）测杆孔口保护；（b）保护基座墩台（c）多点位移计测试组件；（d）综合测试仪监控

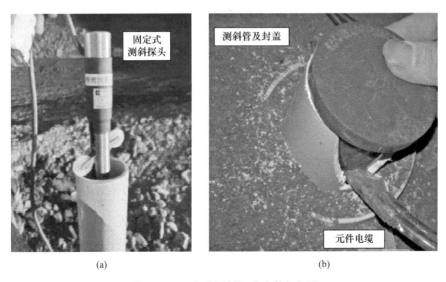

图 5-6　固定式测斜探头安装细部图

（a）传感器安装至测斜管内；（b）测斜管口盖封孔安装

4. 混凝土板底离层监测

采用垂直向土应变计等附件建立混凝土板与级配碎石板离层监测系统，其中测试系统主要由土应变计、测杆等元件构成，如图 5-7 所示，具体安装步骤如下：

（1）首先将土应变计传感器封盖向上，埋至级配碎石 758.000m 高程混凝土垫层中，固定牢固，并保持垂直；（2）打开土应变计的顶盖，将内部测杆抽出并安装至土应变计安装附件内部；（3）附件接入后，将其连同测杆一并插入至传感器底部即可完成安装。

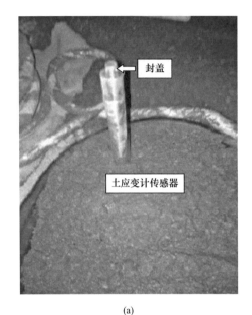

(a)　　　　　　　　　　　　　　　(b)

图 5-7　土应变计安装细部图

（a）传感器安装埋设；（b）附件安装

多点位移计及水平位移计各个测点通道对应埋深见表 5-3。

多点位移计及水平位移计各个测点通道对应埋深　　　　表 5-3

孔号	深度（m）	通道号	孔号	深度（m）	通道号
	7	1		7	20
	16	2		17	21
FQ1	26	3	FQ4	27	22
	34	4		37	23
	—	—		47	24

孔号	深度（m）	通道号	孔号	深度（m）	通道号
	40	5		18	25
	50	6		28	26
FS1	60	7	FQ5	38	27
	70	8		48	28
	80	9		58	29
	6	10	SW1	4	测点 4.1
	16	11		13.5	测点 4.2
FQ2	26	12	SW2	4.83	测点 4.3
	36	13		24.33	测点 4.4
	46	14	SW3	5.25	测点 4.5
	6	15		14.75	测点 4.6
	16	16	SW4	5.7	测点 4.7
FQ3	26	17		25.2	测点 4.8
	36	18	—	—	—
	46	19	—	—	—

5.2　超厚回填体表层沉降监测成果

5.2.1　回填体表层监测分析

1. 洞砟回填完成后一个月内沉降监测分析

在完成洞砟回填后，第一次人工监测在 752.5.000m 高程处建立表层人工监测点，表层沉降监测点布置如图 5-8 所示，共 15 个测点，测量频率为 2～3d/ 次。回填后 45d 内沉降监测量见表 5-4。由表 5-4 可以看出，回填后 30d 内回填体表层沉降量较大，平均累计沉降量为 30.28mm，沉降速率为 1mm/d，主要原因是在回填后的大约一个月的时间里进行了表层掺 5% 水泥级配碎石施工，对新回填洞砟层产生堆载作用，导致回填体孔隙不断压缩变形，尚未稳定。在回填完成后 30～45d 中沉降速度变缓，平均累计沉降量为 9.05mm，沉降速率为 0.6mm/d。

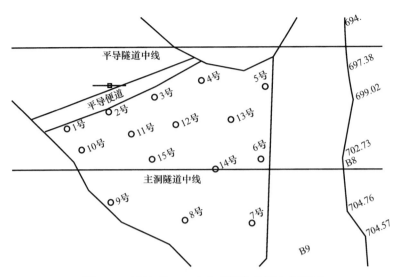

图 5-8　回填后 45d 内表层沉降监测点布置图

回填后 45d 内表层沉降量表（mm）　　　　　　表 5-4

监测点	1 号	2 号	3 号	4 号	5 号	6 号	7 号	8 号
30d 沉降量	44.6	35.6	33.1	27	24.2	32.7	32	29.8
30～45d 沉降量	17.6	15.6	9.5	6.2	8.6	7.1	9.67	6.8
累计沉降量	62.2	51.2	42.6	33.2	32.8	39.8	40.67	36.6
监测点	9 号	10 号	11 号	12 号	13 号	14 号	15 号	平均值
30d 沉降量	12.8	13.9	32.7	34.5	31.7	36.1	33.5	30.28
30～45d 沉降量	6.9	4	11.6	8.05	5.1	10.1	8.9	9.05
累计沉降量	19.2	17.9	55.9	42.55	36.8	46.2	42.4	39.33
备注	回填后一个月的时间里主要进行掺 5% 水泥级配碎石施工，并清平碾压，方量为 15660m³，回填后 30d 中沉降速率为 1mm/d，30～45d 中沉降速率为 0.6mm/d							

2. 洞砟回填完成后第二个月沉降监测分析

第二个月监测分为两部分，其中前 15d 监测点布置如图 5-8 所示，沉降监测数据见表 5-4；因巨型溶洞内环境复杂以及施工工作等因素的影响导致在 15～20d 期间测点失去监测条件。从第 20d 开始，第二次人工监测在溶洞内回填体高程 754.5.000m 处建立表层沉降监测点，测点共计 16 个，测点布置如图 5-9 所示。

第二个月主要施工：前两天掺 5% 水泥级配碎石施工、3～5d 期间压浆平台绑扎钢筋并浇筑混凝土、9～20d 期间掺 5%～8% 水泥级配碎石层施工、24～31d 期间洞顶安装锚杆 / 挂网片喷锚 / 钻孔注浆加固，第二个月处于持续加载阶段。

由表 5-4 可以看出，回填后 30～45d 期间所有测点平均沉降为 9.05mm，第二个月中的第 20～31d 期间所有测点平均沉降为 22mm，回填体总沉降平均值为 31.05mm，沉降速率为 1.19mm/d，比第一个月沉降速率略高。

回填后 50～90d 期间陆续展开多次沉降监测，其监测点布置图如图 5-9 所示。

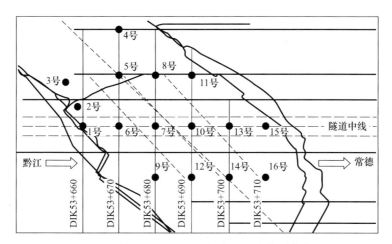

图 5-9　回填后 50～90d 期间表层沉降监测点布置图

回填后第四个月至第五个月期间采用压差式静力水准仪监测表层沉降；回填后第六个月期间溶洞内分段进行路基板施工；路基板施工后第一个月期间溶洞内主要进行底板和大边墙施工；第二个月期间溶洞内主要进行外侧大边墙施工；第三个月期间溶洞内主要进行钢拱架和网喷混凝土施工；第四个月期间溶洞内主要进行钢拱架施工；第五个月期间溶洞内主要进行仰拱施工；第六个月期间溶洞内主要进行仰拱、二衬施工；第七个月期间溶洞内主要进行二衬、顶部空腔回填及水沟电缆槽施工；第八个月至第九个月期间溶洞内无大型施工。

5.2.2　回填体表层沉降总结

总结回填体施工工作完成后 17 个月内回填体表层月沉降平均值和月沉降速率见表 5-5、表 5-6，累计沉降变化如图 5-10～图 5-12 所示。

表5-5

表层累计沉降月平均值和月沉降速率

监测时间	隧道中线沉降（mm）	沉降速率（mm/d）	级配层上边线沉降（mm）	沉降速率（mm/d）	级配层下边线沉降（mm）	沉降速率（mm/d）	沉降累计值（mm）	溶洞内施工过程
施工后第1个月	−30.28	−1	−30.28	−1	−30.28	−1	−30.28	施工后第1个月期间主要进行掺5%水泥级配碎石施工，并清平碾压，方量为15660m³，清平碾压
施工后第2个月	−31.05	−1.19	−31.05	−1.19	−31.05	−1.19	−61.33	压浆平台绑扎钢筋并浇筑混凝土、级配碎石层施工、加固注浆等，回填总方量为9670m³，压降平台钢筋重为164.16 m³，水泥用量为33500kg，水泥浆用量为123.12t
施工后第3个月	−25.2	−0.84	−25.2	−0.84	−25.2	−0.84	−86.53	施工后第3个月期间洞顶安装锚杆、挂网片喷锚，钻注浆孔，注浆加固等，水泥浆用量为144.3m³，水泥用量为108.23t
施工后第4个月	−12.23	−0.68	−25.33	−1.41	−22.71	−1.26	−106.62	施工后第4个月注浆施工，水泥用量为160.78m³，水泥浆用量为120.59t
施工后第5个月	−12.85	−0.41	−25.02	−0.81	−15.74	−0.51	−124.49	施工后第5个月中第1～18d期间溶洞内钻监测孔，第5个月中第18d至第7个月的第11d期间溶洞内主要进行级配碎石层找平和底板施工，浇筑底板1398m³
施工后第6个月	−5.79	−0.21	−18.18	−0.65	−8.65	−0.37	−135.36	施工后第5个月的第18d至第7个月的第11d期间溶洞内主要进行级配碎石层找平和底板施工，浇筑底板1374m³

续表

监测时间	隧道中线沉降（mm）	沉降速率（mm/d）	级配层上边线沉降（mm）	沉降速率（mm/d）	级配层下边线沉降（mm）	沉降速率（mm/d）	沉降累计值（mm）	溶洞内施工过程
施工后第 7 个月	−7.98	−0.26	−15.2	−0.49	−9.38	−0.3	−146.22	施工后第 7 个月的第 1～11d 期间溶洞内进行底板施工，第 7 个月的第 12～31d 期间进行外侧大边墙施工，浇筑底板 1116m³，外边墙施工。
施工后第 8 个月	−11.12	−0.37	−7.18	−0.27	−7.04	−0.23	−154.66	施工后第 8 个月间溶洞内进行底板施工
施工后第 9 个月	−13.04	−0.42	−9.27	−0.3	−9.01	−0.29	−166.77	施工后第 9 个月期间溶洞内进行钢拱架和网喷混凝土施工
施工后第 10 个月	−13.91	−0.46	−9.53	−0.33	−7.29	−0.24	−177.01	施工后第 10 个月期间溶洞内进行钢拱架和网喷混凝土施工
施工后第 11 个月	−11.72	−0.38	−10.64	−0.34	−6.42	−0.21	−186.61	施工后第 11 个月期间溶洞内进行仰拱施工，浇筑方量为 102m³
施工后第 12 个月	−11.64	−0.38	−9.54	−0.31	−6.04	−0.19	−195.68	施工后第 12 个月期间溶洞内进行仰拱二衬施工，浇筑方量为 1624m³，重量为 4060t
施工后第 13 个月	−7.93	−0.26	−6.53	−0.22	−4.44	−0.15	−201.98	施工后第 13 个月期间溶洞内进行二衬、顶部空腔回填、水沟电缆槽施工，浇筑方量为 2906m³，重量为 7265t
施工后第 14 个月	−4.77	−0.15	−3.97	−0.13	−3.22	−0.10	−205.97	施工后第 14 个月期间溶洞内无大型施工，不考虑新增荷载
施工后第 15 个月	−3.30	−0.11	−3.97	−0.13	−2.92	−0.097	−209.37	施工后第 15 个月期间溶洞内无大型施工，不考虑新增荷载

续表

监测时间	隧道中线沉降（mm）	沉降速率（mm/d）	级配层上边线沉降（mm）	沉降速率（mm/d）	级配层下边线沉降（mm）	沉降速率（mm/d）	沉降累计值（mm）	溶洞内施工过程
施工后第16个月	-2.24	-0.07	-2.66	-0.08	-2.03	-0.06	-211.68	施工后第16个月期间溶洞内无大型施工，不考虑新增荷载
施工后第17个月	-0.64	-0.05	-1.00	-0.07	-0.74	-0.05	-212.04	施工后第17个月期间溶洞内无大型施工，不考虑新增荷载
全部沉降累计值	-205.05	—	-233.55	—	-191.42	—	-212.04	自溶洞回填体级配碎石层完成后，溶洞回填体级配层沉降完成后，溶洞回填体级配层沉降平均沉降量为-212.04mm。施工后第13个月隧道二衬封顶后，隧道内路面沉降量为9.7mm

表层测点隧道中线BM2、级配层上边线测点BU4和下边线BD4累计月沉降平均值和月沉降速率　　表5-6

监测时间	沉降时间（d）	BM2沉降（mm）	沉降速率（mm/d）	沉降累计值（mm）	BU4沉降（mm）	沉降速率（mm/d）	沉降累计值（mm）	BD4沉降（mm）	沉降速率（mm/d）	沉降累计值（mm）	备注
施工后第1个月	30	-30.28	-1.00	-30.28	-30.28	-1.00	-30.28	-30.28	-1.00	-30.28	施工后第1个月期间主要进行掺5%水泥级配碎石施工，并清平碾压，方量15660m³
施工后第2个月	61	-31.05	-1.19	-61.33	-31.05	-1.19	-61.33	-31.05	-1.19	-61.33	施工后第2个月期间掺5%水泥级配碎石施工，压浆平台绑扎钢筋并浇筑混凝土，掺5%~8%水泥级配碎石层施工，施工后第2个月的第24~31d期间洞顶安装锚杆/挂网片喷锚加固

续表

监测时间	沉降时间 (d)	BM2 沉降 (mm)	沉降速率 (mm/d)	沉降累计值 (mm)	BU4 沉降 (mm)	沉降速率 (mm/d)	沉降累计值 (mm)	BD4 沉降 (mm)	沉降速率 (mm/d)	沉降累计值 (mm)	备注
施工后第3个月	91	-25.2	-0.84	-86.53	-25.2	-0.84	-86.53	-25.2	-0.84	-86.53	施工后第 3 个月期间主要进行洞顶锚网喷、回填体钻孔注浆加固
施工后第4个月	122	-22.625	-1.33	-109.155	-29.375	-1.73	-115.905	-31.5	-1.85	-118.03	施工后第 4 个月期间主要进行回填体注浆加固
施工后第5个月	153	-22.833	-0.74	-131.988	-23.771	-0.77	-139.676	-12.625	-0.41	-130.66	施工后第 5 个月的第 1~18d 期间溶洞内钻监测孔，第 5 个月中第 18d 至第 7 个月的第 11d 期间溶洞内主要进行级配碎石层找平和底板施工。
施工后第6个月	161	-13.605	-0.49	-145.593	-7.271	-0.26	-146.947	-12.862	-0.46	-143.517	施工后第 5 个月的第 18d 至第 7 个月的第 11d 期间溶洞内主要进行级配碎石层找平和底板施工
施工后第7个月	192	-16.56	-0.53	-162.153	-22.54	-0.73	-169.487	-15.13	-0.49	-158.65	施工后第 7 个月的第 1~11d 期间溶洞内进行底板施工，第 7 个月的第 12~31d 期间溶洞内进行外侧大边墙施工
施工后第8个月	222	-20.51	-0.68	-182.663	-17.69	-0.59	-187.177	-14.39	-0.48	-173.04	施工后第 8 个月期间进行外侧大边墙施工
施工后第9个月	253	-25.71	-0.83	-208.373	-13.22	-0.43	-200.397	-11.13	-0.36	-184.17	施工后第 9 个月期间进行钢拱架和网喷混凝土施工

续表

监测时间	沉降时间（d）	BM2 沉降（mm）	沉降速率（mm/d）	沉降累计值（mm）	BU4 沉降（mm）	沉降速率（mm/d）	沉降累计值（mm）	BD4 沉降（mm）	沉降速率（mm/d）	沉降累计值（mm）	备注
施工后第10个月	283	−16.27	−0.54	−224.643	−10.15	−0.34	−210.547	−7.42	−0.25	−191.59	施工后第10个月期间溶洞内进行钢拱架和网喷混凝土施工
施工后第11个月	314	−13.3	−0.43	−237.943	−11.32	−0.37	−221.867	−8.54	−0.28	−200.13	施工后第11个月期间溶洞内进行仰拱施工
施工后第12个月	345	−14.96	−0.38	−252.903	−7.92	−0.33	−229.787	−6.77	−0.29	−206.90	施工后第12个月期间溶洞洞内进行仰拱施工
施工后第13个月	375	−9.01	−0.30	−261.913	−5.96	−0.20	−235.747	−4.92	−0.16	−211.82	施工后第13个月期间溶洞内进行二衬、顶部空腔回填、水沟电缆槽施工
施工后第14个月	406	−4.78	−0.15	−266.693	−3.88	−0.12	−239.627	−3.50	−0.11	−215.32	施工后第14个月期间溶洞内无大型施工
施工后第15个月	436	−3.97	−0.13	−270.663	−3.14	−0.10	−242.767	−3.14	−0.10	−218.46	施工后第15个月期间溶洞内无大型施工
施工后第16个月	467	−2.46	−0.07	−273.123	−2.26	−0.07	−245.027	−2.25	−0.07	−220.69	施工后第16个月期间溶洞内无大型施工
施工后第17个月	481	−0.90	−0.06	−274.023	−0.90	−0.06	−245.927	−0.79	−0.06	−221.48	施工后第17个月期间溶洞内无大型施工

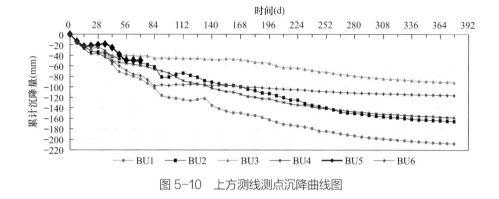

图 5-10　上方测线测点沉降曲线图

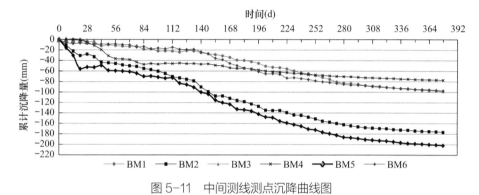

图 5-11　中间测线测点沉降曲线图

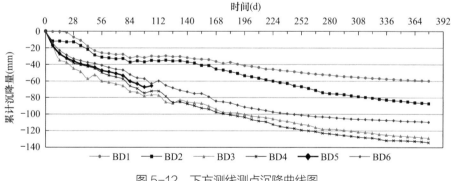

图 5-12　下方测线测点沉降曲线图

从上述沉降监测结果中可以发现：

（1）回填体表层 3 条测线中，上方测线与中间测线累计沉降量较大，最大累计沉降量已接近 220mm，下方累计沉降量较小，未超过 140mm。相比上方测线和中间测线，下方测线回填体更厚但早期溶洞塌落块石层薄、累计沉降量较少，说明早期塌落块石堆积体孔隙大、不密实。三条测线中的上、下测线表层沉降在施工前期增长较快，而中间测线表层沉降则受隧道结构施工影响较大，后期有明显增长，这说明回填体沉降与施工新增荷载相关性大。

（2）回填体表层3条测线累积沉降变化具有一定的规律性，随着施工逐步完成，曲线发展逐步趋于稳定，有明显收敛趋势。注浆荷载施加后回填体瞬时沉降增幅较大，此后施工主要集中在中线附近，中线沉降增幅却相对迟缓，这种现象可能与中部注浆加固较为充分有关，注浆体抽检时发现中线结石率更好，随着中线上隧道施工荷载不断增大，沉降增加逐渐明显，这说明回填体沉降受新增荷载作用明显，随着时间推移，沉降变化逐渐趋于稳定且有速率减缓的趋势。随着施工期发展，新增荷载逐步减少，上部新增荷载对沉降的影响减弱，沉降速率逐渐下降，沉降量呈现稳定发展的趋势。隧道结构施工完成后，回填体上面不再有新增荷载，回填体沉降速率减小并逐步趋于零增长。

（3）隧道结构施工完毕之前的表层沉降量占到监测期间表层总沉降量的90%以上，说明超厚回填体表层沉降主要受自身重力及上部新增荷载的影响，后期蠕变沉降量相对较小。随着溶洞施工处置逐渐结束，运营后主要新增荷载为列车静载和动载，列车静载较小对回填体沉降影响较小，而列车动载影响不容忽视，需要采用分层沉降监测查明回填体沉降的主要发生区，并进一步验证该发生区是否处在列车动荷载影响范围以内，将通过分层沉降和动载作用模拟进行分析。在此之前，先根据表层沉降发展，初步预测运营期内回填体总沉降量，以验证隧道明洞预留净空合理性。

5.3 超厚回填体分层沉降监测成果

5.3.1 回填体分层沉降监测分析

回填体分层沉降自施工后第5个月的第28d开始监测，回填体各分层监测孔均有沉降，由于监测时间短，沉降量微小，浅孔内最深测点累计沉降量见表5-7，其中浅孔FQ4沉降最多，累计沉降量为1.91mm。

测点累计沉降值   表5-7

分层沉降	监测点	FQ1	FQ2	FQ3	FQ4	FQ5
（第28~31d）	最大累计沉降量（mm）	-0.26	-0.84	-0.67	-1.91	-0.87
备注	浇筑底板1398m³					

自施工后第 5 个月至整个周期结束陆续展开多次分层沉降监测。

5.3.2　回填体分层沉降总结

钻孔监测范围内的回填体主要由掺 5% 水泥级配碎石层、注浆洞砟层和未注浆洞砟层三部分构成。此部分分层沉降监测测点编号为 FQ1～FQ5，其中 FQ1 测孔因施工发生通道损坏，不予分析。将浅孔各测点沉降量随时间的变化绘制成曲线，如图 5-13～图 5-16 所示。将各孔内的下部测点沉降值减去上部测点沉降值，可获得两个测点间回填体的分层沉降量。

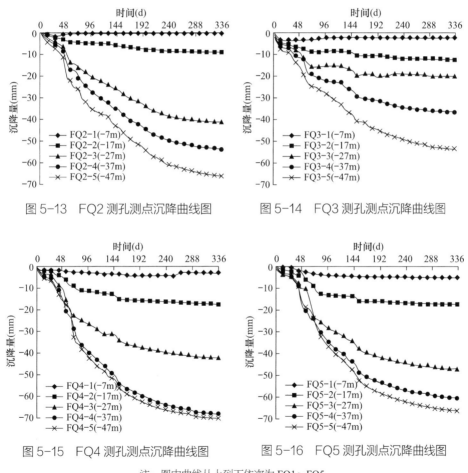

图 5-13　FQ2 测孔测点沉降曲线图　　　图 5-14　FQ3 测孔测点沉降曲线图

图 5-15　FQ4 测孔测点沉降曲线图　　　图 5-16　FQ5 测孔测点沉降曲线图

注：图中曲线从上到下依次为 FQ1～FQ5。

根据浅孔测点沉降曲线特征，选用指数曲线法对各测点沉降值进行回归预测分析，求得浅孔内各测点可能产生的最终沉降值，计算结果见表 5-8。

浅孔内各测点沉降预测值　　　表 5-8

测点编号	沉降量（mm）				
	测点 1	测点 2	测点 3	测点 4	测点 5
FQ2	0.13	10.95	51.14	64.23	77.15
FQ3	2.72	12.62	20.20	39.95	61.27
FQ4	3.55	17.96	44.33	74.84	76.57
FQ5	5.20	17.97	51.54	66.57	74.47

通过表 5-8 各测点沉降预测结果并结合分层沉降曲线，分析回填体分层沉降规律：

（1）浅孔各测点沉降量变化趋势大致相同：监测初期受施工新增荷载影响显著，沉降速率略有提高，随着时间的推移，外部荷载对回填体的影响降低，沉降速率不断减小并于静置期内逐渐趋近于 0。

（2）浅孔内各测点沉降量随测点深度增大而增加，即回填体各层均存在不同程度的压缩变形；对比相邻测点之间的沉降量差值，可以看出回填体整体表现为中间层沉降量较大，表层及底部沉降量较小。

（3）结合溶洞回填方案可以看出，经过分层压实的级配碎石层（0～5m 范围）密实性好，层内沉降量很小；注浆层上部（5～17m 范围）沉降量较小，注浆加固发挥了良好作用；洞砟注浆层下部及未注浆层顶部（17～27m 范围）沉降值差异较大，其中 FQ2 及 FQ4 测孔内该层范围的沉降较为明显，说明回填体注浆加固层下部注浆不够充分；洞砟未注浆层上部（27～37m 范围）存在较大孔隙，整体沉降相对较大；洞砟未注浆层下部和底部堆积体之间存在不规则交界面，分层沉降规律性较差。

（4）通过对比各层沉降量大小可以看出，"上部注浆"有效降低了注浆层内回填体沉降，超厚回填体沉降主要来源于洞砟注浆不充分层和未注浆层，沉降机制为荷载作用下土颗粒间的挤密压实作用，这种沉降对后期列车运营危害较小。通过沉降预测值可以看出，回填体各层压缩量均已达到预测最终压缩量的 90% 以上，因此，后期回填体沉降变形将不会对隧道安全造成较大影响。

5.4　溶洞底部堆积体分层沉降监测成果

5.4.1　底部堆积体沉降监测方案

在整个施工过程中溶洞底部堆积体分为前期分层沉降监测和后期分层沉降监测，其中前期分层沉降监测采用分层沉降计进行监测，采用 JMDL-4820A 型分层沉降计（量程 400mm）。监测点分布如图 5-17 所示，底部堆积体由早期堆积体和后期堆积体两部分组成，测点安装记录见表 5-9。

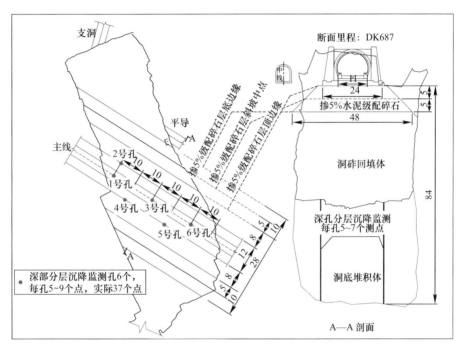

图 5-17　深层沉降监测点分布图

深层沉降测点安装记录表　　　　　　　　　　　　　表 5-9

序号	孔编号	孔深（m）	元件数量（个）	安装时间	元件编号	线长（m）	备注说明
1	中 DK53+674	50.52	5	监测前2个月	628981	70	从孔底往上元件间距为10m，最上2个元件间距为9.5m。无读数是孔内有钢导管
					628903	60	
					629000	50	
					628993	40	
					629007	30	

续表

序号	孔编号	孔深(m)	元件数量(个)	安装时间	元件编号	线长(m)	备注说明
2	左 DK53+674	57.48	7	监测前2个月	628980	70	从孔底往上元件间距为10m, 最上2个元件间距为7.4m
					629002	60	
					329004	50	
					628995	40	
					621194	30	
					628991	30	
					629009	20	
3	中 DK53+694	60.8	7	监测前40d	628987	90	从孔底往上元件间距为10m, 最上2个元件间距为9m
					628909	80	
					629982	70	
					629714	60	
					629005	50	
					628897	40	
					629008	20	
4	右 DK53+684	52.5	6	监测前40d	628998	60	钻孔深度为52.5m, 下面2m有沉砂。元件埋设深度为50.5m, 元件间距为10m, 最上面的元件在地面以上0.5m
					629003	50	
					628988	40	
					628994	30	
					628986	20	
					621212	20	
5	右 DK53+704	46.1	6	监测前35d	628997	50	钻孔深度为46.1m, 下面1.6m有沉砂。元件埋设深度为44.5m, 元件间距为10m, 最上面的元件在地面以上0.5m
					628990	40	
					621220	30	
					628984	30	
					629006	20	
					621214	20	
6	中 DK53+714	60.3	6	监测前1个月	628999	90	钻孔深度为60.3m, 可能是下元件时有塌孔, 下面5.3m有沉砂。元件埋设深度为55m, 元件间距为10m, 最上面的元件在地面以下4m
					621175	80	
					628902	60	
					628983	40	
					628989	40	
					621217	30	
7	合计	—	37	—	—	—	—

后期底部堆积体分层沉降监测：因洞砟回填作业扰动作用或测试元件自身缺陷等原因导致分层沉降计逐渐失效，为使得沉降分析尽可能精确，进行后期底部堆积体分层沉降监测，即回填后 3 个月时，增设深孔 FS1，采用多点位移计监测底部堆积体分层沉降，内设 5 个测点。

5.4.2　底部堆积体分层沉降监测分析

施工前开展前期底部堆积体分层沉降监测，使用溶洞回填初期建立的底部堆积体分层沉降系统监测底部堆积体沉降，共设 6 个钻孔（编号为孔 1～孔 6），监测时 1～6 钻孔分层沉降量数据见表 5-10。可以发现，堆积体沉降主要发生在堆积体中上部，沉降产生主要是由于溶洞回填洞砟施工造成，后期洞砟回填或荷载增加还会造成堆积体下沉。

前期底部堆积体沉降量表（mm）　　表 5-10

钻孔	孔 1	孔 2	孔 3	孔 4	孔 5	孔 6	平均值
钻孔顶部测点沉降	—	74.5	36.9	21.0	36.9	—	42.3
钻孔中部测点沉降	—	< 5	6.5	6.5	5	5	< 5.6
钻孔底部测点沉降	< 5	< 5	< 5	< 5	< 5	< 5	< 5
备注	回填洞砟施工，洞砟方量为 108810m³						

开展后期底部堆积体分层沉降监测，设深孔 FS1，监测时深孔分层沉降量数据见表 5-11。

后期底部堆积体沉降量表（mm）　　表 5-11

深孔 FS1	40～50m 分层	50～60m 分层	60～70m 分层	70～80m 分层	底部堆积体沉降
回填后第 5 个月沉降	0.285	−0.363	−1.395	−0.388	−1.860
回填后第 6 个月沉降	−2.390	2.390	−3.460	0.580	−2.880
回填后第 7 个月沉降	−1.700	−0.440	−0.300	−0.360	−2.800
回填后第 8 个月沉降	−2.417	−0.580	—	—	−2.997
回填后第 9 个月沉降	−0.965	−1.308	—	—	−2.273
回填后第 10 个月沉降	−3.580	−0.250	—	—	−3.830

续表

深孔 FS1	40～50m 分层	50～60m 分层	60～70m 分层	70～80m 分层	底部堆积体沉降
回填后第 11 个月沉降	−1.870	−0.530	—	—	−2.400
回填后第 12 个月沉降	−0.310	−0.120	—	—	−0.430
回填后第 13 个月沉降	−0.890	−0.470	—	—	−1.360
回填后第 14 个月沉降	−0.190	−0.290	—	—	−0.480
回填后第 15 个月沉降	−0.320	−0.240	—	—	−0.560
回填后第 16 个月沉降	−0.290	−0.170	—	—	−0.460
回填后第 17 个月沉降	−0.190	−0.090	—	—	−0.280
总计沉降	−14.827	−2.430	—	—	−21.250

5.4.3　底部堆积体分层沉降总结

由底部堆积体分层沉降表可以看出：

（1）在整个监测周期的前期，底部堆积体累计沉降超过 100mm，说明堆积体不断压密，还有进一步被压密的可能。底部堆积体沉降在堆积体的中上部比较显著，溶洞回填洞砟施工是造成沉降的主要原因，后续若再进行洞砟回填或荷载增加还会造成堆积体下沉。

（2）后期采用多点位移计监测后发现，底部堆积体沉降减小。此现象说明堆积体已变密实，孔隙减少；但大边墙施工后，沉降进一步增大，说明受新增荷载影响，堆积体还有进一步沉降的可能，只是敏感度逐步降低，使其基本趋于稳定。

（3）底部堆积体由早期堆积体和后期堆积体两部分组成，整个的路基填筑过程中未对底部堆积体进行加固处理，深孔测点沉降曲线如图 5-18 所示，堆积体分层沉降见表 5-12。

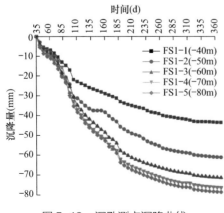

图 5-18　深孔测点沉降曲线

堆积体分层沉降表 表 5-12

分层（m）	0~40	40~50	50~60	60~70	70~80
累计沉降量（mm）	−43.41	−17.65	−10.26	−4.90	−2.32

根据图 5-18 及表 5-12 分析可知：

（4）位于早期堆积体中的测点压缩量变化曲线接近重合，沉降变化基本一致，两测点间的堆积体在整个监测过程中产生的压缩量极小，表明底部早期堆积体固结沉降早已完成，密实度高，可压缩性低。

（5）在底部堆积体中分层压缩量表现出随着深度的增加逐渐减小，埋深 −50~−40m 内的填筑体由未注浆洞砟层和后期堆积体组成，压缩量达 17.65mm；埋深 −60~−50m 内的填筑体由后期堆积体组成，压缩量为 10.26mm；而位于埋深 −80~−60m 内的早期堆积体压缩量非常小，均小于 5mm。由此可以推断，堆积体沉降量主要由后期堆积体压缩变形产生。

5.5 超厚回填体水平位移监测成果

5.5.1 回填体水平位移监测分析

在整个施工周期的前中期开始采用固定式测斜探头监测水平位移。水平监测周期前 5d 的水平位移监测结果见表 5-13。

测点水平位移值（水平监测周期前 5d，单位：mm） 表 5-13

水平监测	SW1		SW2		SW3		SW4	
	1-1	1-2	2-1	2-2	3-1	3-2	4-1	4-2
偏向隧道中线最大值	−0.131	−0.183	−0.166	−0.131	0.192	0.043	2.606	0.035
背离隧道中线最大值	0.079	0.026	0.035	0.035	−0.166	−0.07	−0.052	−0.026
本月累计偏移量	0.044	−0.035	0.017	−0.018	0.131	−0.018	0.227	−0.018

通过前 5d 水平位移监测可知，本月各测点偏向隧道中线最大值为 2.606mm，背离隧道中线最大值为 0.166mm，本月累计偏移量最大值为 0.227mm，由监测结果可知，回填体水平位移很小。

5.5.2　回填体水平位移监测总结

根据 SW2 孔水平及路基板离层位移曲线监测结果，如图 5-19、图 5-20 所示。回填体整体偏向主洞中线方向偏移，回填体水平位移量极小，最大值未超过 1mm，偏移量小的主要原因是受溶洞洞壁约束，不同于一般地面路基填筑，这对路基稳定有利；且偏移曲线斜率整体逐渐减小，偏移趋于稳定。

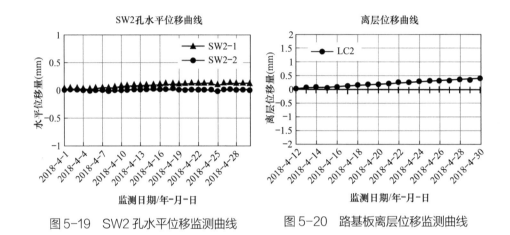

图 5-19　SW2 孔水平位移监测曲线　　　　图 5-20　路基板离层位移监测曲线

5.5.3　回填体与路基板离层监测成果

回填体与路基板离层监测共设置 3 个测点（编号为 LC-1、LC-2、LC-3）。在整个施工周期的前中期 LC-1、LC-3 未监测到读数，LC-2 离层数据见表 5-14。从离层监测数据来看，LC-2 测点显示离层位移量极小，可判定回填体与路基板无离层发生。

LC-2 离层监测数据（mm）　　　　　　　　　表 5-14

监测周期	土应变计 LC-2	
	阶段值	累计值
第 1 个月	0.52	0.52
第 2 个月	0.60	1.12
第 3 个月	0.40	2.83
第 4 个月	−0.08	2.75
第 5 个月	−0.004	2.75
第 6 个月	−0.61	2.14

续表

监测周期	土应变计 LC-2	
	阶段值	累计值
第 7 个月	0.14	2.28
第 8 个月	−0.45	1.83
第 9 个月	0	1.83
第 10 个月	0.15	1.98
第 11 个月	0.13	2.11
第 12 个月	0.06	2.17

5.6　超厚回填体沉降数值模拟分析

5.6.1　数值模型建立与计算

1. 模型建立

依据巨型溶洞的实际形状及与隧道的空间相对位置关系，基于有限元分析软件 ANSYS 建立三维模型，并进行地层分组和网格划分，最后导入 FLAC3D 软件赋予的材料属性，并进行数值模拟分析计算，其中模型的长度为 207m、宽度为 60m、高度为 148m，共划分实体单元 99599 个，节点总数 20001 个，地层分布沿高度方向自下而上依次为底部基岩（YT）、早期堆积体（ZQDJT）、后期堆积体（HQDJT）、加工洞砟（JGDZ）、注浆胶结体（ZJJJT）、掺 5% 水泥级配碎石层（JPSS）、普通洞砟层（PTDZ）和路基板（LJB），且沿线路横向两侧延伸有岩体。级配碎石层放坡坡率为 1∶1.5。溶洞和整体模型及其网格划分如图 5-21 所示。

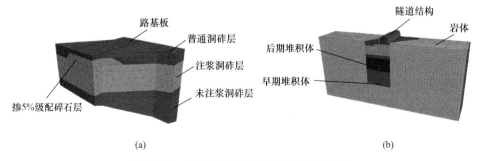

(a) (b)

图 5-21　溶洞和整体模型及其网格划分图

（a）溶腔回填模型示意图；（b）三维计算分析模型

数值模拟分析计算时，采用 Mohr-Coulomb 模型模拟各地层的本构关系。模型的顶部和横向两侧为自由边界条件；纵向两侧设置法向约束，限制模型的水平位移；底面设置固定约束，限制其水平方向和垂直方向的位移。各地层厚度及材料参数取值见表 5-15。

模型材料参数取值一览表　　　　　　　　　　表 5-15

地层名称	厚度（m）	杨氏模量 E（MPa）	泊松比 μ	黏聚力 c（MPa）	内摩擦角 φ（°）	密度 ρ（kg/m³）	抗拉强度 f（MPa）
岩体	—	26500	0.215	1800	55	2600	1.60
路基板	3	3150	0.18	1000	45	2500	2.20
掺 5% 级配碎石	5	420	0.25	15	39	2150	0.01
注浆结石体	20	730	0.2	75	42	2100	0.5
加工洞咋	7～30	400	0.3	10	35	2000	0.01
后期堆积体	6～29	100	0.3	20	36	2000	0.01
早期堆积体	34	150	0.3	150	42	2100	0.01
普通洞咋	3～8	60	0.3	10	35	1800	0

2. 初始地应力平衡

地下工程数值计算中，初始应力的模拟是必须首先关注的问题，数值模拟的初始应力场是否与实际地应力场较好的吻合，是决定地下工程数值模拟是否成功的基本条件。通常初始地应力场主要是由岩体自重和地质构造力产生的。在初始地应力平衡中，通过给定的位移边界条件和应力边界条件，在自重应力条件下土体不应发生沉降变形，从而获得较精确的数值模型的初始状态，该状态的标准是土体位移数量级小于或等于 10^{-5}m。平衡后的结果如图 5-22 所示。

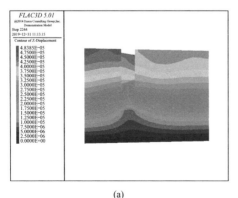
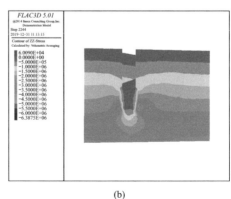

(a)　　　　　　　　　　　　　　　　　(b)

图 5-22　初始地应力平衡后的结果图

（a）z 方向位移云图；（b）z 方向应力云图

由图 5-22 可知，模型在重力作用下整体受压应力，应力值为 10^6 N，且深度越深，压应力越大，模型表面受拉应力，在溶洞的右下角出现最大压应力，模型位移最大值为 10^{-5}m，可满足计算标准要求。

3. 模型计算过程

（1）利用软件中的 null 本构模型"杀死"溶洞回填体部分，只保留后期堆积体、早期堆积体以及底部和周边岩体，通过自重应力场计算得到模型的初始应力场。

（2）清零模型中的水平及竖直方向位移和速度，然后依次赋予回填体部分材料属性激活各地层单元，用于模拟分层回填施工行为，直至施工到路基板结束。

（3）将隧道施工期各构筑物建造及道砟铺设阶段以结构荷载形式施加于路基板表面，其中边墙荷载为 190kN/m²，边墙两侧洞砟回填荷载为 102kN/m²，隧道初期型钢支护荷载为 100kN/m²，隧道仰拱及二次衬砌混凝土荷载为 105kN/m²，仰拱上层碎石道砟荷载为 16kN/m²，每项荷载分阶段施加于路基板表面范围内，荷载施加范围符合实际构筑物建造所占面积，用于模拟路基上部隧道阶段施工，通过 step 命令控制各阶段荷载作用时间，直至计算结果收敛。

为了简化计算，首先对每层填筑施工步进行简化。溶洞回填体采用分层填筑，即分层加载方式，鉴于粗粒料固结时间短，再加上振动压路机压实，所以在施工下一级荷载之前，可认为前一级荷载下回填体瞬时沉降已经基本完成。为了模拟其施工过程，依次添加每层荷载，每层填筑完成时，新增荷载增量就是每层的自重，直至整个填筑过程完成。

5.6.2　模拟计算结果分析

1. 表层沉降变化分析

提取级配碎石层顶面的沉降变化云图，分析整个施工过程对填筑体表层沉降变化影响，填筑体在各施工阶段荷载作用下沉降变化如图 5-23～图 5-25 所示。

由上述不同施工阶段下级配碎石表层沉降云图分析可得，随着结构荷载的增大，填筑体表面沉降不断增大，且表现出从线路中心向溶洞侧壁

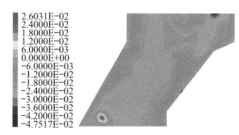

图 5-23　路基板荷载作用下表面沉降位移云图

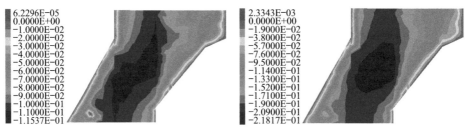

图 5-24　边墙荷载作用下表面沉降位移云图　　图 5-25　隧道荷载作用下表面沉降位移云图

沉降逐渐变小的规律，最终沉降最大值达 218.17mm，大致位于线路中心位置；由于溶洞侧壁岩体对填筑体的侧向约束作用，距离侧壁较近范围内的填筑体沉降较小；除洞壁岩体约束的影响，沉降较大的区域主要为掺 5% 级配碎石层填筑范围，沉降量约大于 200mm，而远离施工位置由普通洞砟填筑，受施工影响较弱沉降较小，沉降量约在 100mm 以下。

提取各施工阶段下级配碎石层顶面的沉降值，研究填筑体表层在不同位置的沉降差异变化。以（0，30，95）作为中心点，过此特征点沿隧道纵向和横向提取两个截面，横向提取长度为 24m 即路基板宽度，纵向提取长度为 60m，即路

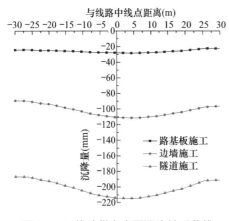

图 5-26　线路纵向表层沉降关系曲线

基板长度。分别研究填筑体在施工荷载作用下沿横向或纵向的沉降差异变化。

以（0，35，95）为中心点，过此点提取线路纵向向不同位置点的沉降数据，其中与线路中心距离点中的负值表示线路大里程侧，正值表示小里程侧，即 −10m 表示大里程侧距离线路中心点 10m 距离。绘制各施工阶段下填筑体在线路纵向表层沉降曲线如图 5-26 所示，纵向不同位置下的表层沉降值见表 5-16。

线路纵向不同位置下的表层沉降值（mm）　　　　　　表 5-16

施工阶段	位置点与线路中心点距离							最大沉降差
	−30m	−20m	−10m	0m	10m	20m	30m	
路基板施工	−24.41	−25.06	−26.47	−27.99	−27.58	−24.99	−22.57	5.42
边墙施工	−89.44	−93.79	−103.09	−110.96	−109.76	−102.83	−96.63	21.52
隧道施工	−186.77	−192.52	−204.41	−214.30	−212.25	−200.46	−191.39	27.53

由表 5-16 和图 5-26 分析可得，在路基板、边墙和隧道施工阶段，纵向最大沉降差分别为 5.42mm、21.52mm 和 27.53mm，不均匀沉降差异小。随着施工荷载的增加，填筑体表层差异沉降越明显，"沉降槽"越大，即线路中心点沉降最大，线路两端沉降最小，曲线基本呈中心对称。

在边墙及结构施工后，大里程端沉降略大于小里程端，沉降差由 7.19mm 减小为 4.62mm，"沉降槽"略偏向于小里程侧，这是由于填筑体在埋深 -55～-25m 内存在两种填筑材料，分别为原有后期堆积体及新增加工洞砟，且纵向截面回填厚度不一，从小里程侧向大里程侧加工洞砟回填厚度逐渐变大，后期堆积体厚度逐渐变小，线路两端填筑厚度差达到最大为 23m，两种材料中加工洞砟可压缩性要大于后期堆积体，大里程端可压缩量要大于小里程端。

以（0，35，95）为中心点，过此点提取线路横向不同位置点沉降数据，沿小里程向大里程看，与线路中心点距离中负值代表该位置点位于线路左侧，正值代表该点位于线路右侧，即 -12m 代表线路左侧位置点距离中心点 12m。绘制各施工阶段下填筑体在线路横向表层沉降曲线如图 5-27 所示，横向不同位置下的表层沉降值见表 5-17。

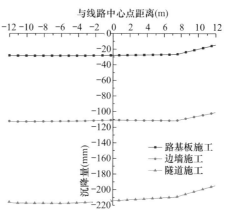

图 5-27　线路横向表层沉降关系曲线

线路横向不同位置下的表层沉降值（mm）							表 5-17
施工阶段	位置点与线路中心点距离						最大沉降差
	−12m	−8m	−4m	0m	4m	8m	12m	

施工阶段	−12m	−8m	−4m	0m	4m	8m	12m	最大沉降差
路基板施工	−28.09	−28.48	−28.52	−27.98	−27.40	−25.12	−14.53	13.56
边墙施工	−112.25	−112.63	−112.19	−110.95	−111.44	−110.22	−101.35	10.90
隧道施工	−215.78	−217.32	−216.90	−214.40	−211.53	−207.35	−194.57	21.21

由表 5-17 和图 5-27 分析可得，在路基板、边墙和隧道施工阶段，横向最大沉降差分别为 13.56mm、10.90mm 和 21.21mm，不均匀沉降差异小。沿小里程向大里程方向看，线路左侧沉降要大于线路右侧，这与沉降监测结果中上方测线和中间测线沉降量大于下方测线沉降量规律一致，在线路右侧距离中心点

8～12m，沉降减小量大。这是因为此横截面中，线路右侧中路基板右端离溶洞侧壁 4m 左右，受岩体侧向约束影响，在离岩体 4m 左右时，填筑体沉降量逐渐减小。

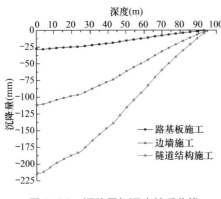

图 5-28　沉降量与深度关系曲线

2. 分层沉降分析

提取模型中填筑体自掺 5% 级配碎石层顶面至早期堆积体底部不同深度位置的沉降量，计算不同填筑材料在各施工段产生的压缩量，分析超厚填筑路基的内部沉降规律，如图 5-28 和表 5-18 所示。

填筑体深度沉降表　　　　　　　　　　　　　　　　　　　　　　表 5-18

填筑体顶面以下深度（m）	路基板施工沉降量（mm）	边墙施工沉降量（mm）	隧道施工沉降量（mm）
0	−27.683	−110.854	−214.793
5.81	−27.675	−108.995	−208.883
15.51	−25.678	−101.212	−192.508
25.20	−24.219	−95.290	−180.561
36.83	−20.479	−80.315	−151.493
46.53	−17.210	−67.640	−127.305
56.22	−13.273	−52.658	−99.049
65.91	−9.354	−37.577	−70.651
75.61	−5.838	−23.720	−44.602
85.30	−2.750	−11.275	−21.201
95	−0.043	−0.151	−0.259

计算填筑体不同深度的沉降差值，得出分层压缩量见表 5-19。

填筑体分层压缩量（mm）　　　　　　　　　　　　　　　　　　　表 5-19

填筑层	路基板施工	压缩量占比（%）	边墙施工	压缩量占比（%）	隧道施工	压缩量占比（%）
掺 5% 水泥级配碎石层	0.008	0.02	1.851	2.2	4.051	4.3
注浆洞咋层	3.457	12.7	10.247	12.2	14.618	15.5

填筑层	路基板施工	压缩量占比（%）	边墙施工	压缩量占比（%）	隧道施工	压缩量占比（%）
未注浆洞砟层	10.946	40.45	29.687	35.49	32.882	34.8
后期堆积体	7.936	29.3	24.502	29.2	27.95	29.6
早期堆积体	4.712	17.4	17.357	20.8	18.774	19.9
合计	27.059	99.87	83.644	100	98.275	104.1

由图 5-28 和表 5-18、表 5-19 分析可得，填筑体沉降量随深度的增大逐渐减小，即填筑厚度越大，沉降量越大，随着荷载的增大，各深度压缩量也增大。巨型溶洞填筑体的沉降主要是由未注浆洞砟层和后期堆积体压缩产生，前者压缩量略大于后者，约占总压缩量的 35% 和 30%，两者的压缩量之和约占总压缩量的 65%，其次为早期堆积体压缩，约占总压缩量的 20%，掺 5% 级配碎石层和注浆洞砟层密实度高，压缩量低，两者仅占填筑体总压缩量的 15% 左右。

埋深 -25~-5m 范围为注浆洞砟层，三个施工阶段中的压缩量为 3.457mm、10.247mm、14.618mm，分别占填筑体总压缩量的 12.7%、12.2%、15.5%，而未注浆洞砟部分所产生的压缩量占比为 40.45%、35.49%、34.8%，隧道洞砟注浆后压缩量减少近 1/2，说明注浆对填筑体的减沉效果良好，可有效地控制回填体沉降。

3. 水平位移分析

提取路基板、边墙和隧道施工阶段填筑体顶面在线路纵向和横向的水平位移云图，分析填筑体水平位移规律。填筑体纵向水平位移云图如图 5-29 所示，横向水平位移云图如图 5-30 所示。图中正值表示向下或向右位移，负值表示向上或向左位移。

分析图中规律可得，填筑体在线路纵向和横向的水平位移量很小，两者均在 3mm 左右，主要发生在路基两侧的普通洞砟回填区域，随着施工的进行，填筑体上部的荷载逐渐增大，路基两侧回填的普通洞砟层在线路纵向和横向的水平位移量小幅增加；这是因为掺 5% 级配碎石层区域发生沉降，随着荷载的增大，掺 5% 级配碎石回填区域沉降逐渐增大，路基板下部高程低，两侧高程高，同时由于两侧岩体的侧向约束存在，使得路基两侧的普通洞砟层向路基方向偏移，随着沉降的增加，水平位移量也慢慢增大。

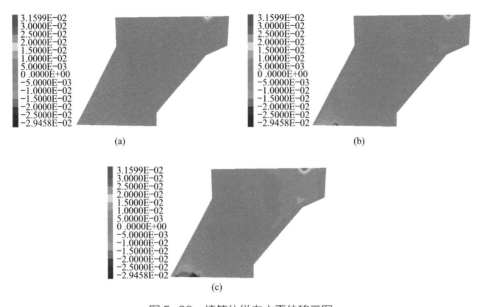

图 5-29　填筑体纵向水平位移云图

（a）路基板施工；（b）边墙施工；（c）隧道施工

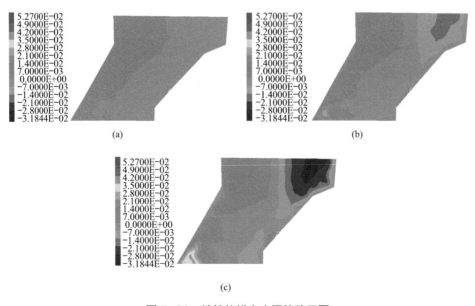

图 5-30　填筑体横向水平位移云图

（a）路基板施工；（b）边墙施工；（c）隧道施工

5.6.3　数值模拟结果与实测结果比较分析

对比数值结果与实测结果发现，两者表现的规律大体一致，随着填筑体上方的荷载变大，整个填筑体的沉降也慢慢变大，总体沉降量相仿；由于溶洞侧壁的约束存在，上方测线和中间测线沉降量相仿，都大于下方测线沉降量；且沉降主要来源于未注浆洞砟层和后期堆积体层。不同的是，数值计算中的早期堆积体压缩量要大于实测结果，分析原因是实际堆积体会因为填筑体逐渐被压实，弹性模量等参数逐渐变大，可压缩量越来越小，而数值模拟中早期堆积体的弹性模量不会改变，所以在压实过程中早期堆积体贡献的压缩量要较大。

综合以上分析，超厚回填体沉降规律分析总结如下：

（1）超厚回填体表层沉降随着施工的进行，累计沉降量逐渐增大，受施工新增荷载作用明显。前期沉降增长快，随着时间的推移，上部新增荷载对沉降的影响减弱，沉降变化逐渐趋于稳定且沉降速率逐渐减缓，最终逐渐趋于零。

（2）超厚回填体表层沉降与施工新增荷载相关性大，上下测线在施工前期增长较快，中间测线受隧道结构施工影响较大，后期有明显增长。

（3）超厚回填体表层沉降量受自身重力及上部新增荷载的影响，施工期沉降量占总沉降量的 90% 以上，后期蠕变沉降量相对较小。

（4）回填体部分均存在不同程度的压缩变形，整体表现为中间层（未注浆洞砟层）压缩量较大，表层（级配碎石层和注浆层）压缩量较小。

（5）堆积体部分压缩量随着深度的增加而逐渐减小，洞内施工对底部早期堆积体几乎无影响，沉降量主要由在后期塌落体压缩产生。

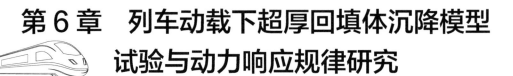

第6章 列车动载下超厚回填体沉降模型试验与动力响应规律研究

为研究黔张常高速铁路高山隧道超厚回填路基在列车行驶时的振动响应和长期沉降变形规律，制作了相似模型，通过模拟现场超厚回填路基和列车行驶的动载条件，利用监测仪器测试路基的动力响应变化，分析了超厚回填路基在运营期间的工作状况。具体来说，通过建立了缩尺模型，模拟分析了运营期间不同列车速度和钢筋混凝土路基板厚度条件下的列车运营情况。一方面，分析了短期和长期加载条件下路基的振动响应规律，并验证了钢筋混凝土路基板在减少列车振动影响方面的重要作用。另一方面，研究了长期加载条件下路基的沉降变形规律，预测了列车运营阶段超厚回填路基可能产生的累积动力沉降。室内相似模型试验应在试验条件允许的前提下，尽可能地保证试验模型条件与实际工程条件的相似性。

结合超厚回填路基动力响应试验结果，利用有限元分析软件 MIDAS/GTS 建立高山隧道巨型溶洞超厚回填路基数值计算模型，进一步研究列车荷载作用下超厚回填路基动力响应分布及变化规律[53-55]。

6.1 模型试验相似性设计

6.1.1 相似第一定理

依据相似第一定理，两个相似的系统，其单值条件也必须相似。就本次模型试验而言，为了研究超厚回填路基动力响应规律，模型路基的设计应与原型路基保持单值条件的相似，具体应从以下五个方面来考虑。

1. 几何尺寸的相似

因室内场地大小等条件的限制，需根据现场实际情况建立缩尺模型，并保持模型和原型中对应的线性尺寸成比例。具体而言，本次试验模型中设置的回填层、钢筋混凝土路基板层、隧道结构层以及列车轨道等均需要按照相同的比例进行缩尺。

2. 材料的相似

试验所用到的材料应保持与原型中的材料相似。具体而言，路基回填所用到的充填材料应与现场施工所采用的填筑材料相似，尤其是材料的物理性质相似。本次试验所需要考虑的主要因素包括回填材料的质量密度、弹性模量等。

3. 外部荷载的相似

外部荷载主要是指高铁列车荷载，在不考虑轨道不平顺条件时，列车荷载可近似看作一种循环往复作用在轨道之上的荷载，试验采用加载系统模拟列车荷载，施加荷载应与列车荷载保持在荷载大小、荷载频率等方面的相似性。

4. 初始条件的相似

初始条件主要包含地基应力、含水特性等。巨型溶洞在回填处理过程中经历了较长的静置期，形成的地基应力历史条件很难通过室内模型进行模拟，因此试验采用预压的方法缩短地基的固结时间，并通过较长时间的静置确保地基稳定。此外，巨型溶洞整体表现为干溶洞，因此在试验过程中不考虑地下水对试验结果的影响。

5. 边界条件的相似

巨型溶洞超厚回填路基不同于一般的高填方路基，由于溶洞周侧壁的约束作用，回填体具有侧向限制。在室内模型试验条件下，考虑直接利用模型箱的刚性侧壁作为边界来模拟溶洞侧壁，以满足边界条件相似的要求。

6.1.2　Buckingham π 定理及量纲分析

Buckingham π 定理是一种具有普遍性的量纲分析方法，具体可以表述为：对于某个物理过程，如果涉及了 n 个物理量，则可以用 n 个物理量的函数表达式来反映这一物理过程，即：

$$F\left(x_1, x_2, \cdots\cdots, x_n\right) = 0 \tag{6-1}$$

如果这 n 个物理量中含有 m 个基本量纲，则 n 个物理量之间可以形成 $n-m$ 个无量纲数的函数关系，即：

$$\varphi\left(\pi_1, \pi_2, \cdots\cdots, \pi_{n-m}\right) = 0 \tag{6-2}$$

上式中：$n-m$ 个无量纲数称作无量纲 π 数，有：

$$x_i = \pi_i x_1^{a_{i1}} x_2^{a_{i2}}, \cdots\cdots, x_m^{a_{im}} \qquad (6-3)$$

根据量纲一致性原则，反映物理过程的函数表达式中各项的量纲必须相同，因此理论上可以通过已知物理量的相似比求得函数表达式中未知物理量的相似比。而运用 Buckingham π 定理进行量纲分析的意义在于，可以将物理过程中涉及的 n 个物理量简化为 m 个独立变量以及 $n-m$ 个无量纲数的函数，这将给模型试验设计及数据处理带来很大的便利。

国际单位制中规定了 7 个基本量，即长度 L、质量 M、时间 T、温度 Θ、电流强度 I、物质的量 N 和光强度 J。其余导出量均可以由上述基本量表示，即对于任意一个导出量，有：

$$\dim A = L^\alpha M^\beta T^\gamma \Theta^\delta I^\varepsilon N^\zeta J^\eta \qquad (6-4)$$

对于路基动力学模型试验的设计，需要考虑的物理量主要包括几何尺寸、质量密度、振动频率、弹性模量和模型自重等，相似模型设计主要物理量及其量纲见表 6-1。

相似模型设计主要物理量及其量纲　　　　　　　　表 6-1

物理量	量纲	物理量	量纲
几何尺寸 L	L	自重 G	MLT^{-2}
质量密度 ρ	ML^{-3}	角位移 θ	1
振动频率 f	T^{-1}	线位移 u	L
弹性模量 E	$ML^{-1}T^{-2}$	速度 v	LT^{-1}
泊松比 μ	1	应力 σ	$ML^{-1}T^{-2}$
时间 t	T	应变 ε	1
加速度 a	LT^{-2}	阻尼系数 c	MT^{-1}
重力加速度 g	LT^{-2}	—	—

考虑以上因素，则超厚回填路基动力响应过程可以用如下控制方程表示：

$$F\left(L, \rho, f, E, \mu, t, a, g, G, \theta, u, v, \sigma, \varepsilon, c\right) = 0 \qquad (6-5)$$

该方程涉及 15 个物理量，均可用国际单位制中的 3 个基本物理量来表示。根据 Buckingham π 定理，该方程中含有 3 个基本量和 12 个无量纲 π 数，分析过程中选取几何尺寸 L、质量密度 ρ 和振动频率 f 这 3 个物理量作为基本量，则有：

$$\varphi\left(\pi_1, \pi_2, \cdots\cdots, \pi_{12}\right) = 0 \qquad (6-6)$$

其中：

$$\pi_i = \frac{x_i}{L^{a_{i1}} \rho^{a_{i2}} f^{a_{i3}}} \qquad (6-7)$$

根据量纲一致性原则，解出相应的未知常量见表 6-2。

未知常量解表　　　　　　　　　表 6-2

物理量	E	μ	t	a	g	G	θ	u	v	σ	ε	c
i	1	2	3	4	5	7	8	9	10	11	12	13
a_{i1}	2	0	0	1	1	4	0	1	1	2	0	3
a_{i2}	1	0	0	0	0	1	0	0	0	1	0	1
a_{i3}	2	0	−1	2	2	2	0	0	1	2	0	1

则式（6-6）可以改写为：

$$\varphi\left(\frac{E}{L^2 \rho f^2}, \mu, \frac{t}{f^{-1}}, \frac{a}{Lf^2}, \frac{g}{Lf^2}, \frac{G}{L^4 \rho f^2}, \theta, \frac{u}{L}, \frac{v}{Lf}, \frac{\sigma}{L^2 \rho f^2}, \varepsilon, \frac{c}{L^3 \rho f}\right) = 0 \quad (6-8)$$

6.1.3　相似常数的确定

定义相似常数为模型物理量与原型物理量的比，如几何尺寸相似常数可表示为：

$$S_L = \frac{L_m}{L_p} \qquad (6-9)$$

上式中：L 表示几何尺寸，下标 m 表示模型（model），下标 p 表示原型（prototype），试验中其余物理量的相似常数也用相同的方法表示。则由式（6-8）可以进一步推导各相似常数之间的关系：

$$\frac{S_E}{S_{L^2} S_\rho S_{f^2}} = S_t S_f = \frac{S_a}{S_L S_{f^2}} = \frac{S_g}{S_L S_{f^2}} = \frac{S_G}{S_{L^4} S_\rho S_{f^2}}$$
$$= \frac{S_u}{S_L} = \frac{S_v}{S_L S_f} = \frac{S_\sigma}{S_{L^2} S_\rho S_{f^2}} = \frac{S_c}{S_{L^3} S_\rho S_f} = 1 \qquad (6-10)$$

关于路基模型相似常数，还应满足如下基本关系式：

$$\frac{S_E}{S_\rho S_a S_L} = 1 \qquad (6-11)$$

另外，对于超厚回填路基动力响应规律研究，涉及岩土体大变形以及非线性应力—应变关系问题，在试验模型设计时，应尽可能地保证其本构模型应力—应变关系与原型相似。将岩土体材料视为弹塑性材料，采用非线性本构模型 Duncan—Chang 模型进行分析，则岩土体的应力—应变关系满足如下的双曲线方程：

$$\sigma = \frac{\varepsilon}{a + b\varepsilon} \tag{6-12}$$

将式（6-12）变形可得：

$$\frac{\sigma}{E} = \varepsilon \frac{1}{aE + b\sigma} \tag{6-13}$$

由式（6-10）、式（6-13）可以得出以下关系：

$$\frac{S_\sigma}{S_E} = 1 \text{ 且 } S_\varepsilon = 1$$

因为本试验的目的是通过室内模型试验模拟分析现场路基动力响应规律，则必须保证试验模型数据结果对应实际工程响应情况，但是由于试验室条件等方面存在局限性，很难使相似常数完全满足理论分析得到的比例关系，因此，结合实际情况作以下考虑：

（1）受试验台场地大小的限制，按照 1∶5 的比例尺进行缩尺建模，即取 $S_L = 0.2$。

（2）根据理论计算结果来看，现有试验条件无法满足全部关系式，因此，考虑优先满足主要物理量和绝大部分物理量的相似条件，具体而言，尽可能使弹性模量、质量密度、应力、应变、振动频率等物理量的相似常数满足要求，而忽略重力对路基动力试验的影响。

（3）在满足相似理论的基础上，试验材料尽可能选择与工程现场物理参数一致的材料，即 S_ρ、S_σ、S_E 等均取 1；其余物理量的相似比均根据 Buckingham π 定理确定。最终确定超厚回填路基模型试验的相似常数见表 6-3。

模型试验的相似常数

表 6-3

物理量	相似常数	物理量	相似常数
几何尺寸 L	0.2	角位移 θ	1
质量密度 ρ	1	线位移 u	0.2
振动频率 f	5	速度 v	1
弹性模量 E	1	应力 σ	1
泊松比 μ	1	应变 ε	1

物理量	相似常数	物理量	相似常数
时间 t	0.2	阻尼系数 c	0.04
加速度 a	5	—	—

如此既满足了主要影响因素对应物理量相似常数之间的比例关系，也满足了模型与原型本构的相似关系。

6.2　试验模型与监测方案设计

6.2.1　试验台简介

试验装置主要由模型箱和列车荷载模拟加载系统两部分组成，其中模型箱采用半入地式，箱体长度为 6m，宽度为 3m，高度为 4m，模型箱背后设置钢筋混凝土挡墙，模型箱顶部配有单梁起重机，如图 6-1 所示。列车荷载模拟加载系统主要由加载装置和反力装置两部分组成，其中加载装置主要包括总流量为 800L/min 的液压油源、5 套最大荷载值为 200kN 的动态作动器以及一台专门用于动态试验、可同时控制 5 套动态作动器且具有调幅调相功能的 POP-F 多通道控制系统，如图 6-2 所示。反力装置主要由反力横梁、反力纵梁、基础梁和分配梁四部分组成。作动器底部通过分配梁将荷载向下传递，每个作动器上部分别通过螺栓连接在各自的反力横梁上，五根反力横梁两端分别通过螺栓及拉紧梁固定在两根反力纵梁上，反力纵梁两端再利用螺栓及拉紧梁固定在基础梁上，如图 6-3 所示。

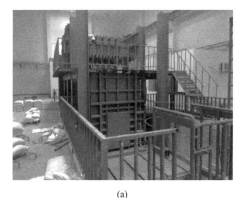

(a)　　　　　　　　　　　　　　　　(b)

图 6-1　模型箱示意图

（a）模型箱；（b）钢筋混凝土挡墙及单梁起重机

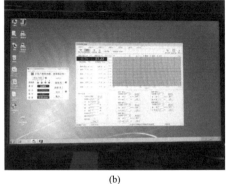

(a) (b)

图 6-2　加载装置示意图

（a）列车荷载模拟加载装置；（b）POP-F 多通道控制系统

图 6-3　反力装置示意图

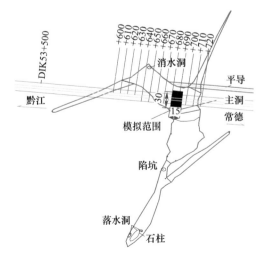

图 6-4　模拟范围选取

6.2.2　试验模型设计

试验取隧道溶洞段中间部位、里程 DIK53+680～DIK53+695 区间进行模拟，模拟范围为沿线路方向长度为 15m，垂直线路方向宽度为 30m，模拟深度取 20m，即原型尺寸取 15m×20m×30m。根据相似性设计，模型尺寸为 3m×4m×6m，如图 6-4 所示。

根据现场回填施工情况，将铁路

轨道以下模拟范围划分为四层进行相似模拟设计。从上至下分别是轨枕及道砟层、上部结构层、混凝土路基板层、级配碎石层和下部回填体层。由于模型箱大小限制，无法按照相似比例进行深部回填体及底部堆积体的缩尺。考虑到对级配碎石层以下回填体进行了注浆加固处理，并且列车荷载对深部回填体及底部堆积体的影响有限，在模型设计中对该部分进行简化处理。填砂＋分层夯实的方法用于填筑，填筑厚度为 2.4m。模型上部级配碎石层填筑厚度为 0.3m，再上是 0.6m 厚路基板、0.3m 厚隧道结构层、0.15m 厚道砟层和列车轨道。由于模型箱尺寸限制，取路基板沿线路方向长度为 2.6m，垂直线路方向宽度为 2m，板上方铺设碎石道砟、轨枕及钢轨，其中钢轨采用工字钢进行模拟，具体如图 6-5 所示。

由于路基板厚度为实验设计的变量之一，在浇筑 0.6m 厚路基板的同时，额外浇筑 0.4m、0.2m 厚相同平面尺寸的路基板各一块，试验中每更换一块较薄的路基板，则再将级配碎石层填高 0.2m，以保证作动器位移不超限。

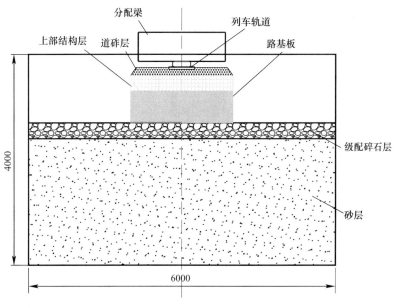

图 6-5　模型箱分层填筑示意图

6.2.3　试验监测系统

试验监测系统由传感器系统和数据采集系统两部分组成。传感器系统主要包括内部加速度计、单点沉降计、土压力盒、应变计、速度计、位移计、试验台自带的试验力和作动器位移传感器，数据采集系统则可细分为各传感器对应的数据采集系统。模型试验仪器设备见表6-4，数据采集系统如图6-6所示。

模型试验仪器设备 表6-4

数据采集项目	填体内部加速度	填体内部沉降	填体内部土压力	应变	路基板表面速度	路基板表面位移	作动器荷载及位移
传感器型号	1C301 三向加速度传感器	YH02-A20 单点沉降计	YH03-G03 钢弦式土压力盒	120-6AA 钢筋应变计	941B 型拾振器、DH610 型磁电振动传感器	YWD 型位移传感器	—
采集仪器	DH3820 采集器	YH81-A03 无线采集盒	钢弦式采集模块、YH81-A03 无线采集盒	DH3823 采集器	DH5922 采集器	uT8108 网络动静态应变仪	系统自带

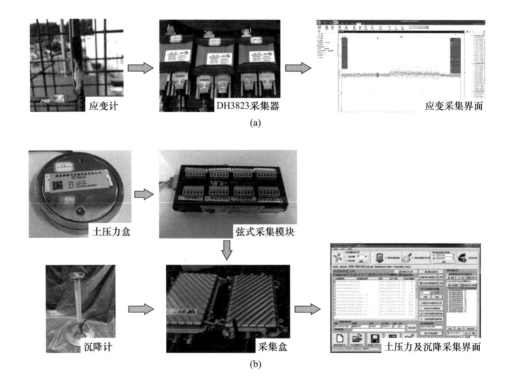

应变计 → DH3823采集器 → 应变采集界面

(a)

土压力盒 → 弦式采集模块

沉降计 → 采集盒 → 土压力及沉降采集界面

(b)

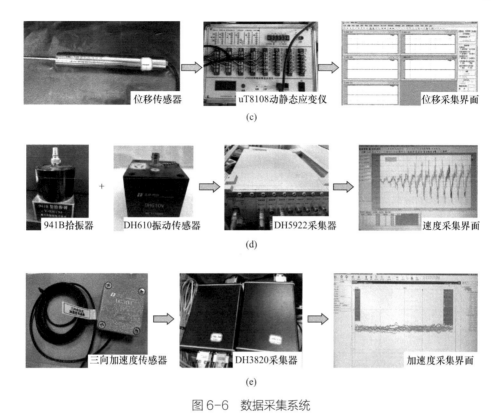

图 6-6　数据采集系统

（a）应变采集系统；（b）土压力及沉降采集系统；（c）位移采集系统；
（d）速度采集系统；（e）加速度采集系统

6.2.4　试验监测设计

回填体内部传感器主要布置在轨道纵向中间断面，即第三个作动器分配梁下方，表面传感器则布置在上部结构层边缘处，如图 6-7 所示。以 0.6m 厚路基板条件下的试验监测设计为例，回填体内部布设土压力盒共计 7 个（编号为 T1～T7），其中模型箱中线位置布置 3 个，上下间隔 40cm，路基板一侧边缘下方相同深度位置处布置 3 个，另一侧回填体表层对称位置处布置 1 个；回填体内部布设三向加速度计 6 个（编号为 N1～N6），其中模型箱中线位置布置 3 个，上下间隔 20cm，路基板两侧边缘填体表层处各布置 1 个，表层两个传感器中间再额外布置 1 个；回填体内部布设单点沉降计 2 个（编号为 F1～F2），单点沉降计集中布置在路基板中心位置附近，采用阶梯布置的方式，编号 F1～F4 的传感器测杆长度分别为 50cm、70cm、90cm 及 110cm；上部结构层表面布设位移计 5 个（编号为 W1～W5），垂直线路方向每隔 0.5m 布置 1 个；上部结构层表面布设速度计 5 个（编号为 S1～S5），其中板角落处布置 1 个，沿线路方向及垂直线路方向再均匀布置 2 个。更换路基板时，按照试验监测设计对传感器分别作相应调整。

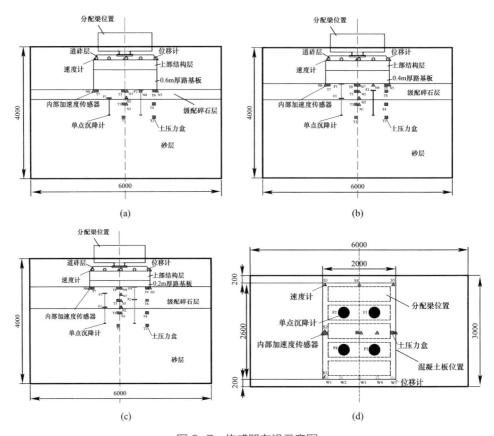

图 6-7　传感器布设示意图

（a）0.6m 厚路基板横断面传感器布设图；（b）0.4m 厚路基板横断面传感器布设图
（c）0.2m 厚路基板横断面传感器布设图；（d）传感器平面布设示意图

路基板内应变计布设在板横向及纵向中间断面位置，如图 6-8 所示。以0.6m 厚路基板条件下的试验监测设计为例，自下而上钢筋网片编号为 1～4，每层共设置 9 个测点，沿线路方向编号为 a～e，垂直线路方向编号为 A～E，每个测点附近横向（H）及纵向（Z）钢筋处各布置 1 个应变计，共计 72 个应变计。0.4m、0.2m 厚路基板条件下采用相同的应变计平面布设方式，仅钢筋网片层数存在差异。

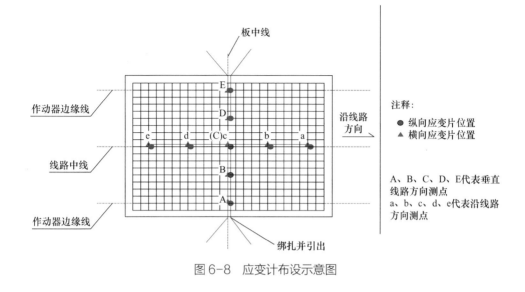

图 6-8　应变计布设示意图

6.3　试验加载方案设计

拟通过模型试验得到列车荷载作用下回填路基的动力特性和沉降规律。模型试验中采用 5 套最大荷载 200kN 的动态作动器模拟高速列车，以作动器的输出频率、输出荷载和振动次数分别模拟高铁列车的运行速度、列车轴重和运营时间。作动器的行程为 0～200mm，工作频率≤ 20Hz，若不考虑线路不平顺的情况，列车运行产生的振动频率主要受列车运行速度、列车车长和列车轴距等控制，若列车为固定车型，则振动频率与运行速度成正比。本次模型试验模拟的列车为和谐号 CRH380AL 型列车，单节车长度约 25m，列车轴重≤ 15t。

6.3.1　加载波形

鉴于交通荷载的复杂特性，本次模型试验只考虑竖向加载部分。当列车以一定车速通过路面某一点时，该点受到的竖向力变化可近似看作一个先增大后减小的重复过程，其受力形式符合半正弦波曲线特征。相关研究表明，半正弦波与模拟高铁荷载的不规则波作用下土体试样的累积变形相当接近，在室内试验中可用做模拟列车荷载。此外，半正弦波相比其他复杂加载形式，可有效减少试验对作动器加载频率的要求。因此，模型试验拟采用半正弦波加载的方式模拟列车荷载，加载曲线公式为：

$$F = \begin{cases} q \left| \sin \pi f \left(t + \varphi \right) \right| & 0 \leqslant t \leqslant T \\ 0 & else \end{cases} \qquad (6\text{-}14)$$

式中：F 为作动器激振力；q 为振幅；f 为作动器输出频率；t 为时间；φ 为相位差；T 为荷载作用时间。试验加载波形的确定主要考虑因素包括加载频率、振幅和各加载通道间的相位差。

采用半正弦波荷载进行加载，作动器的输出频率 f 由列车车长 L 和车速 v 共同决定，即 $f = v / L$。和谐号 CRH380AL 型列车单节车长度约 25m，则列车车速与加载频率间的对应关系见表 6-5。

加载频率与列车车速对应关系表　　　　　　　表 6-5

加载频率（Hz）	车速（km/h）	加载频率（Hz）	车速（km/h）
1.67	150	2.78	250
2.22	200	3.33	300

半正弦波加载曲线的振幅由列车轴重决定，和谐号 CRH380AL 型列车轴重不超过 15t，根据相似性设计，加载曲线振幅取 30kN。

在计算各加载通道间的相位差时，首先设相邻两个作动器间距对应的实际距离为 Δs，列车实际车速为 v，则相邻两个作动器之间加载的时间间隔 $\Delta t = \Delta s / v$；对于一个完整的加载周期，又有 $T = L / v$，因此相邻两个作动器加载相位差 $\Delta \varphi = \Delta t / T = \Delta s / L$。由此计算得出 $\Delta \varphi = 36°$。

经分析计算，最终试验采用的加载曲线形式如图 6-9 所示。

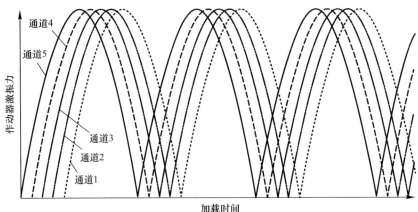

图 6-9　加载曲线示意图

6.3.2　加载方式

本次试验分为短期加载和长期加载两种加载方式，短期加载通过采用不同的加载频率来模拟不同车速情况，长期加载则采用实际车速对应的频率来模拟列车长期经过的情况。此外，为验证现场路基板厚度的合理性，设置路基板厚度为变量，分别采用相同的加载方式进行加载，具体的加载方式如下：

（1）施加预压荷载。为防止加载过程中道砟材料突然破碎造成通道启动位移保护，在试验开始前，首先对各通道施加 50kN 的静力荷载，施加预压荷载同时可以确保轨道面水平，防止加载过程中分配梁发生抖动。

（2）开始短期加载。首先调整各通道相位差，输入加载曲线振幅，然后分别采用 1.67Hz、2.22Hz、2.78Hz 和 3.33Hz 的频率进行短期加载，对应模拟时速为 150km/h、200km/h、250km/h 和 300km/h 时列车单次通过的情形。

（3）开始长期加载。采用 2.22Hz 频率加载 3 万次，模拟和谐号 CRH380AL 型列车以 200km/h 时速 2000 次通过的情形。

（4）更换路基板重复上述加载步骤。

通过上述试验加载方式，拟得到以下试验结果：

1）通过对不同行车速度下的路基受力状况进行模拟，得到回填路基在不同行车速度作用下的动力响应规律。

2）通过对不同路基板厚度条件下的高填方路基进行模拟，得到路基板厚度不同时高铁运营期回填路基的动力响应规律。

3）通过上万次加载模拟列车长期运行状况，分析列车长期运行条件下回填路基动力响应变化，预测高铁运营期回填路基可能产生的沉降变形。

6.4　沉降相似模型试验过程

6.4.1　钢筋混凝土板浇筑及应变计安装

根据现场施工情况及相似原理，对隧道结构层和路基板进行缩尺设计并浇筑，同时额外浇筑两块厚度不同的路基板设置对照试验，钢筋混凝土板具体参数如下：C30 钢筋混凝土板共四块，长度均为 2.6m，宽度均为 2m。其中一块板由现场钢筋混凝土路基板缩尺得到，厚度为 0.6m，板内布设四层直径 6mm 的钢筋网片，钢筋间距为 100mm，各层网片之间再用直径为 6mm 的架立钢筋绑扎。

两块对照实验用路基板厚度分别为 0.4m、0.2m，板内分别布设 3 层、2 层相同规格的钢筋网片。隧道结构层板厚度为 0.3m，板底部布设 2 层相同规格的钢筋网片。

依据板内应变计布置设计，在相应节点附近横纵钢筋上各安装一枚应变计，采用电动砂带机打磨螺纹钢至表面光滑平整，然后将应变计粘贴固定，导线连接黑红排线沿钢筋绑扎引至钢筋混凝土板两侧，最后在引出的排线上标明应变计编号。应变计安装完成后开始浇筑钢筋混凝土板，浇筑的同时采用余料制作两块 150mm×150mm×150mm 混凝土试压块，用做检测混凝土强度。钢筋混凝土板浇筑及应变计安装过程如图 6-10 所示。

(a)

(b)

(c)

(d)

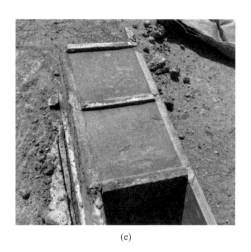

(e)

图 6-10　钢筋混凝土板浇筑及应变计安装过程图

（a）钢筋绑扎；（b）螺纹钢打磨；（c）应变计安装；（d）钢筋混凝土板浇筑；（e）混凝土试压块浇筑

6.4.2　模型箱填筑及传感器埋设

根据模型设计，路基填料主要包括级配碎石和砂，其中试验用级配碎石采用粗骨料碎石、细骨料碎石以及碎石屑按比例混合，试验用砂选用当地天然砂。试验填料如图 6-11 所示。

采用电磁振动试验台对上述填料进行筛分试验，如图 6-12 所示，进而得到三种石料的颗粒级配，见表 6-6。通过室内土工试验及相关计算得到四种填料的基本物理参数，见表 6-7。

(a)

(b)

(c)　　　　　　　　　　　　　　　　　　(d)

图6-11　试验填料

（a）粗骨料碎石；（b）细骨料碎石；（c）碎石屑；（d）天然砂

图6-12　振动试验台筛分试验

石料颗粒级配　　　　　　　　　　　　表6-6

方孔筛边长（mm）	30	25	22	18	15	10	5	1	0.5	0.25	0.16	0.1
粗骨料碎石过筛率（%）	100	88	68	30.4	23.2	1.6	0.8	0	0	0	0	0
细骨料碎石过筛率（%）	100	100	100	100	99	34	5	1	0	0	0	0
碎石屑过筛率（%）	100	100	100	100	100	100	80	41	27	14	8	0

试验填料基本物理参数表　　　　　　表 6-7

材料	基本物理参数	数值
粗骨料碎石	D10，D30，D60（mm）	11.438，17.036，21.137
	不均匀系数	1.848
	曲率系数	1.2
细骨料碎石	D10，D30，D60（mm）	4.454，8.309，11.619
	不均匀系数	2.609
	曲率系数	1.334
碎石屑	D10，D30，D60（mm）	0.186，0.575，2.135
	不均匀系数	11.478
	曲率系数	0.833
天然砂	D10，D30，D60（mm）	0.145，0.254，0.435
	不均匀系数	3
	曲率系数	1.023
	含水率（%）	0.31
	内摩擦角（°）	32.5
	最大干密度（g/cm³）	2.28

　　需在填料内部埋设的传感器主要包括单点沉降计、土压力盒和三项加速度计。为减少级配碎石层颗粒不均带来的误差，传感器周围用碎石屑埋实，模型箱填料内传感器埋设如图 6-13 所示。

(a)　　　　　　　　　　　　　(b)

图 6-13　传感器埋设示意图

（a）三向加速度计及土压力盒；（b）单点沉降计

依据设计，首次试验砂的填筑厚度为 2.4m，级配碎石层填筑厚度为 0.3m，模型箱填筑效果如图 6-14 所示。

　　　　　　(a)　　　　　　　　　　　　　　　(b)

图 6-14　模型箱填筑效果图

（a）砂层填筑；（b）级配碎石层填筑

6.4.3　模型混凝土板吊装

首先通过混凝土立方体抗压强度试验判断混凝土板强度等级是否达到 C30 的要求，待达标后再进行吊装。取浇筑混凝土板时预留的边长为 150mm 的立方体标准试压块进行试验，如图 6-15 所示。

为方便钢筋混凝土板在模型箱内的平移，首先在模型箱级配碎石层表面铺设

图 6-15　混凝土立方体抗压强度试验

两根槽钢和三根圆钢，作为混凝土板平移的轨道。然后利用单梁起重机将混凝土板吊起，在板两侧采用千斤绳拉紧控制其摆动及旋转。混凝土板从模型箱一侧下放至底部平移轨道上，再由另一侧固定好的手拉捯链拉至模型箱分配梁的正下方。最后，分别将混凝土板的一侧吊起取出板底部的槽钢及圆钢。路基板安放就位后，上部结构层混凝土板采用类似的方式放置在路基板上方。混凝土板吊装完成后，进行板上道砟、轨枕及钢轨的铺设，再将上部速度、位移传感器放置就位，最终完成填体上部各结构及元件的安装，如图 6-16、图 6-17 所示。

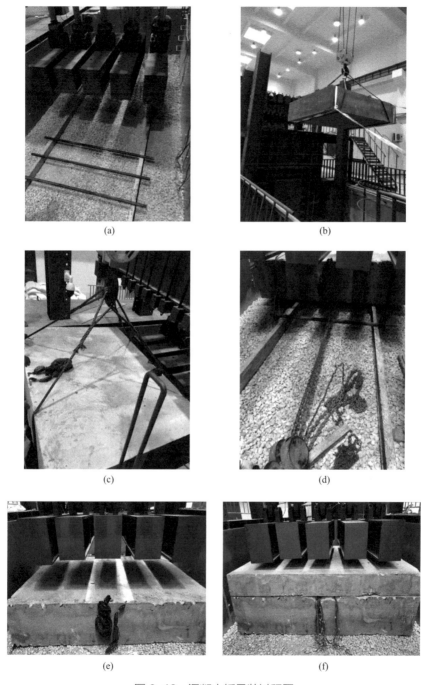

图 6-16   混凝土板吊装过程图

（a）设置平移轨道；（b）混凝土板起吊；（c）混凝土板下放；
（d）混凝土板平移；（e）混凝土板安放就位；（f）上部结构层板安放就位

图 6-17　模型箱填体上部示意图

6.4.4　模型加载过程

试验台控制系统主要包括主控计算机和数据处理计算机。主控计算机可针对加载幅值、频率和相位进行精准控制，由作动器内置传感器进行实时调节，输出波形可根据试验需要自行定义。数据处理计算机可对输出荷载控制模式进行调节，包括静态控制与动态控制、位移控制与力控制。

试验台加载系统工作模式为时序加载，其基本原理是将列车荷载转化为在轨道结构固定位置处的竖向荷载，通过不同作动器之间加载曲线的相位差模拟列车移动过程。在假设线路平顺的情况下，每个作动器的荷载时程曲线波形、幅值及频率应保持一致，相邻两作动器荷载时程曲线之间存在相位差，由于作动器间距为定值，因此相位差将由列车速度 v 唯一确定。这种不改变荷载曲线形式、由作动器依照相位差进行固定位置竖向加载的模式，可称之为时序加载模式。

具体加载过程如下：

（1）试验前静置：每次完成新的模型填筑后，将分配梁卸力，使其自然回落在钢轨之上，依靠分配梁、路基板、结构层板的自重对下部填料施加压力，使填料基本稳定，静置时长为 1d。

（2）施加预压荷载：在试验开始前，对各通道施加 50kN 的静力荷载，防止加载过程中道砟材料突然破碎触发设备自我保护。若作动器位移值基本稳定且分配梁未发生倾斜，则可以开始试验。

（3）短期加载：首先设定加载波形，调整各通道相位差，输入加载曲线振幅，然后分别采用 1.67Hz、2.22Hz、2.78Hz 和 3.33Hz 的加载频率进行短期加载，对应模拟列车时速为 150km/h、200km/h、250km/h 和 300km/h 时的单次通过情况。

（4）长期加载：采用 2.22Hz 频率加载 3 万次，相当于和谐号 CRH380AL 型列车 2000 次通过试验模拟区段。

（5）更换路基板：重复上述加载步骤，设置路基板厚度为变量，探索不同厚度路基板对路基动力响应的影响。

6.5　沉降相似模型试验结果分析

6.5.1　振动速度分析

高速铁路竖向振动速度是描述路基动力响应的关键参数之一，在一定程度上反映了路基抵抗列车荷载的能力。通过对竖向振动速度进行监测分析，不仅可以验证测试工况下振动速度是否处于安全范围之内，而且能够发现路基施工中存在的缺陷，了解路基材料密实状况随时间的变化规律等。

（1）60cm 厚路基板下振动速度响应分析，如图 6-18 所示。

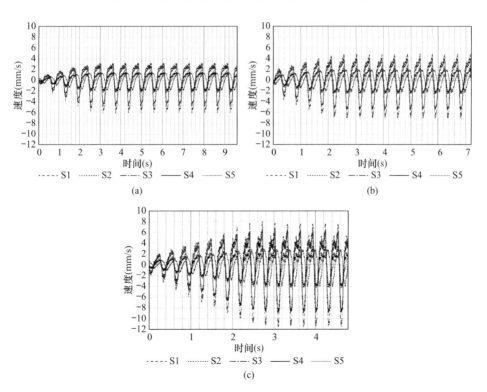

图 6-18　60cm 厚路基板下速度响应时程曲线图

（a）车速 150km/h 速度响应时程曲线；（b）车速 200km/h 速度响应时程曲线；
（c）车速 300km/h 速度响应时程曲线

根据图 6-18 数据所示，不同车速条件下的振动速度响应时程曲线展示了列车通过路基上方不同点时的振动情况。随着列车速度的改变，通过某点的总时间也会变化，但振动次数保持不变。不同横断面上方测点的振动曲线存在相位差。增加列车速度会导致竖向振动响应增加。以车速为 150km/h、200km/h、300km/h为例，各测点的竖向振动速度最大值分别为 6.12mm/s、7.12mm/s、11.55mm/s。在同一车速下，S3 测点的振动幅度最大，而沿横向和纵向布置的其他测点的振动幅度依次减小。这是因为上部结构层板与路基板之间存在间隙，导致路基表面振动不均。路基向下振动时，振动主要受到正上方荷载的影响；而向上振动时，振动受到前后荷载共同影响而增大。因此，在施工过程中，应注意加强两板之间的连接，以增强路基抵抗列车振动荷载的能力。

（2）40cm 厚路基板下振动速度响应分析，如图 6-19 所示。

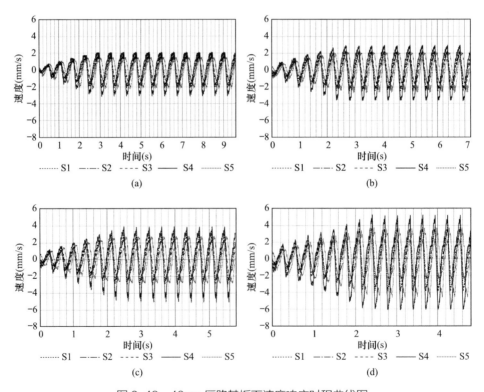

图 6-19　40cm 厚路基板下速度响应时程曲线图

（a）车速 150km/h 速度响应时程曲线；（b）车速 200km/h 速度响应时程曲线；
（c）车速 250km/h 速度响应时程曲线；（d）车速 300km/h 速度响应时程曲线

图 6-19 给出了 40cm 厚路基板不同车速条件下振动速度响应时程曲线，曲

线随车速变化趋势与 60cm 厚路基板下类似。车速为 150km/h、200km/h、250km/h、300km/h 时，各测点竖直向下振动速度最大值分别为 3.16mm/s、3.65mm/s、5.10mm/s、6.15mm/s，振幅均在合理范围之内。各测点之间振动差异较小，说明路基板与上部结构层板之间接触较好。将各测点上下振动差值随车速变化情况绘制成曲线，如图 6-20 所示，可见各测点上下振动差值与车速近似呈线性关系，车速每增加 50km/h，测点上下振动差值平均增加约 1.65mm/s。

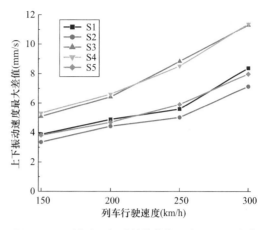

图 6-20　测点上下振动差值曲线图（40cm 厚板）

（3）20cm 厚路基板下振动速度响应分析，如图 6-21 所示。

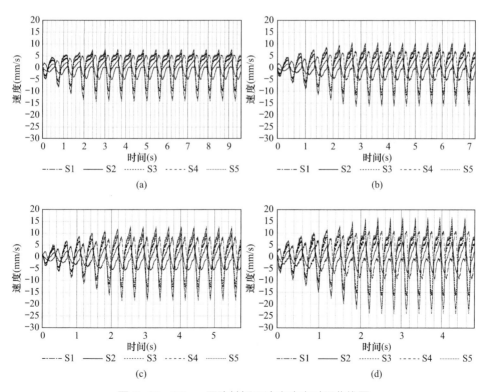

图 6-21　20cm 厚路基板下速度响应时程曲线图

（a）车速 150km/h 速度响应时程曲线；（b）车速 200km/h 速度响应时程曲线；

（c）车速 250km/h 速度响应时程曲线；（d）车速 300km/h 速度响应时程曲线

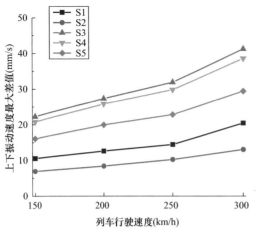

图6-22　测点上下振动差值曲线图（20cm厚板）

图6-21给出了20cm厚路基板不同车速条件下振动速度响应时程曲线，曲线变化与60cm、40cm板厚情况下相似。车速为150km/h、200km/h、250km/h、300km/h时，各测点竖直向下振动速度最大值分别达到14.38mm/s、16.66mm/s、18.81mm/s、24.23mm/s，振动幅值较大。各测点振动差异较明显，S3测点处振动较大。各测点上下振动差值曲线如图6-22所示，测点上下振动差值与列车速度近似呈线性关系，列车速度每提高50km/h，测点上下振动差值平均增加约4.40mm/s。

（4）不同板厚条件下振动速度响应对比

为减少两板间隙对振动速度造成的影响，取每块板振动最小的测点进行分析，对比四种车速条件下，板厚度变化对振动速度造成的影响。如图6-23所示，40cm、60cm板厚条件下上下振动速度差值相近，而20cm板厚条件下上下振动速度差值明显较大，考虑到60cm厚路基板与上部结构层板之间接触较差，推测上下振动速度差值随着板厚度的增加而减小。车速每增加50km/h，20cm、40cm、60cm板厚条件下，上下振动速度分别增加2.1mm/s、1.3mm/s、1.3mm/s，推测板厚度越小，振动速度受车速变化影响越敏感。

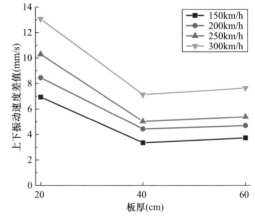

图6-23　上下振动差值随板厚变化曲线

（5）长期加载下振动速度响应分析

以车速200km/h（设计时速）、路基板厚度20cm、加载3万次工况为例，分析振动速度在长期加载下的变化规律。如图6-24所示，整体来看，各测点的振动速度响应幅值随着加载次数的增加基本保持不变；曲线在加载前期有小幅波动，是路基材料密实状况不良造成的；随着加载次数提高，振动曲线小幅波动逐渐消失，测点振幅趋于稳定，此时路基材料上层颗粒被压密；长期加载条件下，向下振动最大速度略有提升，分析认为路基板刚性较大，填料被压密后与路基板之间的空隙增大，因此，列车荷载可能会加快路基板底脱空速度，造成路基病害。

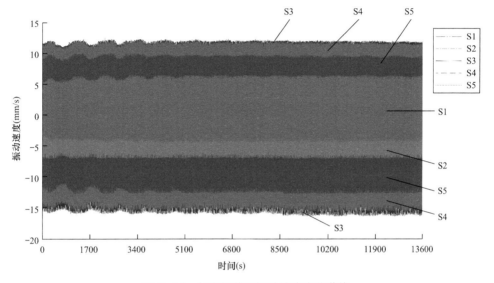

图 6-24　长期加载下振动速度变化曲线

6.5.2　竖向位移分析

高速铁路路基竖向位移是工程上最关心的问题之一，而隧道结构及路基板刚性很大，变形很小，因此板表层位移变化基本可以反映填体部分散体材料表层变形情况。一旦该部分产生竖向位移，则可能造成线路不平顺，影响乘车舒适性甚至威胁列车运营安全，因此，高铁路基竖向位移监测及分析至关重要。为了得到路基详细的位移变化过程，依据本次试验监测方案设计，竖向位移分析包含板表面位移、作动器竖向位移和回填体内部沉降三个方面。

（1）60cm 厚路基板下位移响应分析，如图 6-25 所示。

图 6-25 给出了 60cm 厚路基板不同车速条件下位移响应时程曲线，可以看出位移响应时程曲线与半正弦波加载曲线类似，相对于加载曲线变化状况，路基竖向位移变化具有滞后性。对比四种车速条件下的位移响应变化，可见短期加

载条件下位移响应曲线幅值几乎没有变化，上下振动最大位移差值均在 0.55mm 左右。对比同一车速下各测点位移响应时程曲线，可见测点 W5 处振动幅值明显较大，自该测点至板另一侧测点 W1 处振动幅值依次减小，验证了两板间存在空隙的推论；结合速度响应推测，板表面振动形式为一对角方向振动幅度较大。此外，加载前后作动器位移数值无变化，说明竖向变形几乎全部为弹性变形。

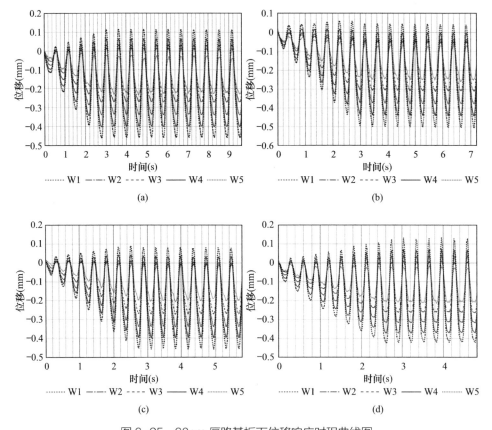

图 6-25　60cm 厚路基板下位移响应时程曲线图

（a）车速 150km/h 位移响应时程曲线；（b）车速 200km/h 位移响应时程曲线；
（c）车速 250km/h 位移响应时程曲线；（d）车速 300km/h 位移响应时程曲线

（2）40cm 厚路基板下位移响应分析，如图 6-26 所示。

图 6-26 给出了 40cm 厚路基板不同车速条件下位移响应时程曲线，曲线变化和 60cm 厚路基板下相类似。测点上下振动最大位移差值在 0.34mm 左右。各

测点在向下振动时幅值差异较小，结合速度响应推测，路基板与上部结构层板连接较好。从单个测点位移变化曲线来看，随着时间增加，曲线波谷有小幅度降低，可能是填料表层被进一步压密所致。加载前后作动器位移数值几乎无变化。

（3）20cm 厚路基板下位移响应分析，如图 6-27 所示。

图 6-27 给出了 20cm 厚路基板不同车速条件下位移响应时程曲线，曲线变化整体上和 60cm、40cm 厚路基板下相类似。测点上下振动最大位移差值约0.95mm，时程曲线幅值大小存在波动，振动相对不稳定，短期加载前后作动器位移数值几乎无变化。

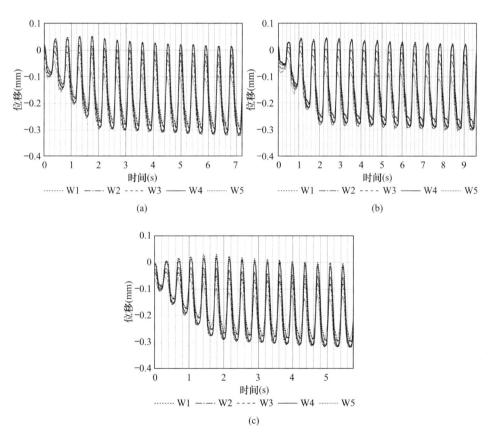

图 6-26　40cm 厚路基板下位移响应时程曲线图
（a）车速 150km/h 位移响应时程曲线；（b）车速 200km/h 位移响应时程曲线
（c）车速 250 km/h 位移响应时程曲线

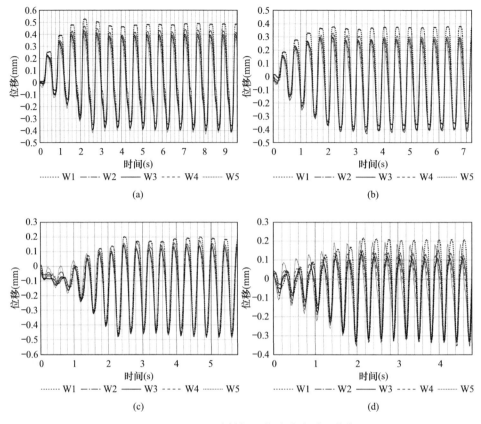

图6-27 20cm 厚路基板下位移响应时程曲线图

（a）车速 150km/h 位移响应时程曲线；（b）车速 200km/h 位移响应时程曲线；
（c）车速 250km/h 位移响应时程曲线；（d）车速 300km/h 位移响应时程曲线

（4）不同板厚条件下位移响应对比

通过对比不同板厚条件下短期加载的位移响应时程曲线，可以看到由于板刚度很大，其表面某点位移由整体竖向位移和沿板底面内某一直线转动的角位移组成，路基竖向变形绝大部分为弹性变形。板厚度较大时，对下部填料压实作用较好，位移曲线振幅稳定；板厚度较小时，板自身对填料的压实作用不足，位移曲线振幅较不稳定，受速度变化影响较大。短期加载时，三种板厚条件下板表面位移最大值均不超过 1mm，加载前后作动器位移数值几乎无变化，说明列车单次通过对路基竖向位移影响很小。

（5）长期加载下位移响应分析

在研究板表面位移时，以车速 200km/h（设计时速）、路基板厚度 40cm、加载 3 万次工况为例，分析位移在长期加载下的变化规律。通过对板表面位移进行监测分析，将板表面位移变化数值绘制成实测曲线，根据表面位移与时间的 *s-t* 曲线特征，选用回归参数模型中的指数模型对实测数据进行曲线拟合分析，得出模型参数，再对未来时刻位移响应变化进行预测，求得位移响应时程曲线的收敛值。以板截面中间位置测点 W3 为例，其实测曲线、拟合曲线、模型参数、预测值与实测值的相关系数等详见图 6-28。

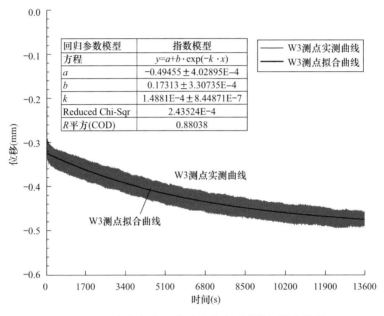

图 6-28　长期加载下位移响应实测曲线与拟合曲线

图中拟合曲线数据与实测数据相关系数 R^2 为 0.88，拟合精度较高，拟合公式如下：

$$S_t = -0.49455 - 0.17313e^{-1.4881E-4t} \qquad (6-15)$$

通过长期加载下路基表层沉降量实测曲线可以看出，随着加载次数增加，板表层沉降量逐渐增大，沉降速率有逐渐减缓的趋势，至加载 3 万次左右时（相当于和谐号 CRH380AL 型列车 2000 次通过试验模拟区段）沉降量增长已趋近于零。回归参数模型预测结果显示，长期加载下路基表层沉降量曲线的收敛值约为 0.495mm，依照相似性设计，预测列车荷载作用下超厚回填路基最终沉降量约 2.5mm，列车动载引起的板表面位移变化量最终将在该值附近波动。加载 3 万次条件下板表层位移变化量已达到预测值的 90% 以上，列车荷载后期将不会对路基竖向变形造成较大影响。整体来看，现场施工条件下列车荷载引起的沉降量将远小于路基回填体长期蠕变变形量，设计方案可满足列车长期运行的要求。

（6）回填体内部沉降分析

在进行回填体内部沉降分析时，以单点沉降计（编号为 F1～F4）监测数据为基础，根据其阶梯状布设的特点，将相邻编号的沉降计所得监测数据做差，即可求得两沉降计顶部法兰盘之间土层的沉降量。根据监测设计，相邻编号两沉降计顶部法兰盘之间高差为 20cm，底部沉降计 F1 可测填体厚度为 50cm。记录车速 200km/h（设计时速）、加载 3 万次、不同路基板厚度时回填体内部分层沉降状况，并将回填体各层沉降变化绘制成曲线，如图 6-29 所示。

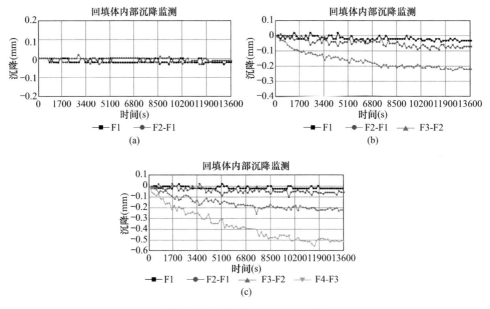

图 6-29　回填体内部分层沉降

（a）回填体内部沉降曲线 -60cm 厚板；（b）回填体内部沉降曲线 -40cm 厚板；
（c）回填体内部沉降曲线 -20cm 厚板

由图 6-29 可以看出，三种板厚度条件下，回填体各层沉降速率整体都呈现逐渐减缓的趋势。回填体表层是沉降主要发生的区域，随着深度增加，回填体分层沉降值逐渐减小。在 60cm 厚路基板条件下，回填体长期荷载作用下几乎没有明显的沉降产生，表明回填体沉降几乎不受列车荷载的影响。40cm 厚路基板条件下，回填体各层累计沉降值约为 0.3mm，小于板表面位移实测值，说明路基板与回填体之间存在不密实的情况。20cm 厚路基板条件下，回填体各层累计沉降值约为 0.8mm，沉降值较大，主要因为路基板厚度小，下部回填体受列车荷载影响大，同时路基板自身重量较小，无法对回填体形成有效的预压效果，导致回填体内部发生较多挤密压缩变形。在以上三种工况下，F1 测点都没有明显的沉降产生，表明列车荷载作用下回填体沉降主要发生在碎石层。因此，在实际施工中对溶腔上部回填体进行注浆是合理的。

6.5.3　路基板钢筋应变分析

路基板钢筋应变状况是影响路基板强度和稳定性的重要因素，通过对钢筋应变状况进行监测分析，可以直接反映出路基板结构的工作状态。由于应变计受潮会降低绝缘电阻和粘结强度，在路基板浇筑及养护过程中极易发生损耗，实际应变计存活率约 70%。

1. 60cm 厚路基板钢筋应变分析

监测数据显示 60cm 厚路基板板内钢筋应变在加载过程中变化值很小，横、纵向监测点之间数值无明显变化规律，且受加载频率改变影响较小。基于钢筋应变的以上特点，选择单一加载频率下的单个测点进行数据分析，如图 6-30 所示。

图 6-30 为加载频率 3.33Hz、测点编号钢筋应变曲线图，可以看出，测点横、纵向钢筋微应变随时间呈周期性变化，微应变最大值不超过 4，板内钢筋处于弹性变形阶段。因受到上部隧道结构层的阻隔，测点处横、纵向钢筋应变大小无明显差距，上下各层钢筋之间应变大小无明显变化规律。由曲线变化情况可以看出，60cm 厚路基板整体性非常好，在加载条件下结构稳定可靠。

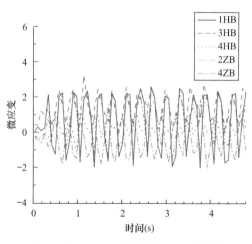

图 6-30　60cm 厚板钢筋应变曲线图

2. 40cm 厚路基板钢筋应变分析

考虑到监测点数量众多且应变计存在损耗，对可用测点数据进行筛选分析，筛选后保留的数据应能满足对下列问题的进一步探究：（1）路基板内同一位置处横、纵向钢筋应变变化是否存在差异；（2）路基板沿线路方向、垂直于线路方向各位置处钢筋应变是否存在差异；（3）路基板上某点下方的各层钢筋应变是否存在差异；（4）不同车速条件下，路基板内钢筋应变是否存在差异。基于以上考虑绘制板内钢筋应变曲线如图 6-31 所示。

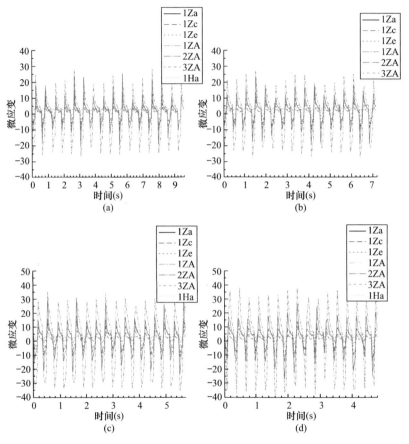

图 6-31　40cm 厚板钢筋应变曲线图

（a）车速 150km/h 钢筋应变曲线；（b）车速 200km/h 钢筋应变曲线；
（c）车速 250km/h 钢筋应变曲线；（d）车速 300km/h 钢筋应变曲线

由图 6-31 可以看出，路基板内钢筋应变随加载方式呈现周期性变化，短期加载条件下，绝大部分应变为弹性应变，且应变整体上较 60cm 厚路基板要大。对比测点 1Za、1Ha 应变曲线可以看出，路基板内同一位置处横、纵向钢筋应变差异较小。对比测点 1Za、1Zc 及 1Ze 应变曲线可以看出，沿线路方向上，路基板内同一层钢筋应变无明显差异，且应变曲线之间无明显相位差，说明上部隧道结构层板对列车荷载起到了一定的阻隔作用。对比测点 1ZA、1Zc 应变曲线可以看出，垂直线路方向上，板边缘处钢筋应变较大，该现象可能由上部结构层板与路基板的相互作用造成，路基板受力不均匀因而出现一侧振动较大的情况。对比测点 1ZA、2ZA、3ZA 应变曲线可以看出，板内钢筋应变量自下而上呈现逐渐减小的趋势，顶部钢筋受列车荷载影响非常小。对比不同车速条件下的钢筋应变变化情况，可以看出板边缘处的 ZA 测点受车速影响较大，随着车速的增加，该处钢筋应变呈现逐渐增大的趋势，而沿线路中线的其他测点应变大小几乎不受车速变化的影响，这种现象也进一步证明了 ZA 点处振动较大，因此，推测在列车荷载条件下，路基板垂直于线路方向比沿线路方向上钢筋应变更容易产生差异。

3. 20cm 厚路基板钢筋应变分析

采用类似的方法对可用数据进行筛选分析，得到 20cm 厚板钢筋应变曲线如图 6-32 所示。

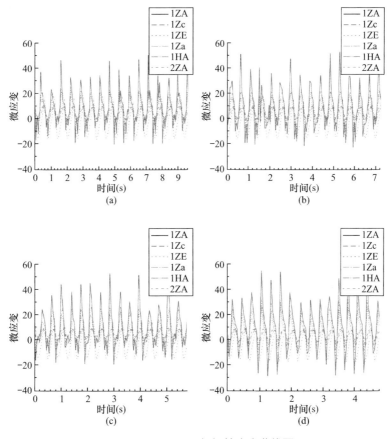

图 6-32　20cm 厚板钢筋应变曲线图

（a）车速 150km/h 钢筋应变曲线；（b）车速 200km/h 钢筋应变曲线；
（c）车速 250km/h 钢筋应变曲线；（d）车速 300km/h 钢筋应变曲线

由图 6-32 可以看出，20cm 厚路基板钢筋应变曲线与 40cm 厚路基板呈现相似的变化规律：板内同一位置处横、纵向钢筋应变差异较小；沿线路方向同一层钢筋应变变化趋势相近，且无明显相位差；垂直线路方向应变变化差异较大，其中边缘处钢筋应变大小更易受列车车速影响；顶部钢筋应变受列车荷载影响较小。与厚度更大的路基板相比，20cm 厚路基板钢筋应变最大值相对较大，从板底部相同位置测点数据来看，20cm 厚路基板钢筋应变最大值较 40cm 厚路基板提高了约 50%。

4. 长期加载条件下路基板钢筋应变分析

以车速 200km/h（设计时速）、路基板厚度 40cm、加载 3 万次工况为例，选取短期加载分析中具有代表性的 1Za、1Zc、1ZA 测点，分析路基板钢筋应变在长期加载下的变化规律。首先将实测数据绘制成钢筋应变—时间曲线，然后采用与表层沉降分析相类似的回归参数模型法进行曲线拟合，预测路基板内钢筋最终应变状况，根据钢筋应变—时间曲线特征，选用指数模型作为预测分析模型，具体如图 6-33 所示。其中拟合公式为：

$$\mu\varepsilon = \mu\varepsilon_\infty + ae^{-bt} \tag{6-16}$$

式中：$\mu\varepsilon$ 为微应变；$\mu\varepsilon_\infty$ 为微应变预测值；t 为加载时间；a、b 为模型参数。

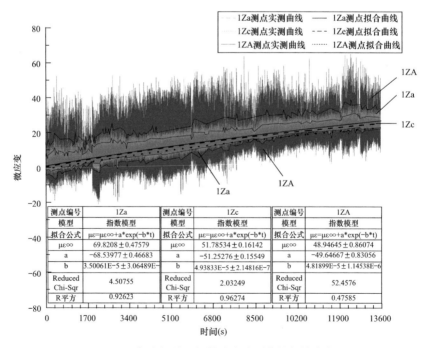

图 6-33　长期加载下钢筋应变实测曲线与拟合曲线

在长期加载条件下，钢筋应变曲线振幅无明显变化，中值有所增长，且增长速度逐渐减缓。三条实测曲线增长趋势非常接近，说明路基板整体性未受影响。加载 3 万次时（相当于和谐号 CRH380AL 型列车 2000 次通过试验模拟区段），测点微应变平均增长值约 25。通过对 1Za、1Zc、1ZA 测点钢筋应变进行拟合，得到三条拟合曲线，实际应变值在曲线附近上下波动。经模型计算，预测拟合曲线的最终收敛值分别为 69.82、51.79、48.95。根据预测结果，三个测点钢筋应变值最终将在合理范围内波动，说明列车荷载对路基板本身不会造成破坏。

6.5.4　土压力分析

由于监测设备采集频率有限，难以捕捉到地基内部动态土压力的峰值，因此主要对回填体材料长期荷载作用下的动土压力进行监测分析。具体方法为：以列车时速 200km/h（设计时速）、加载 3 万次为分析工况，监测系统每 90s 自动采集一次数据，分析时首先剔除离散性较大的值，再对每 9min 内各测点数据求平均数，最终将各测点数据绘制成曲线如图 6-34 所示。

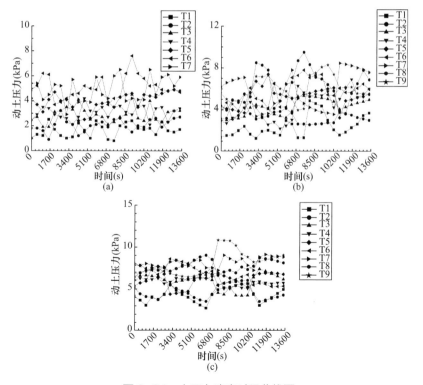

图 6-34　土压力响应时程曲线图

（a）路基板厚 60cm；（b）路基板厚 40cm；（c）路基板厚 20cm

随着路基板厚度的减小，回填体表层的动土压力呈现逐渐增大的趋势，说明厚度越大的路基板减少，列车荷载对回填体的影响效果越显著。对比三种工况下相同高程位置处的动土压力平均值，路基板厚40cm、60cm时分别较板厚20cm条件下降低了约35%、59%。对比同种工况下的各测点曲线，可以看出，在长期加载条件下动土压力大小整体上有所增加，但增幅很小，沿深度方向上动土压力有明显的衰减趋势，说明对回填体上部进行注浆加固是合理的。

6.5.5　加速度分析

高铁列车在行驶过程中不仅会使路基上部结构产生明显的振动，也会使下部回填体产生振动作用，特别是高频次、长时间的列车荷载作用，可能会对回填体稳定性造成不可忽视的影响。因此，试验过程中在回填体内部埋设了加速度传感器，对回填体内部振动状况进行监测分析。

1. 短期加载下加速度分析

模拟不同路基板厚度条件下列车以不同车速单次通过试验区段的状况，各测点竖向加速度峰值见表6-8。

各测点竖向加速度峰值表　　　　表6-8

频率（Hz）	板厚（cm）	竖向加速度峰值（mm/s²）				
		N1	N3	N5	N6	N7
1.67	20	3.1	5.4	5.6	9.0	8.2
	40	1.0	2.2	6.8	4.7	4.3
	60	0.3	2.0	2.3	1.9	—
2.22	20	4.3	5.6	6.2	10.5	9.6
	40	0.9	2.4	6.8	5.0	5.1
	60	0.3	2.0	2.4	1.9	—
2.78	20	4.1	6.1	7.7	11.8	11.4
	40	1.2	3.1	7.2	5.8	5.2
	60	0.3	2.1	2.3	2.0	—
3.33	20	4.9	6.3	7.6	13.9	12.7
	40	1.2	3.0	7.1	5.9	5.4
	60	0.3	2.2	2.4	2.0	—

在频率不变的情况下回填体表层测点竖向加速度峰值随路基板厚度增大而减小，当车速 200km/h（设计时速）时，自路基板厚度 20～40cm、60cm，竖向加速度峰值分别下降了约 32.5%、74.9%，说明路基板越厚对减少回填体表层加速度效果越显著。设计时速下，竖向加速度峰值沿回填体深度衰减规律为每 10cm 减少约 0.67mm/s^2。加载频率增大时，回填体各位置竖向加速度峰值也随之增大，且路基板厚度越小回填体加速度越容易受到加载频率的影响。整体来看，列车单次通过对回填体加速度变化造成的影响非常小。

2. 长期加载下加速度分析

以路基板厚 40cm、列车时速 200km/h（设计时速）、加载 3 万次为分析工况，研究回填体竖向加速度峰值随时间的变化状况。竖向加速度峰值变化曲线如图 6-35 所示。

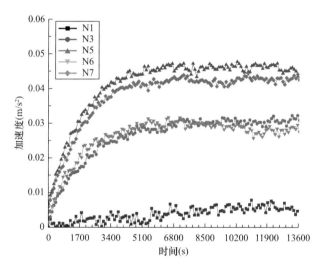

图 6-35　竖向加速度峰值变化曲线图

由图 6-35 可以看出，回填体竖向振动加速度峰值整体上呈抛物线形增长，这与回填体的逐步压密有关。在长期荷载作用下，回填体竖向加速度仍表现为从表层到深层逐渐递减的趋势，其中表层测点 N6 整体上竖向加速度最大，最大值约 0.0493m/s^2。从曲线变化趋势来看，上层测点响应曲线更快接近收敛值，其中表层测点 N5、N6、N7 加速度响应曲线在约 6800s 时已接近收敛值，而底部测点 N1 响应曲线在 3 万次加载内仍不能确定是否收敛，该现象也揭示了路基表面位移仍没有达到预测值的原因。总体来看，列车荷载作用下上部填料所受影响更大，压密速度更快，因此实际施工中对上部回填体进行注浆是合理有效的。另外，从表层测点 N5、N6、N7 响应曲线差异可以看出，回填体表层存在受力不均的状况，加上回填体内部材料充填不均匀，填料之间相互挤压，造成了填体内部产生部分水平向位移。长期加载下的监测数据显示，回填体水平向振动非常小，特别是现场溶腔侧壁对回填体水平向位移具有限制作用，不会发生较大位移。试验中路基板下部填体虽有向线路两侧移动的迹象，但整体上不足以降低路基稳定性。

6.6　列车动载下超厚回填体沉降数值模拟分析

列车动荷载作用下路基产生的弹塑性变形是引起线路运行条件恶化的原因之一，黔张常高速铁路高山隧道巨型溶洞超厚回填体为降低动载影响，自上而下分别采用了有砟轨道、3m 厚钢筋混凝土路基板和洞砟回填体上部注浆等隔振处理措施。为进一步检验隔振措施的合理性，利用有限元分析软件 MIDAS/GTS 建立超厚回填体数值计算模型，分析高速列车动荷载作用下的路基响应变化。

6.6.1　动力分析模型的建立

1. 三维建模

选取线路里程 DK53+660～DK53+710 区段进行模拟，建立隧道—路基三维计算分析模型。其中路基部分模拟范围为：沿线路方向长度取 50m，垂直线路方向由隧道中线向两侧各取 50m，竖直方向沿隧道底板向下取 90m。在建立模型时，对路基断面形式进行一定的简化：依托三维激光扫描绘制出溶洞空腔轮廓，然后在模拟里程范围内每隔 10m 截取一条剖面轮廓线。然后在各轮廓线上取关键点连接生成溶洞空腔断面，最后经过放样生成简化后的溶腔，并根据实际充填材料划分溶腔区域，如图 6-36 所示。

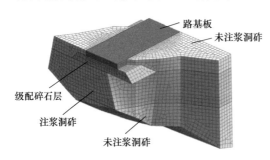

图 6-36　溶腔回填模型示意图

模型中路基绝大部分区块采用实体单元模拟，列车轨道则采用植入式梁单元模拟，不考虑钢轨的剪切刚度和转动惯性矩，并将其截面简化为工字形。模型中土体部分采用 Mohr-Coulomb 本构模型，作为工程中常用的土体参数非线性本构模型，M-C 模型能够应用于地基失效荷载和承载能力的计算等，并在广泛实践过程中得以验证；路基其余部分则选用弹性本构模型，分析中只考虑材料的弹性模量、泊松比以及容重。最终，生成的隧道—路基三维有限元数值计算模型如图 6-37 所示，相关的材料参数见表 6-9。模型中路基四周边界采用 Lysmer 等提出的黏性边界，底部边界设置为固定边界，上部设置为自由面。

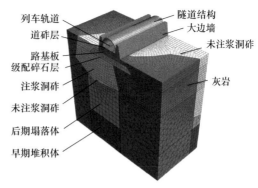

图 6-37　三维计算分析模型

材　料　参　数　　　　　　表 6-9

材料类型	弹性模量 E（MPa）	泊松比 υ	黏聚力 C（MPa）	内摩擦角 ϕ（°）	重度 γ（kN/m³）
C30 钢筋混凝土	36000	0.18	—	—	25
级配碎石（掺 5% 水泥）	1800	0.20	—	—	21.5
注浆洞砟	1300	0.20	0.1	40	20
未注浆洞砟	150	0.25	0	36	19
后期塌落体	100	0.30	0	36	17
早期堆积体	130	0.25	0	38	19
灰岩	25000	0.20	—	—	26

2. 边界设置

进行路基动力分析时，由于需要截取有限区域内的路基来代替无限区域，因此必须采用合理的边界条件解决动力波在模型边界上的反射问题。目前在数值模拟中解决半无限域空间问题时最常用的方法是在截取的有限域上设置人工边界，其中相较于全局人工边界，局部人工边界具有实用性强、方法简单等特点。因此，在进行巨型溶洞超厚回填路基数值分析时，模型四周选用黏弹性局部人工边界，底部使用固定边界，顶部设置为自由面。

在设置边界条件时，首先计算得出路基各部分地基反力系数，在此基础上利用弹性边界进行模型特征值分析，求解路基结构的自振周期，然后计算模型各方向上的阻尼系数，并将所求结果输入边界条件设置参数当中。竖向地基反力系数的计算公式为：

$$k_{\mathrm{v}} = k_{\mathrm{v}0}\left(\frac{B_{\mathrm{v}}}{30}\right)^{-0.75} \qquad (6-17)$$

水平向地基反力系数计算公式为：

$$k_{\mathrm{h}} = k_{\mathrm{h}0}\left(\frac{B_{\mathrm{h}}}{30}\right)^{-0.75} \qquad (6-18)$$

其中，$k_{\mathrm{v}0} = \dfrac{1}{30}\alpha E = k_{\mathrm{h}0}$，$B_{\mathrm{v}} = \sqrt{A_{\mathrm{v}}}$，$B_{\mathrm{h}} = \sqrt{A_{\mathrm{h}}}$。

式中：A_{v} 为模型路基在竖直方向上的截面积；A_{h} 为模型路基在水平方向上的截面积；E 为弹性模量；α 一般取值为 1.0；k_{v} 为竖直方向上的地基反力系数。通过上式计算得到模型在各个方向上的地基反力系数见表6-10。其中 $k_{\mathrm{h}1}$、$k_{\mathrm{h}2}$ 为沿线路方向小里程侧与大里程侧地基反力系数；$k_{\mathrm{h}3}$、$k_{\mathrm{h}4}$ 为线路左侧与右侧地基反力系数。

模型地基反力系数表 表6-10

名称	$k_{\mathrm{h}1}$（kN/m³）	$k_{\mathrm{h}2}$（kN/m³）	$k_{\mathrm{h}3}$（kN/m³）	$k_{\mathrm{h}4}$（kN/m³）	k_{v}（kN/m³）
路基板	3094015.61	3094015.61	—	—	—
级配碎石（掺5%水泥）	104819.16	104819.16	—	—	—
未注浆洞砟	22143.66	11511.16	—	20415.71	—
注浆洞砟	43506.12	37643.18	—	76168.74	—
后期塌落体	3291.40	3461.91	—	7460.60	—
早期堆积体	4704.69	3023.33	—	6903.16	2834.29
灰岩	410612.54	643567.85	455727.25	495502.96	595196.06

计算完成后，以此为依据进行路基模型特征值分析。分析结果表明所建三维路基模型结构在无衰减自由振动中出现扭转振型时的阶数均大于3，说明网格划分是合理的。记录第一阵型和第二阵型的特征值周期 0.3983s、0.3871s，用做列车荷载作用分析中的参数设置。

继续计算模型路基在各方向上的阻尼系数，已知 P 波与 S 波的阻尼系数计算公式为：

$$C_{p} = \rho \cdot A \cdot \sqrt{\frac{\lambda + 2G}{\rho}} \qquad (6-19)$$

$$C_{s} = \rho \cdot A \cdot \sqrt{\frac{G}{\rho}} \qquad (6-20)$$

式中：$\lambda = \dfrac{\mu E}{(1+\mu)(1-2\mu)}$；$G = \dfrac{E}{2(1+\mu)}$；$\rho$ 为密度；A 为截面面积；E 为弹性模量；μ 为泊松比。根据上式计算得出的阻尼系数见表 6-11。

阻尼系数表　　　　　　　　表 6-11

名称	路基板	级配碎石（掺 5% 水泥）	未注浆洞砟	注浆洞砟	后期塌落体	早期堆积体	灰岩
C_{p}（kN·s/m³）	3126.06	655.74	184.93	537.48	151.28	172.16	2687.42
C_{s}（kN·s/m³）	1952.83	401.56	106.77	329.14	80.86	99.40	1645.70

在设置边界曲面弹簧时，沿线路方向输入 C_{p}、C_{s} 中的较大值，其余两个方向输入二者中的较小值。模型四周边界设置完成后，将模型底部固定，至此完成三维计算模型边界条件设置。

3. 列车荷载设置

确定列车荷载的作用方式是建立高铁路基动力分析模型的关键，列车荷载作用过程复杂，同时受行车速度、列车轴重、车辆编组形式、线路平顺条件等多种因素影响。在数值模拟分析中，通常采用移动的常力荷载、移动的谐振力或者各种形式的激励力等模拟列车荷载，而目前比较有代表性的列车荷载简化方式是将其表示为一个时程荷载函数，具体表达式为：

$$F(t) = k_{1}k_{2}\left(P_{0} + P_{1}\sin\omega_{1}t + P_{2}\sin\omega_{2}t + P_{3}\sin\omega_{3}t\right) \qquad (6-21)$$

式中：k_{1} 为叠加系数；k_{2} 为分散系数；P_{0} 为车轮静载；P_{1}、P_{2}、P_{3} 分别为不同控制条件下振动荷载的幅值；ω_{1}、ω_{2}、ω_{3} 分别为对应的振动圆频率。其中荷载幅值与圆频率的计算公式为：

$$P_{i} = M_{0}\alpha_{i}\omega_{i}^{2} \qquad (6-22)$$

$$\omega_{i} = 2\pi v / L_{i} \qquad (6-23)$$

式中：M_{0} 为簧下质量；α_{i} 为不同控制条件下几何不平顺典型矢高；L_{i} 为对应曲线的波长。

式（6-21）可以同时反映车速、轴重、车辆编组形式、几何平顺条件、荷载组合及传递作用等多种与列车荷载有关的因素，因此选用该时程荷载函数模拟列车荷载作用。根据和谐号 CRH380AL 型列车技术参数及现场条件，列车轴重取 15t，簧下质量取 $M_0 = 750 \mathrm{N} \cdot \mathrm{s}^2 / \mathrm{m}$，取 $k_1 = 1.5$，取 $k_2 = 0.7$，三种控制条件下几何不平顺典型矢高和相应的曲线波长分别取值为：$L_1 = 10\mathrm{m}$，$\alpha_1 = 3.5\mathrm{mm}$；$L_2 = 2\mathrm{m}$，$\alpha_2 = 0.4\mathrm{mm}$；$L_3 = 0.5\mathrm{m}$，$\alpha_3 = 0.08\mathrm{mm}$。由此得到不同车速条件下列车荷载的计算参数，见表 6-12。

列车荷载计算参数表　　　　　　　　　表 6-12

车速（km/h）	ω_1（Hz）	ω_2（Hz）	ω_3（Hz）	P_1（kN）	P_2（kN）	P_3（kN）
150	26.18	130.90	523.60	1.80	5.14	16.45
200	34.91	174.53	698.13	3.20	9.14	29.24
250	43.63	218.17	872.66	5.00	14.28	45.69
300	52.36	261.80	1047.20	7.20	20.56	65.80

将列车荷载计算参数代入时程荷载函数，可得到列车荷载的函数表达式，以车速 200km/h 为例，模型中列车荷载可表示为：

$$F(t) = 1.05 \times \left[75 + 3.2 \times \sin(34.91t) + 9.14 \times \sin(174.53t) + 29.24 \times \sin(698.13t) \right] \tag{6-24}$$

列车荷载函数设置完成后，采用定点竖向加载的方式将荷载施加在路基两侧钢轨上。车速 200km/h 时，列车通过路基上方某点处的总时长为 7.2s，则设置分析时长为 7.2s 以模拟列车单次通过时的状况，其他车速条件均利用相同的方式进行设置。在定义阻尼时，同时考虑质量因子和刚度因子，输入特征值分析中第一阵型和第二阵型的周期，以 0.05 的阻尼比计算模态阻尼并将其应用于动力分析中。列车荷载及其作用方式设置完成后，即可开始相应的数值计算分析。

6.6.2 动位移分析

1. 道砟层动位移分析

以模拟区段中间断面（里程 DIK53+685）为分析对象，研究道砟层在设计时速（200km/h）条件下动位移的响应状况。取 0.1s 为一个时间步骤，监测每一时间步骤内道砟层顶部及底部的动位移，并将监测结果中的动位移峰值绘制成曲线，如图 6-38 所示。

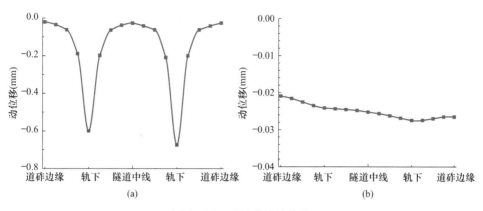

图 6-38　动位移峰值曲线

（a）道砟层顶部动位移峰值曲线；（b）道砟层底部动位移峰值曲线

由图 6-38 可以看出，动位移在道砟层内的大小及分布状况，在道砟层顶部，轨下位置动位移响应最为明显，其最大值达到约 0.66mm；隧道中线位置与道砟层边缘处动位移响应幅值较为接近，整体上均小于轨下位置的位移量。在道砟层底部，动位移响应幅值差异较小，整体上回填厚度较大的一侧响应较为明显。结合曲线变化状况可以得出，动位移响应幅值在轨下道砟层内衰减大小约为 0.64mm。隧道仰拱表面残余动位移大小为 0.02～0.03mm，该值小于模型试验中位移响应幅值，分析认为数值模拟条件较为理想，无法考虑到施工质量问题，模拟结果偏于保守，而模型试验中两板之间存在明显间隙，实际位移响应幅值应介于二者之间。

取该断面道砟表层轨下位置为监测点，分析设计时速（200km/h）条件下该点动位移变化状况，如图 6-39 所示。可以看出，初期道砟层轨下位置处动位移呈现波动式增长，待位移响应幅值稳定后呈现明显的周期性特征。

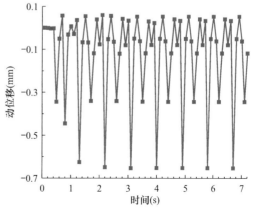

图 6-39　监测点动位移变化曲线

2. 超厚回填路基动位移分析

在明确道砟层动位移大小及分

布状况之后，对动位移在路基深部的变化规律进行研究。如图 6-40 所示为不同车速条件下超厚回填路基最大竖向位移云图，可见列车荷载对路基的主要影响区域在隧道结构的正下方。通过对比分析发现，列车单次通过条件下，改变车速对于路基深部位移大小的影响十分有限；车速由 150km/h 提升至 300km/h 过程中，隧道底板以下各位置最大竖向位移变化不超过 1‰ mm。从超厚回填路基表层竖向位移的等值线分布可以看出：由线路中线向两侧方向表层竖向位移量逐渐减小；大里程侧回填厚度较大，其表层位移响应较小里程侧更为明显；同理，沿线路方向右侧的竖向位移量整体上略大于左侧。

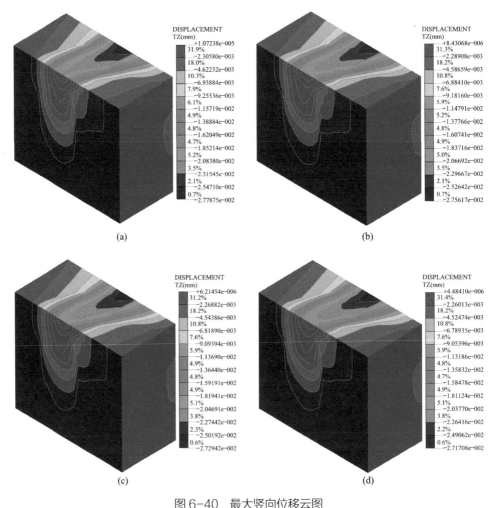

图 6-40　最大竖向位移云图

（a）车速 150km/h；（b）车速 200km/h；
（c）车速 250km/h；（d）车速 300km/h

进一步对设计时速（200km/h）下路基最大竖向位移进行分析。沿线路中线做路基竖向位移剖面云图如图 6-41（a）所示，可见列车荷载在大里程侧的影响范围更广，各层填体均出现大里程侧位移幅值更大的状况；特别在浅层区域，大小里程侧位移幅值有较大差异。做 -0.02mm 竖向位移等值面如图 6-41（b）所示，可见列车单次通过时，路基动位移响应超过 -0.02mm 的区域全部位于注浆层底面之上，验证了溶腔处置中对上部回填体进行注浆的合理性。

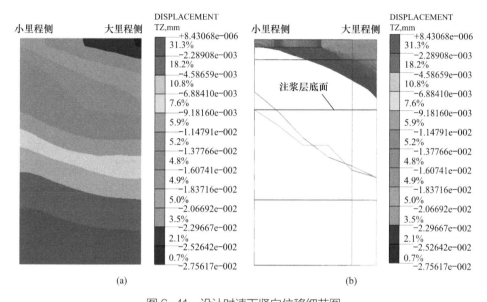

图 6-41　设计时速下竖向位移细节图

（a）路基竖向位移剖面云图；（b）路基竖向位移等值面

取里程 DIK53+685 路基板表面中点为测点 1，其两侧边缘点为测点 2、3（其中沿线路方向左侧边缘点为测点 2，右侧边缘点为测点 3），记录列车运行不同时刻三点的动位移变化情况，如图 6-42 所示。

由图 6-42 可以看出：列车荷载作用下超厚回填体表层总体上表现为线路中线附近动位移幅值较大，最大位移量约 0.023mm，两侧动位移幅值

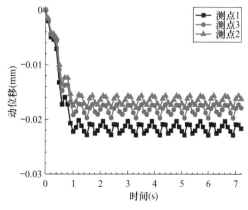

图 6-42　测点动位移变化曲线

较小，其中回填厚度较大的一侧动位移响应相对明显。列车单次通过时，各测点动位移具有明显的时间效应，其值大小随着高铁列车位置的改变而时刻发生变化。在计算时长内，后期位移响应幅值无明显增加，路基主要变形为弹性变形，变形量及断面内各位置变形差异很小，列车荷载对回填体表层动位移影响有限。

3. 轨下动位移衰减分析

以里程 DIK53+685、沿线路方向右侧钢轨处为坐标原点，分析轨下各深度动位移的衰减规律，如图 6-43 所示。

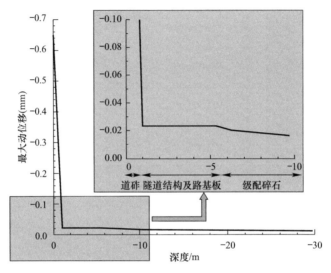

图 6-43　轨下动位移衰减曲线

由图 6-43 可以看出：轨下动位移幅值随深度增加逐渐减小，其中上部道砟层（-0.8～0m）动位移衰减最为明显，衰减率约为 97%；隧道结构及路基板层（-5.7～-0.8m）则表现为整体位移，层间几乎无动位移变化；掺 5% 水泥级配碎石层内动位移随深度增大缓慢减少，至注浆洞砟层底面（约 -30m）处衰减约为 0.014mm，衰减率达到约 98%。因此，列车荷载产生的动位移很难传递到轨下较深的位置，对回填体沉降变形不会产生较大影响。轨下动位移衰减曲线也反映了动位移沿深度衰减的速度与回填材料有关。

6.6.3　动应力分析

1. 道砟层动应力分析

取模拟区段某一断面，研究道砟层在设计时速（200km/h）条件下动应力的响应状况。分析方法与动位移类似，监测并绘制动应力峰值曲线如图 6-44 所示。

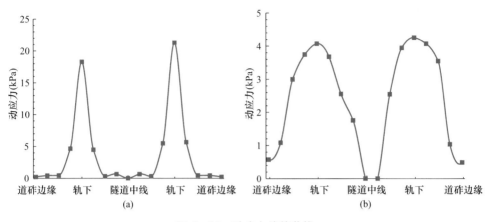

图 6-44　动应力峰值曲线

（a）道砟层顶部动应力峰值曲线；（b）道砟层底部动应力峰值曲线

由图 6-44 可以看出，该断面道砟层动应力的大小及分布状况：在道砟层顶部，动应力主要集中在轨下位置处，最大动应力达到约 21.3kPa，隧道中线及道砟边缘处动应力则非常小，最大值不超过 2kPa；线路两侧轨下位置动应力大小略有差距，可能是由于动位移峰值差异引起的线路轻微不平顺造成的；至道砟层底部，动应力已衰减了大部分，且两侧轨下动应力差异减小，其中动应力峰值大小约 4.2kPa，衰减率约 80%，隧道中线及道砟边缘处动应力则小于 1kPa。

取该断面右线轨下位置为监测点，记录列车运行不同时刻动应力的变化状况，如图 6-45 所示。

由图 6-45 可以看出，动应力随时间的变化曲线与动位移类似，具有明显

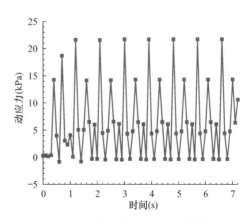

图 6-45　监测点动应力变化曲线

的时间效应。动应力在前期有波动增长的趋势，后期波动逐渐趋于稳定并开始呈现周期性特征。动应力峰值在达到稳定后无明显增长的趋势，说明列车单次通过时轨下无明显塑性变形产生。

2. 轨下动应力衰减分析

取断面内右线钢轨处为坐标原点，分析轨下各深度位置在不同车速条件下的动应力衰减状况，如图6-46所示。其中动应力在各深度范围内的衰减率见表6-13。

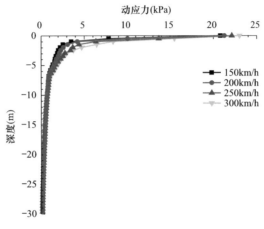

图6-46   轨下动应力衰减曲线

各深度动应力衰减率表   表6-13

车速 （km/h）	衰减率计算截止面				
	道砟底面 （−0.8m）	隧道结构底面 （−2.7m）	路基板底面 （−5.7m）	级配碎石底面 （−10.7m）	注浆洞砟底面 （约−30m）
150	83.14%	90.91%	94.80%	96.86%	99.54%
200	80.20%	89.89%	94.65%	96.98%	99.52%
250	71.30%	87.37%	93.70%	97.06%	99.53%
300	63.65%	87.06%	93.19%	97.13%	99.54%

由图6-46和表6-13可以看出：车速150～300km/h范围内，同一深度位置动应力大小随着车速的增加而提高；表层动应力受车速影响较大，四种车速下动应力最大差值约2.2kPa，至路基板底面位置处（−5.7m）动应力差值缩小至0.5kPa以内；动应力响应主要分布在道砟层内，截止到道砟层底面，动应力平均衰减率约75%；随着深度增加，动应力衰减速度逐渐减缓；至注浆洞砟底面，四种车速下动应力衰减率均达到99%以上，因此动应力几乎不会对路基深部造成

影响。

6.6.4　加速度分析

1. 道砟层加速度分析

以模拟区段中间断面（里程 DIK53+685）为分析对象，研究道砟层在列车荷载作用下的加速度响应状况。将不同车速下列车单次通过模拟区段的加速度响应峰值绘制成曲线，如图 6-47 所示。与动位移、动应力响应类似，加速度响应在道砟层顶部轨下位置处最为明显，而隧道中线和道砟边缘位置处加速度相对较小；在道砟层底部，回填厚度较大的一侧加速度响应更为明显，曲线在右线轨下位置处出现极值，而在左线轨下位置已无明显峰值；对比不同车速条件下的加速度响应曲线，可见在道砟层任意位置处车速较大时加速度响应峰值更大，其中车速由 150km/h 提升至 300km/h 道砟层顶部加速度峰值提升了约 1050.29mm/s^2；对比道砟层顶部及底部曲线，可见车速 150～300km/h 范围内，加速度在道砟层内部均已衰减至较低水平，其中隧道中线位置处衰减率较低，在道砟层底部，隧道中线位置处加速度高于左线轨下位置。

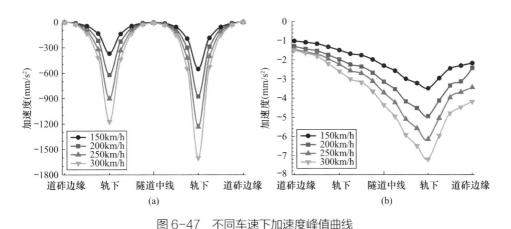

图 6-47　不同车速下加速度峰值曲线
（a）道砟层顶部加速度峰值曲线；（b）道砟层底部加速度峰值曲线

取该断面右线钢轨处为监测点，分析设计时速（200km/h）条件下该点加速度随时间的变化状况，如图 6-48 所示。监测点加速度前期有小幅波动，后期则具有明显的周期性特征；加速度方向朝上和朝下时，其峰值大小几乎相同；设计时速下，道砟层最大加速度约为 877.61mm/s^2。

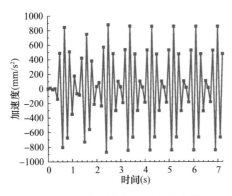

图6-48　监测点加速度变化曲线

2. 轨下加速度衰减分析

如图6-49所示为里程DIK53+685右线轨下加速度衰减曲线,可以看出轨下同一深度位置在车速较快时加速度峰值总是较大;加速度在道砟层内衰减迅速,衰减率达到99%以上,至路基板底面(-5.7m)位置处已低于4mm/s²,可认为不会对下部填料造成较大影响;隧道结构板表面残余加速度不超过10mm/s²,该值略小于模型试验结果,其原因与动位移响应类似,推测实际加速度大小应介于数值分析和模型试验结果之间。

综合以上分析,列车动载下超厚回填路基沉降变形及动力响应规律总结如下:

(1)基于相似第一定理和Buckingham π 定理,推导了高铁路基模型试验的相似常数,几何相似比为1:5,建立了超厚回填路基动力响应相似试验模型;基于高速铁路路基动力试验台,设计了和谐号CRH380AL型列车的半正弦波加载方案。

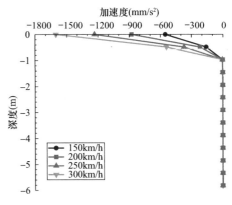

图6-49　轨下加速度衰减曲线

(2)列车单次通过时,路基表面振动速度随车速提高而增加,且 Δv(速度响应时程曲线单个周期内的变化幅值)与车速近似呈线性相关;较薄路基板更容易产生较大振动速度,对车速更为敏感;路基在荷载前后无明显沉降,较薄路基板可能导致表面位移不稳定;路基板内同位置横、纵向钢筋应变差异小,垂直于线路方向比沿线路方向应变差异更显著;回填体内动土压力沿深度衰减,路基板厚度越大,表层动土压力越小;表层竖向加速度峰值随路基板厚度增加而减小,随车速增加而增大,且薄路基板对车速更敏感。

(3)列车荷载长期作用下,Δv 几乎不随荷载作用次数发生变化,但长期振动可能会加速路基板的板底脱空;基于回归参数模型预测,现场超厚回填路基在列车荷载作用下的最终沉降量约2.5mm,经过2000次通过溶洞区段后沉降量将达到预测值的 90% 以上；各层沉降速率随荷载次数增加逐渐减小，较厚路基板可缩小荷载影响范围，上部注浆可减少沉降；路基板内钢筋应变值最终在合理范围内波动，板本身无破坏风险；内部动土压力随加载次数增加有小幅提升；竖向加速度峰值呈抛物线形增长，上层回填体内加速度更快收敛，水平向加速度对路基稳定影响小。

（4）数值模拟表明，断面 DIK53+685 中道砟表层轨下位置的动位移、动应力及加速度响应最明显，右线钢轨处监测到最大动位移、动应力及加速度，最大衰减率分别达 97%、80% 和 99% 以上；车速 150～300km/h 范围内，隧道底板以下各位置最大竖向位移变化不超过 1‰ mm；路基板表层动位移中线附近响应幅值较大，回填厚度大的地方响应幅值较大；动位移响应超过 −0.02mm 的区域位于注浆层底面之上，表明上部注浆的合理性；设计时速下，动位移最大响应幅值约 0.66mm，动应力及加速度响应最大值分别为 21.3kPa、877.61mm/s²，且动应力和加速度随车速增加而增大。

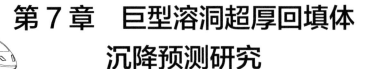

第7章 巨型溶洞超厚回填体沉降预测研究

依据现行企业标准《铁路工程沉降变形观测与评估技术规程》Q/CR 9230[56]第7.3.1、7.3.2条规定，目前常用的路基沉降计算模型有11种：双曲线法、固结度对数分配法（三点法）、抛物线法、指数曲线法、修正指数曲线法和修正双曲线法、沉降速率法、星野法、Asaoka法、泊松曲线法、灰色理论法和人工神经网络法[57-60]。本章根据黔张常高速铁路高山隧道巨型溶洞洞硿回填体性质、回填体表层沉降曲线和表层沉降监测总结，结合已有的沉降计算模型，建立了考虑注浆加固的双指数沉降预测模型，预测效果良好。

7.1 沉降预测方法简介

7.1.1 双曲线法

双曲线法认为时间与沉降量按照双曲线规律变化，其基本方程式为：

$$S_t = S_0 + \frac{t - t_0}{\alpha + \beta(t - t_0)} \tag{7-1}$$

式中：S_t 为 t 时刻的沉降量；S_0 为 t_0 时刻的沉降量；α、β 为待定参数。

上式可写为 $\dfrac{t - t_0}{s_t - s_0} = \alpha + \beta(t - t_0)$ 的形式，作出 $\dfrac{t - t_0}{s_t - s_0} \sim (t - t_0)$ 关系图其截距和斜率即为参数 α、β。采用双曲线法预测得到的最终沉降量为：

$S_\infty = S_0 + \dfrac{1}{\beta}$。

7.1.2 指数曲线法

三点修正指数曲线利用了恒载期三个点的观测数据，所选观测点的时间间距长，有效地避免了其间数据波动，反而预测效果较好。因此，可将三点法的思想与指数曲线法相结合，对指数曲线法进行相应的优化与改进，形成三点修正指数曲线的模型，以适用于沉降量小、数据相对波动大的沉降预测。

根据固结理论，固结度理论解可以用式（7-2）表示：

$$U = 1 - ae^{-bt} \tag{7-2}$$

当不计次固结沉降时，t 时刻的沉降量为：

$$S_t = S_d + US_c = S_\infty - ae^{-bt}S_c$$

式中：S_d 为固结沉降量；S_c 为次固结沉降量。

指数曲线表达式可写为：

$$S_t = S_\infty - \alpha e^{-\beta t} \tag{7-3}$$

式中：S_t 为 t 时刻的路基沉降量；S_∞ 为路基最终沉降量；α、β 为待定参数。

7.1.3　泊松曲线法

泊松曲线是一种典型的 S 形成长曲线，又被称为皮尔曲线，它是以生物学家 Pearl 命名的曲线。皮尔曲线能很好地反映生物生长过程，因而其在生物繁殖、人口发展统计等方面得到了很好的应用。皮尔曲线预测模型的数学公式为：

$$S_t = \frac{L}{1 + ae^{-bt}} \tag{7-4}$$

式中：L、a、b 为模型的参数；a、b 均为正值。当 $t \to \infty$ 时，$S_t \to L$，L 即为预测的最终沉降量。

7.1.4　神经网络预测法

人工神经网络起源于 1943 年的 McCulloch 和 Pitts 提出的理论，如今已被广泛运用于各个领域。这种网络由许多神经元构成，彼此相互连接，形成一个复杂的非线性信息处理系统。每个神经元都有自己的激励函数，而连接神经元之间的每个连接则有一个权值，它调节信号传递的影响程度。当神经网络接收到外部输入后，会对其进行处理，并将结果返回到环境中。在高填方路基沉降等复杂问题中，各种因素的影响难以具体量化，但人工神经网络能够适应这种非线性问题，具有良好的性能。

7.1.5　灰色预测法

灰色预测方法由学者邓聚龙于 1982 年创立，灰色预测是对信息不完全的系统的预测，将已知的信息通过某种生成，逐渐除去一些误差因素，实现对系统相应演化规律的描述与预测。灰色预测方法借助极其少量的数据即可实现，可以在数据极其缺乏的不利情况下，对沉降发展的规律进行较为合理的预测，对于观测数据较少的工程来说，灰色预测法具有很大的优势。

人工神经网络、灰色预测法等方法操作较为复杂，且预测精度有限；指数曲线法、双曲线法、皮尔曲线法等曲线预测模型操作简单，预测精度较高，在实际工程中应用较多。本章依据回填体表层监测成果，选用指数曲线法、双曲线法和皮尔曲线模型，对回填体表层沉降进行预测，并对不同预测方法的预测结果进行了对比。

7.2 回填体表层沉降预测分析

根据洞砟回填体性质、回填体表层沉降曲线和表层沉降监测总结，结合现行企业标准《铁路工程沉降变形观测与评估技术规程》Q/CR 9230 第 7.3.1、7.3.2 条相关规定，巨型溶洞超厚回填体表层沉降曲线可采用抛物线法和指数曲线法进行拟合，以拟合曲线公式来预测运营期表层沉降。

7.2.1 基于在线监测数据的表层沉降预测

由压差式静力水准仪、采集模块、无线通信模块和传输线缆组成在线监测系统。选择线路中线沉降量较大的测点 BM2、大边墙下边线沉降量较大的测点 BD4 和上边线测点 BU4 进行沉降预测，测点位置如图 7-1 所示，以这两点预测沉降量代表回填体表层整体沉降。

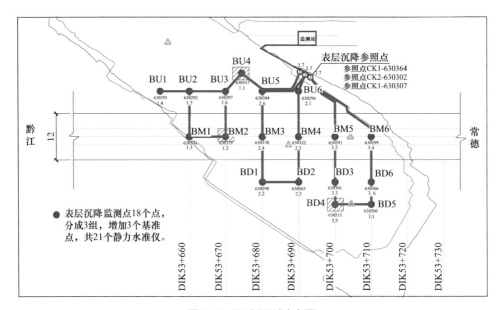

图 7-1 沉降预测选点图

1. 主洞中线表层测点 BM2 沉降预测

（1）抛物线法沉降预测

采用 Origin 软件拟合沉降曲线，自定义抛物线拟合公式如下：

$$S = y = a + bx + cx^2 \qquad (7-5)$$
$$x = \lg t$$

经拟合获得曲线公式如（7-6）所示，拟合曲线与实际曲线对比如图 7-2 所示，曲线拟合度 $R=0.99$，符合现行企业标准《铁路工程沉降变形观测与评估技术规程》Q/CR 9230 关于拟合度不低于 0.92 的要求，可以进行沉降预测。

$$S = -29.7(\lg t)^2 + 36.21\lg t - 100.46 \qquad (7-6)$$

（2）指数曲线法沉降预测

采用 Origin 软件拟合沉降曲线如图 7-3 所示，拟合后获得曲线公式见式（7-7），拟合曲线与实际曲线对比曲线拟合度 $R=0.99$，符合现行企业标准《铁路工程沉降变形观测与评估技术规程》Q/CR 9230 关于拟合度不低于 0.92 的要求，可以进行沉降预测。

$$S = -211.14 + 281.12e^{-0.00615t} \qquad (7-7)$$

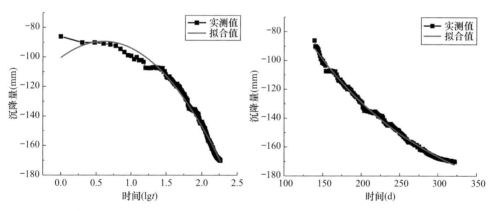

图 7-2　抛物线法实测曲线与拟合曲线对比　图 7-3　指数曲线法实测曲线与拟合曲线对比

将抛物线法和指数曲线法沉降预测结果列于表 7-1 中，通过预测结果可以发现，采用抛物线法进行预测时得到的后期沉降量与指数法的预测值相差较大，取抛物线法预测值为参考。巨型溶洞主洞中线测点 BM2 表层沉降在 100 年后达到 393.37mm，测点位于主洞右侧大边墙外侧，沉降满足施工及运营要求。

隧道中线回填体表层测点 BM2 沉降预测结果　　　　表 7-1

时间（d）		实测值（mm）	抛物线法预测值（mm）	指数曲线法预测值（mm）	备注
施工期	级配碎石层+注浆加固	−22.75	—	—	—
	路基板	−55.13	—	—	—
	大边墙	−78.67	−100.46	−87.83	—
	初支钢拱架	−128.57	−123.00	−127.95	—
	二衬仰拱	−148.22	−145.00	−149.60	—
	二衬封顶	−162.28	−160.13	−160.902	形成预留净空 500mm
运营期	1 年	—	−42.57	−20.45	以二衬封顶完成时沉降为零点
	5 年	—	−139.09	−50.24	—
	10 年	—	−188.27	−50.24	—
	50 年	—	−326.66	−50.24	—
	100 年	—	−393.37	−50.24	运营期总沉降量 393.37mm，满足要求

2. 大边墙右侧（主裂隙侧）表层测点 BD4 沉降预测

（1）抛物线法沉降预测

采用 Origin 软件拟合沉降曲线如图 7-4 所示，拟合后获得曲线公式见式（7-8），拟合曲线与实际曲线对比曲线拟合度 R=0.99，符合现行企业标准《铁路工程沉降变形观测与评估技术规程》Q/CR 9230 关于拟合度不低于 0.92 的要求。

$$S = -37.16(\lg t)^2 + 54.68\lg t - 34 \tag{7-8}$$

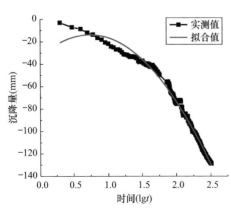

（2）指数曲线法沉降预测

采用 Origin 软件拟合沉降曲线如图 7-5 所示，拟合后获得曲线公式见式（7-9），拟合曲线与实际曲线对比曲线拟合度 R=0.99，符合现行企业标准《铁路工程沉降变形观测与评估技术规程》Q/CR 9230 关于拟合度不低于 0.92 的要求，可以进行沉降预测。

$$S = -157.66 + 143.87e^{-0.00511t} \tag{7-9}$$

图 7-4　抛物线法实测曲线与拟合曲线对比

将抛物线法和指数曲线法沉降预测结果列于表 7-2，通过预测结果可以发现，采用抛物线法进行预测时得到的后期沉降量要远大于指数曲线法的预测值，取抛物线法预测值为参考。巨型溶洞主洞右侧大边墙外侧（主裂隙侧）测点 BD4 表层沉降在 100 年后达到 435.28mm，测点位于主洞右侧大边墙外侧，沉降满足施工及运营要求。

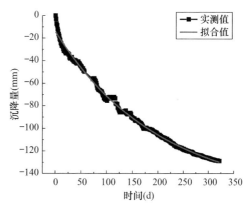

图 7-5　指数曲线法实测曲线与拟合曲线对比

级配层下边线表层测点 BD4 沉降预测结果　　　　　表 7-2

时间（d）		实测值（mm）	抛物线法预测值（mm）	指数曲线法预测值（mm）	备注
施工期	级配碎石层＋注浆加固	−29.38	−22.04	−25.08	—
	路基板	−66.15	−67.73	−65.42	—
	大边墙	−85.36	−85.82	−85.12	—
	初支钢拱架	−104.56	−104.43	−105.35	—
	二衬仰拱	−117.93	−115.91	−116.94	—
	二衬封顶	−123.6	−122.73	−123.26	形成预留净空 500mm
运营期	1 年	—	−15.14	−12.12	以二衬封顶完成时沉降为零点
	5 年	—	−129.29	−34.39	
	10 年	—	−188.05	−34.40	
	50 年	—	−354.58	−34.40	
	100 年	—	−435.28	−34.40	运营期总沉降量 435.28mm，满足要求

3. 大边墙左侧（平导侧）表层测点 BU4 沉降预测

（1）抛物线法预测

采用 Origin 软件拟合沉降曲线如图 7-6 所示，经拟合获得曲线公式见式（7-10），曲线拟合度 R=0.98，符合现行企业标准《铁路工程沉降变形观测与评估技术规程》Q/CR 9230 关于拟合度不低于 0.92 的要求，可以进行沉降预测。

$$S = -39.56(\lg t)^2 + 53.001\lg t - 24.74 \qquad （7-10）$$

（2）指数曲线法预测

采用 Origin 软件拟合沉降曲线如图 7-7 所示，经拟合获得曲线公式见式（7-11），拟合曲线与实际曲线对比曲线拟合度 $R=0.99$，符合现行企业标准《铁路工程沉降变形观测与评估技术规程》Q/CR 9230 关于拟合度不低于 0.92 的要求，可以进行沉降预测。

$$S = -200.71 + 189.15e^{-0.00453t} \tag{7-11}$$

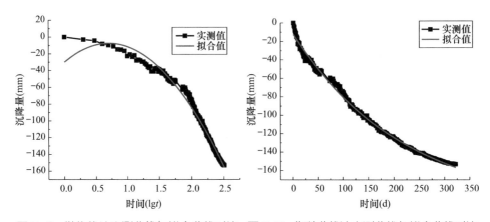

图 7-6　抛物线法实测曲线与拟合曲线对比　图 7-7　指数曲线法实测曲线与拟合曲线对比

将抛物线法和指数曲线法沉降预测结果列于表 7-3 中，通过预测结果可以发现，采用抛物线法进行预测时得到的后期沉降量要远大于指数曲线法的预测值，取抛物线法预测值为参考。巨型溶洞主洞左侧大边墙外侧（平导侧）测点 BU4 表层沉降在 100 年后预测总沉降量将达到 474.41mm，测点位于主洞左侧大边墙外侧，沉降满足施工及运营要求。

级配层上边线表层测点 BU4 沉降预测结果　　　表 7-3

	时间（d）	实测值 （mm）	抛物线法预测值 （mm）	指数曲线法预测值 （mm）	备注
施工期	级配碎石层 +注浆加固	−27.88	−18.28	−24.78	—
	路基板	−67.56	−70.76	−73.17	—
	大边墙	−96.38	−91.00	−97.63	—
	初支钢拱架	−123.03	−111.68	−123.57	—
	二衬仰拱	−140.72	−124.41	−138.93	—
	二衬封顶	−147.47	−131.95	−147.51	形成预留净空 500mm

续表

时间（d）		实测值（mm）	抛物线法预测值（mm）	指数曲线法预测值（mm）	备注
运营期	1 年	—	−16.71	−17.00	以二衬封顶完成时沉降为零点
	5 年	—	−141.91	−53.16	
	10 年	—	−206.00	−53.20	
	50 年	—	−386.97	−53.20	
	100 年	—	−474.41	−53.20	运营期总沉降量 474.41mm，满足要求

7.2.2　基于人工监测数据的表层沉降预测

选取 3 个月数据量，测点布置如图 7-8 所示。选择沉降量较大的 2-2、3-2 和 4-2 三个测点，均分布在主洞中线，预测三点沉降。

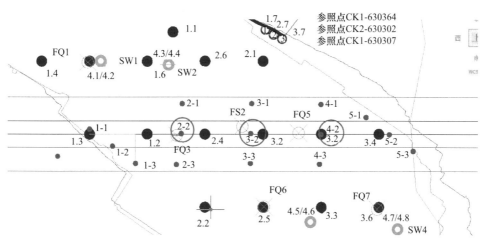

图 7-8　沉降预测选点图

1. 主洞中线表层测点 2-2 沉降预测

（1）抛物线法沉降预测

采用 Origin 软件拟合沉降曲线如图 7-9 所示，经拟合获得曲线公式见式（7-12），拟合曲线与实际曲线对比曲线拟合度 $R=0.99$，符合现行企业标准《铁路工程沉降变形观测与评估技术规程》Q/CR 9230 关于拟合度不低于 0.92 的要求，可以进行沉降预测。

$$S = 18.91(\lg t)^2 - 17.12g(t) + 4.11 \qquad (7-12)$$

（2）指数曲线法沉降预测

采用 Origin 软件拟合沉降曲线如图 7-10 所示，经拟合获得曲线公式见式（7-13），曲线拟合度 R=0.99，符合现行企业标准《铁路工程沉降变形观测与评估技术规程》Q/CR 9230 关于拟合度不低于 0.92 的要求，可以进行沉降预测。

$$S = 60.32 - 61.46e^{-0.01383t} \qquad (7-13)$$

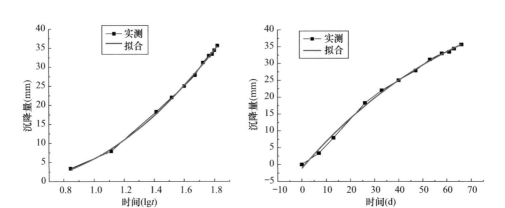

图 7-9　抛物线法实测曲线与拟合曲线对比　图 7-10　指数曲线法实测曲线与拟合曲线对比

将抛物线法和指数曲线法沉降预测结果列于表 7-4 中，通过预测结果可以发现，两种预测方法得到的后期沉降量差距较大，取较大的抛物线法的预测值。测点 2-2 在 100 年后预测总沉降量将达到 319.61mm，去除施工期沉降 63.61mm，纯运营期沉降 256mm，完全满足隧道预留净空。

测点 2-2 沉降预测结果　　　　　　　　　　　表 7-4

时间（d）		抛物线法预测值（mm）	指数曲线法预测值（mm）	备注
施工期	级配碎石层+注浆加固	—	—	—
	路基板	—	—	—
	大边墙	23.27	23.70	—
	初支钢拱架	45.51	45.66	—
	二衬仰拱	63.61	56.36	—

续表

	时间（d）	抛物线法预测值（mm）	指数曲线法预测值（mm）	备注
运营期	1 年	20.79	0.21	以隧道净空完成时的沉降为零点
	5 年	85.79	2.25	—
	10 年	119.48	6.12	—
	50 年	210.93	14.25	—
	100 年	256.00	14.25	运营期总沉降量 256mm，满足预留净空

2. 主洞中线表层测点 3-2 沉降预测

（1）抛物线法沉降预测

采用 Origin 软件拟合沉降曲线如图 7-11 所示，经拟合获得曲线公式见式（7-14），曲线拟合度 R=0.99，符合现行企业标准《铁路工程沉降变形观测与评估技术规程》Q/CR 9230 关于拟合度不低于 0.92 的要求，可以进行沉降预测。

$$S = 19.11(\lg t)^2 - 17.29g(t) + 4.57 \tag{7-14}$$

（2）指数曲线法沉降预测

采用 Origin 软件拟合沉降曲线如图 7-12 所示，经拟合获得曲线公式见式（7-15），曲线拟合度 R=0.99，符合现行企业标准《铁路工程沉降变形观测与评估技术规程》Q/CR 9230 关于拟合度不低于 0.92 的要求，可以进行沉降预测。

$$S = 60.26 - 61.276e^{-0.01434t} \tag{7-15}$$

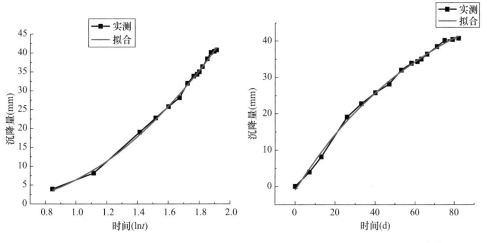

图 7-11　抛物线法实测曲线与拟合曲线对比　　图 7-12　指数曲线法实测曲线与拟合曲线对比

将抛物线法和指数曲线法预测结果列于表 7-5 中，通过预测结果可以发现，两种预测方法得到的后期沉降量差距较大，取较大的抛物线法的预测值。测点 3-2 在 100 年后预测总沉降量将达到 323.45mm，去除施工期沉降 64.72mm，运营期沉降 258.73mm，完全满足隧道预留净空。

测点 3-2 沉降预测结果 表 7-5

时间（d）		抛物线法预测值（mm）	指数曲线法预测值（mm）	备注
施工期	级配碎石层＋注浆加固	—	—	—
	路基板	—	—	—
	大边墙	23.95	23.70	—
	初支钢拱架	46.43	45.66	—
	二衬仰拱	64.72	56.36	—
运营期	1 年	21.01	0.5	以隧道净空完成时的沉降为零点
	5 年	86.71	7.83	—
	10 年	120.76	19.14	—
	50 年	213.18	23.02	—
	100 年	258.73	31.19	运营期总沉降量 258.73mm，满足预留净空

3. 主洞中线表层测点 4-2 沉降预测

（1）抛物线法沉降预测

采用 Origin 软件拟合沉降曲线如图 7-13 所示，经拟合获得曲线公式见式（7-16），曲线拟合度 $R = 0.99$，符合现行企业标准《铁路工程沉降变形观测与评估技术规程》Q/CR 9230 关于拟合度不低于 0.92 的要求，可以进行沉降预测。

$$S = 12.48(\lg t)^2 - 9.23g(t) + 3.10 \qquad （7-16）$$

（2）指数曲线法沉降预测

采用 Origin 软件拟合沉降曲线如图 7-14 所示，经拟合获得曲线公式见式（7-17），曲线拟合度 $R = 0.99$，符合现行企业标准《铁路工程沉降变形观测与评估技术规程》Q/CR 9230 关于拟合度不低于 0.92 的要求，可以进行沉降预测。

$$S = 46.42 - 47.236e^{-0.01463t} \qquad （7-17）$$

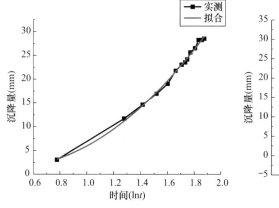 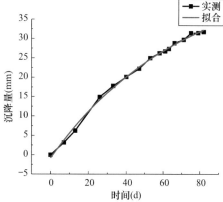

图 7-13　抛物线法实测曲线与拟合曲线对比　　图 7-14　指数曲线法实测曲线与
　　　　　　　　　　　　　　　　　　　　　　　　　　　　拟合曲线对比

　　将抛物线法和指数曲线法预测结果列于表 7-6 中，通过预测结果可以发现，两种预测方法得到的后期沉降量差距较大，采用指数曲线预测法时收敛太快，预测值很小，取较大的抛物线法预测值。测点 4-2 在 100 年后预测总沉降量将达到 218.98mm，去除施工期沉降 46.19mm，纯运营期沉降 172.79mm，完全满足隧道预留净空。

测点 4-2 沉降预测结果　　　　　　　　表 7-6

	时间（d）	抛物线法预测值（mm）	指数曲线法预测值（mm）	备注
施工期	级配碎石层+注浆加固	—	—	—
	路基板	—	—	—
	大边墙	18.35	18.52	—
	初支钢拱架	33.78	35.48	—
	二衬仰拱	46.19	43.57	—
运营期	1 年	14.19	2.73	以隧道净空完成时的沉降为零点
	5 年	58.27	13.68	
	10 年	81.01	25.04	
	50 年	142.54	34.27	
	100 年	172.79	41.16	运营期总沉降量 172.79mm，满足预留净空

7.2.3　基于数值模拟结果的表层沉降预测

　　本次数值模拟采用有限元软件 MIDAS/GTS 建立有限元模型，在溶洞

DIK53+685 位置主洞中线处设置一监测点，对级配碎石层注浆加固、路基板、大边墙、初支钢拱架及二衬仰拱施工各个阶段的沉降进行数值分析，并对实测值、曲线拟合值以及数值分析结果进行综合分析。数值分析的结果如图 7-15 所示。

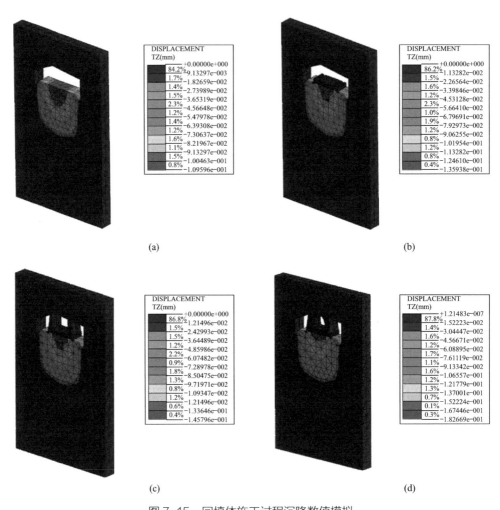

图 7-15　回填体施工过程沉降数值模拟
（a）级配碎石层注浆加固；（b）路基板；（c）大边墙；（d）初支钢拱架 + 仰拱

从数值模拟结果来看，随着各个施工阶段的进行荷载逐步增大，沉降量也逐步增大。级配碎石层注浆施工完毕后沉降量为 109.60mm，路基板施工完毕后沉降量为 135.94mm，大边墙施工完毕后沉降进一步增大至 145.80mm，初支钢拱架施工完毕后沉降量为 174.19mm，最终在二衬仰拱完成施工后沉降量累积至182.67mm。此后模型进入运营期，加速模型计算时步，模拟预测主洞运营 1 年、

5 年、10 年、50 年和 100 年产的回填体沉降量，将中线测点 BM2 的实测值和数值模拟、曲线拟合法结果对比如表 7-7 和图 7-16 所示。可以看出数值模拟结果与实测值较为吻合，采用曲线拟合法得到的衬砌结构完成后的沉降预测值与数值分析的结果基本一致，运营 100 年后沉降总量将达到 505.06mm，则运营期沉降量为 322.39mm，低于隧道预留净空 500mm，满足运营要求。

BM2 测点数值模拟结果对比　　　　　　　　　　表 7-7

工程阶段		实测值（mm）	模拟值（mm）	备注
施工期	级配碎石层注浆加固	106.62	109.60	—
	路基板	135.36	135.94	—
	大边墙	146.22	145.80	—
	初支钢拱架	177.01	174.19	—
	二衬仰拱	189.78	182.67	—
二衬仰拱闭合隧道预留净空 500mm，以隧道二衬仰拱闭合时沉降为零点				
运营期	运营 1 年	—	82.83	—
	运营 5 年	—	310.19	—
	运营 10 年	—	322.09	—
	运营 50 年	—	322.38	—
	运营 100 年	—	322.39	运营期总沉降 322.39mm

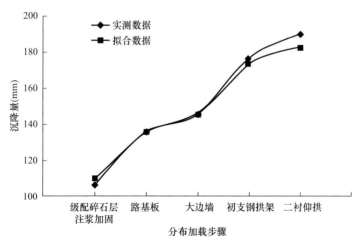

图 7-16　实测数据与拟合数据曲线对比

7.2.4　基于龚帕斯成长曲线的多种模型预测

龚帕斯曲线（Geompertz）可以较好地表达事物的成长和发展过程。其数学表达式为：$\ln s = K + ab^t$

$$s = e^{K+ab^t} \qquad (7-18)$$

或

$$\ln s = K + ab^t \qquad (7-19)$$

式中：K、a、b 为模型参数；t 为时间序列；s 为预测沉降值。

模型参数 K、a、b 可采用三段估计法求解，为计算方便，我们将数学表达式取为：

$$\ln s_t = K + ab^t \qquad (7-20)$$

$$s_t = K + ab^t \qquad (7-21)$$

公式（7-20）与修正指数曲线公式（7-21）的构造是相同的。以修正曲线公式为例说明模型参数的估算方法。

假设已知时间序列 s_1，s_2，s_3，s_4，……，s_t，若符合公式（7-21）的形式，则会有：

$$s_1 = K + ab^1 \qquad s_2 = K + ab^2 \qquad s_t = K + ab^t \qquad (7-22)$$

将 T 个数据平均分成三段（若数据个数 T 不能被 3 整除，可以调整数据个数使其成为 3 的倍数），每段假设含有 n 个数，即 $n=T/3$，对每段求和得：

$$\sum_1 s_t = \sum_{t=1}^{n} s_t = nK + ab\left(b^0 + b^1 + \cdots\cdots + b^{n-1}\right) \qquad (7-23)$$

$$\sum_2 s_t = \sum_{t=n+1}^{2n} s_t = nK + ab^{n+1}\left(b^0 + b^1 + \cdots\cdots + b^{n-1}\right) \qquad (7-24)$$

$$\sum_3 s_t = \sum_{t=2n+1}^{3n} s_t = nK + ab^{2n+1}\left(b^0 + b^1 + \cdots\cdots + b^{n-1}\right) \qquad (7-25)$$

由级数求和，知：

$$\left(b^0 + b^1 + \cdots\cdots + b^{n-1}\right) = \frac{b^n - 1}{b - 1} \qquad (7-26)$$

代入三段求和公式可得：

$$\sum_1 s_t = nK + ab\frac{b^n - 1}{b - 1} \qquad (7-27)$$

$$\sum_2 s_t = nK + ab^{n+1}\frac{b^n - 1}{b - 1} \tag{7-28}$$

$$\sum_3 s_t = nK + ab^{2n+1}\frac{b^n - 1}{b - 1} \tag{7-29}$$

由以上三段公式两两相减可得：

$$\sum_2 s_t - \sum_1 s_t = ab\frac{\left(b^n - 1\right)^2}{b - 1} \tag{7-30}$$

$$\sum_3 s_t - \sum_2 s_t = ab^{n+1}\frac{\left(b^n - 1\right)^2}{b - 1} \tag{7-31}$$

由式（7-31）除以式（7-30），得：

$$b^n = \frac{\sum_3 s_t - \sum_2 s_t}{\sum_2 s_t - \sum_1 s_t} \tag{7-32}$$

同时，可以得到：

$$b = \sqrt[n]{\frac{\sum_3 s_t - \sum_2 s_t}{\sum_2 s_t - \sum_1 s_t}} \tag{7-33}$$

同时，由式（7-30）解得：

$$a = \frac{b - 1}{\left(b^n - 1\right)^2 b}\left(\sum_2 s_t - \sum_1 s_t\right) \tag{7-34}$$

由式（7-27）解得：

$$K = \frac{1}{n}\left(\sum_1 s_t - ab\frac{b^n - 1}{b - 1}\right) \tag{7-35}$$

将式（7-33）、式（7-34）代入式（7-35），可得：

$$K = \frac{1}{n}\left[\frac{\sum_1 s_t \sum_3 s_t - \left(\sum_2 s_t\right)^2}{\sum_1 s_t + \sum_3 s_t - 2\sum_2 s_t}\right] \tag{7-36}$$

根据式（7-33）～式（7-36），结合式（7-20），可求得模型参数公式如下：

$$b = \sqrt[n]{\frac{\sum_3 \ln s_t - \sum_2 \ln s_t}{\sum_2 \ln s_t - \sum_1 \ln s_t}} \tag{7-37}$$

$$a = \frac{b-1}{(b^n-1)^2 b}\left(\sum\nolimits_2 \ln s_t - \sum\nolimits_1 \ln s_t\right)\tag{7-38}$$

$$K = \frac{1}{n}\left[\frac{\sum\nolimits_1 \ln s_t \sum\nolimits_3 \ln s_t - \left(\sum\nolimits_2 \ln s_t\right)^2}{\sum\nolimits_1 \ln s_t + \sum\nolimits_3 \ln s_t - 2\sum\nolimits_2 \ln s_t}\right]\tag{7-39}$$

现以巨型溶洞超厚填筑体 BU1 测点数据进行分析，取 1～350d 的沉降观测数据作为样本拟合多种沉降预测模型，得到预测模型参数，采用 350～382d 的实测数据与各模型预测值对比分析各模型预测精度。根据式（7-37）～式（7-39）估算龚帕斯生长模型参数，同时拟合其余多种预测模型参数，最终五种预测模型的参数结果见表 7-8。

预测模型参数　　　　　　　　　　　表 7-8

拟合模型	拟合参数			拟合公式	相关系数
	a	b	K		
龚帕斯模型	−2.3653	0.9885	5.3583	$s = e^{5.3583 + 2.3653 \times 0.9885^t}$	0.9858
对数模型	97.5933	−371.5262	—	$s = -371.5262 + 97.5933 \ln(t + 42.0266)$	0.9776
双曲线模型	0.5912	0.0031	—	$s = \dfrac{1.625 + (t-1)}{0.5912 + 0.0031(t-1)}$	0.9748
指数曲线模型	224.5318	0.0066	—	$s = 227.0406 - 224.5318 \cdot e^{-0.0066t}$	0.9967
Pearl 曲线模型	13.5294	−0.0230	—	$s = \dfrac{198.3636}{1 + 13.5294 e^{-0.0230t}}$	0.9604

如图 7-17 所示，五种预测曲线与实测曲线均具有很高的相关性，其中指数曲线模型预测精度最高，Pearl 曲线模型预测精度最低，各模型的拟合精度在不同时间段存在差异。从时间线上看，指数曲线模型全程预测精度均较高，对数模型和双曲线模型在前中期的预测值较接近于实测值，而后期的预测值与实测值差距越来越大；龚帕斯生长模型在前期预测值与实测值差距较大，后期预测曲线与实测曲线契合度高，Pearl 曲线模型与实测曲线在各时间段均存在一定偏差。说明龚帕斯生长曲线模型在前期阶段预测效果较差，而后期预测效果良好。

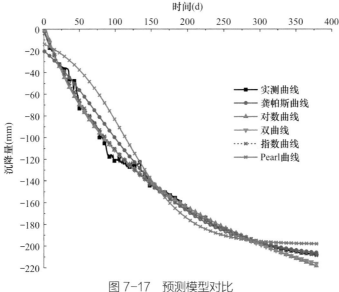

图 7-17　预测模型对比

如图 7-18 所示，五种曲线模型在前期阶段（前 140d）的预测误差较大，但在中后期阶段误差相对较小。龚帕斯生长曲线模型在前期的预测误差较大，但在中后期误差几乎为零，波动幅度非常小。指数曲线模型的预测误差相对较小，在零点附近波动。而其他三种曲线模型自 300d 之后，预测误差率逐渐增大，偏离零线，保持在 4% 左右。

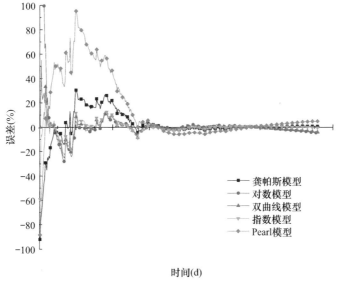

图 7-18　预测模型误差对比

综上所述，相较于其他四种模型，龚帕斯生长曲线模型对于后期沉降的预测精度非常高，且能基本反映填筑体沉降变化规律和发展态势。根据现有实测数据建立的龚帕斯生长曲线模型，对回填体工后剩余沉降进行预测分析，沉降约在5年左右完成，总沉降量约为217mm，计算工后剩余沉降量为10mm，远小于10cm，符合现行企业标准《铁路工程沉降变形观测与评估技术规程》Q/CR 9230的要求。

7.2.5　考虑注浆加固的双指数沉降预测模型

由上述对于不同沉降预测模型的分析可知，不同模型对于本工程回填体表层沉降预测的准确度并不相同，其中以龚帕斯曲线模型和指数曲线模型的预测结果较好。虽然两种模型整体沉降规律的吻合更加显著，但龚帕斯曲线模型和指数曲线模型在沉降初期的拟合效果并不是太理想，分析原因主要是本工程回填体中部分采用了注浆加固措施控制回填体的沉降变形，已有沉降预测模型中均未见对注浆加固后沉降规律影响的研究。本节提出考虑注浆加固控制作用的双指数沉降预测模型，并基于分层沉降数据进行验证分析，以期为注浆加固回填体的沉降预测提供理论依据。

研究发现，注浆加固回填体控制沉降具有显著的效果，有必要对注浆后的回填体沉降预测模型进行深入研究。注浆加固改善回填体沉降变形主要是因为注浆浆液填充了回填体中的空隙，随后凝固形成强度，减少了空隙。这样做使得回填体整体重量增加，达到了预压效果。传统指数法预测模型表达式为：

$$y = a + be^{(-kt)} \tag{7-40}$$

式中：a、b、t 为沉降拟合参数。

考虑到注浆浆液对沉降的控制效果，将传统指数法进行修正，增加注浆加固沉降控制效果部分，修正后的双指数曲线模型如下式：

$$s = A_0 + A_1 e^{-B_1 t} + a A_1 e^{-b B_1 t} \tag{7-41}$$

式中：s 为沉降量；A_0、A_1、B_1 为沉降曲线拟合参数，其中 A_1 代表回填体未采取注浆处理的总沉降量；a、b 为与注浆材料、注浆厚度有关的参数，a 代表了注浆处理对回填体总沉降量的加固效果，取值为 0～1 之间，值越大，说明注浆控制措施越显著，b 代表了注浆处理对回填体沉降时间的控制效果，b 的数值越大，沉降稳定时间越短。

为验证本项目所提出的双指数曲线预测模型的适用性，本节利用现场分层沉降实测数据进行对比分析。分层沉降测点剖面布置如图 7-19 所示，分层沉降数据经整理后可得不同位置处相同厚度回填体注浆处理与未注浆处理的沉降变化规律。

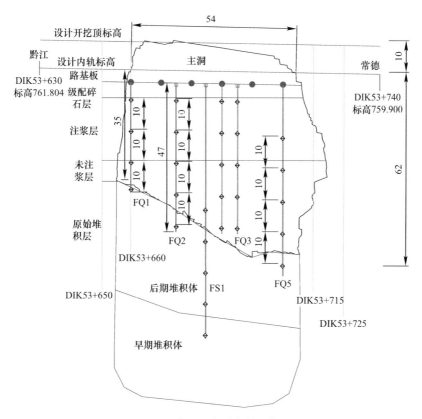

图 7-19　分层沉降测点剖面布置图

1. FQ3 测点回填体沉降预测

由图 7-19 可知，FQ3 在竖直方向上共设置 5 处测点，其中埋深 6～26m 之间属于回填体注浆处理部分，埋深 26～46m 之间属于回填体未采取注浆处理部分。将该测点处 20m 厚的注浆层和未注浆层的回填体压缩量进行提取，如图 7-20 所示。采取注浆处理的回填体实测沉降数据显著小于未采取注浆处理的回填体沉降，并且采取注浆处理后，回填体达到沉降稳定的时间缩短。注浆处理后的回填体沉降量在 150d 后即达到稳定状态，最大值约 18.2mm；而未注浆处理的回填体沉降量在回填完毕的 336d 后仍有少量沉降趋势。由此可见，采取回填体注浆可有效控制回填体的沉降。

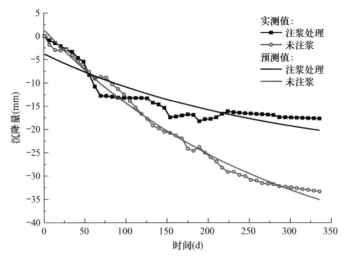

图 7-20　FQ3 测点 20m 厚回填体沉降曲线

基于 FQ3 测点处 20m 厚回填体沉降量观测数据，分别对注浆处理和未注浆处理回填体采用修正后的双指数曲线模型和传统的指数曲线模型进行预测分析。由图 7-20 可知，两种预测模型针对不同回填体均有较好的预测结果，根据本项目提出的双指数曲线模型，可得到注浆加固处理措施相关的两个重要参数指标：$a = 0.55$，$b = 1.00$。其中，a 代表了注浆处理对回填体总沉降量的控制效果，a 取值为 0～1 之间，a 越大，说明注浆控制措施越显著。

2. FQ5 测点回填体沉降预测

由图 7-19 可知，FQ5 在竖直方向上同样设置 5 处测点，其中埋深 18～28m 之间位于回填体注浆处理部分，埋深 28～58m 之间位于回填体未采取注浆处理部分。由于该测点仅 18～28m 段位于注浆处理层，故将该测点处 10m 厚的注浆层和未注浆层的回填体压缩量进行提取对比分析，如图 7-21 所示。由图 7-21 可知，注浆处理部分和未注浆处理部分最大沉降值分别约 12.1mm 和 29.8mm，注浆沉降控制措施使得最终沉降量减少约 59%。同样的，采取注浆处理后，回填体达到沉降稳定的时间缩短。注浆处理后的回填体沉降量在 150d 后即达到稳定状态，而未注浆处理的回填体沉降量在回填完毕的 336d 后仍有少量沉降趋势。

基于 FQ5 测点处 10m 厚回填体沉降量观测数据，分别对注浆处理和未注浆处理回填体采用修正后的双指数曲线模型和传统的指数曲线模型进行预测分析。由图 7-21 可知，两种预测模型针对不同回填体均有较好的预测结果，根据本项目提出的双指数曲线模型，可得到注浆加固处理措施相关的两个重要参数指标：$a=0.63$，$b=1.21$。其中，a 代表了注浆处理对回填体总沉降量的控制效果，根据实测数据的沉降控制效果，与预测结果吻合。b 则代表了注浆沉降稳定时间的控制效果，b 的数值越大，沉降稳定时间越短。

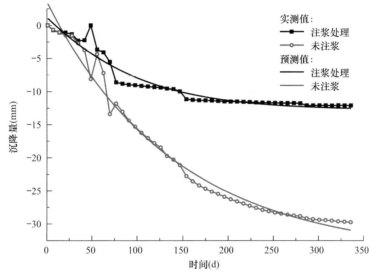

图 7-21　FQ5 测点 10m 厚回填体沉降曲线

　　本节中通过对注浆回填体的沉降机理进行分析，在传统的指数曲线预测模型基础上提出了双指数曲线模型，将注浆控制效果考虑进预测模型中，提出了反映注浆参数的 a、b 两个参数，分别可反映注浆措施对回填体最终沉降量和沉降稳定时间的控制效果。本节通过整理分析分层沉降的部分实测数据，对本项目提出的双指数曲线预测模型进行验证。由分析可知，本项目提出的双指数曲线对于预测注浆处理的回填体沉降具有显著优势。并且，预测模型中与注浆参数有关的变量 a、b 可为类似回填体注浆工程提供可靠的参考依据。

7.2.6　回填体表层沉降预测总结分析

　　采用在线监测和人工监测分别预算回填体最终沉降量，运用了抛物线法、指数曲线法和数值模拟法，经预测计算，纯运营期隧道结构段累计沉降均小于预留净空 500mm，表明回填方式处理溶洞，技术可行、成本合理、沉降可控。沉降预测结果统计见表 7-9。

回填体表层沉降预测结果统计（mm）   表 7-9

监测周期	监测点位	基于在线监测系统数据的沉降预测						基于人工监测点数据的沉降预测						数值模拟
		指数曲线法			抛物线法			指数曲线法			抛物线法			
		BU4	BM2	BD4	BU4	BM2	BD4	2-2	3-2	4-2	2-2	3-2	4-2	中线685
施工期沉降	级配碎石层	61.3	61.3	61.3	61.3	61.3	61.3	—	—	—	—	—	—	89.7
	注浆	-86.1	—	-86.4	-79.6	—	-83.3	—	—	—	—	—	—	109.6
	路基板	-134.5	—	-126.7	-132.1	—	-129.0	—	—	—	—	—	—	135.9
	边墙	-158.9	-149.1	-146.4	-152.3	-161.8	-147.1	23.7	23.7	23.7	23.3	24	18.4	145.8
	衬砌	-208.8	-222.2	-184.6	-193.3	-221.4	-184.0	56.4	56.4	56.4	63.6	64.7	46.2	182.7
运营期沉降	1 年	-17.0	-20.5	-12.1	-16.7	-42.6	-15.1	0.21	0.5	2.73	20.8	21	14.2	82.8
	5 年	-53.2	-50.2	-34.4	-141.9	-139.1	-129.3	2.3	7.8	13.7	85.8	86.7	58.3	310.2
	10 年	-53.2	-50.2	-34.4	-206.0	-188.3	-188.1	6.1	19.1	25.0	119.5	120.8	81	322.1
	50 年	-53.2	-50.2	-34.4	-387.0	-326.7	-354.6	14.3	23.0	34.3	210.9	213.2	142.5	322.4
	100 年	-53.2	-50.2	-34.4	-474.4	-393.4	-435.3	14.3	31.2	41.2	256	258.7	172.8	322.4

预测结果

基于在线监测系统数据的沉降预测：主洞中线 BM2 测点的表层沉降在运营 100 年后预测总沉降量将达到 393.4m；主线大边墙右侧（主裂隙侧）测点 BD4 表层沉降在运营 100 年后预测总沉降量将达到 435.3m；主线大边墙左侧（平导侧）测点 BU4 表层沉降总沉降量预测总沉降量将达到 474.4mm。

基于人工监测点数据的沉降预测：主洞中线测点 2-2 在运营 100 年后预测总沉降量将达到 256mm；主洞中线测点 3-2 在运营 100 年后预测总沉降量将达到 258.7mm；主洞中线测点 4-2 在运营 100 年后预测总沉降量将达到 172.8mm。

数值模拟：满足沉降要求

备注

工后沉降满足预留净空 500mm 的要求

7.3　底部堆积体分层沉降预测分析

根据表层沉降监测分析及规范相关规定，巨型溶洞底部堆积体表层沉降曲线可采用抛物线法和指数曲线法进行拟合，以拟合曲线公式来预测堆积体表层沉降。底部堆积体分层沉降预测取表层测点 BD6 和分层测点 FQ5 通道 24（埋深 28m）之间的差值作为底部堆积体沉降预测基础值。

7.3.1　抛物线法预测

采用 Origin 软件拟合沉降曲线如图 7-22 所示，经拟合获得曲线公式见式（7-42），曲线拟合度 $R = 0.93$，符合现行企业标准《铁路工程沉降变形观测与评估技术规程》Q/CR 9230 关于拟合度不低于 0.92 的要求，可以进行沉降预测。

$$S = -8.64(\lg t)^2 + 13.57\lg t - 5.24 \qquad (7-42)$$

7.3.2　指数曲线法预测

采用 Origin 软件拟合沉降曲线如图 7-23 所示，经拟合获得曲线公式见式（7-43），曲线拟合度 $R = 0.97$，符合现行企业标准《铁路工程沉降变形观测与评估技术规程》Q/CR 9230 关于拟合度不低于 0.92 的要求，可以进行沉降预测。

$$S = -26.78 + 53.08e^{-0.0115t} \qquad (7-43)$$

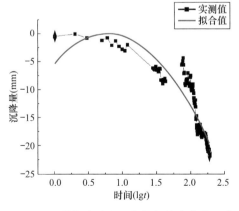

图 7-22　抛物线法实测曲线与拟合曲线对比

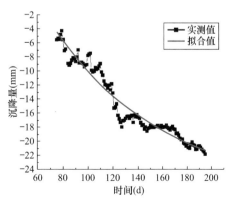

图 7-23　指数曲线法实测曲线与拟合曲线对比

将抛物线法和指数曲线法预测结果列于表 7-10 中,通过预测结果可以发现,两种预测方法得到的后期沉降量差距较大,采用指数曲线预测法时收敛很快,预测值很小,取较大的抛物线法预测值。堆积体在 100 年后预测总沉降量将达到 100.79mm。

底部堆积体沉降预测结果 表 7-10

时间(d)		抛物线法预测值(mm)	指数曲线法预测值(mm)	备注
施工期	50	7.12	—	—
	100	12.66	9.97	—
	150	47.82	43.16	—
	200	19.76	21.46	—
	250	22.38	23.79	—
运营期	365	4.81	2.19	说明底部堆积体沉降逐渐趋于稳定,隧道运营对堆积体继续沉降影响较小
	1825	30.50	2.99	
	3650	44.16	2.99	
	18250	81.92	2.99	
	36500	100.79	2.99	

第8章 巨型溶洞超厚回填体沉降控制技术研究

高速铁路路基在填筑层厚度大、填筑施工时间短的条件下，往往会导致回填体自身沉降无法在短时间内完成。这可能会使得运营期车辆动荷载引起的工后沉降较大，危及隧道结构或造成线路不平顺，影响铁路的安全运营。为了降低这种风险，需要采取措施控制回填体的沉降量，减少或加速沉降，以降低工后沉降对铁路运行的影响。

8.1 施工期沉降预防技术研究

本节采用了分层回填、注浆减沉和堆载预压等技术措施减少或加速沉降，以降低工后沉降对高速铁路运行的影响。

8.1.1 溶洞分层填筑技术

1. 溶洞分区回填

溶洞 750.000m 高程以下线路右侧主通道按 1：1.5 放坡回填，坡面线左侧采用加工洞砟回填，坡面线右侧采用普通洞砟回填。溶洞回填自上而下分为三个区，分别为加工洞砟回填区（未注浆加固部分）、加工洞砟填筑＋注浆加固区（注浆加固部分）和普通洞砟回填区。回填材料技术参数见表 8-1。

750.000m 高程以下回填材料技术参数表　　　　　表 8-1

项目名称	位置	材料	粒径	不均匀系数	曲率系数	细粒土含量	地基系数 $[K30]$	孔隙率 n
加工洞砟回填区	730.000m 高程以下	加工洞砟	≤ 300mm	$C_U \geq 5$	$C_c = 1 \sim 3$	＜ 10%	≥ 110MPa/m	$n < 31\%$
加工洞砟填筑＋注浆加固区	730.000～750.000m 高程	加工洞砟	≤ 200mm	$C_U \geq 5$	$C_c = 1 \sim 3$	—	≥ 120MPa/m	$n < 28\%$

730.000m 高程以下回填利用施工支洞（L=295m）作为施工通道进行回填，施工支洞进口位于 PK53+800，出口位于溶洞左侧侧壁 730.000m 高程处，双车道布置。730.000m 高程以上利用隧道 DIK53+722、DIK53+645 与溶洞交界口；平导 PK53+678 与溶洞交界口；通道 PK53+620 四个工作面进行回填。回填分层分区情况如图 8-1 所示。

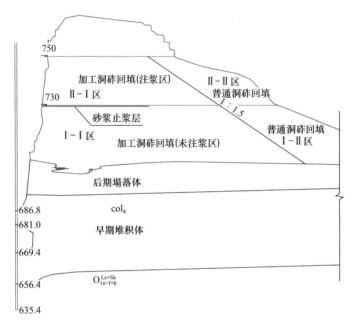

图 8-1　溶洞分层分区回填示意图

730.000m 高程以下回填利用施工支洞（L=295m）作为施工通道运入溶洞底部进行分层回填，施工支洞进口位于平导 PK53+800，出口位于溶洞左侧侧壁730.000m 高程处，双车道布置，期间每填筑 3～5m 采用碾压设备摊平碾压一次。730.000～750.000m 高程利用隧道 DIK53+722、DIK53+645 与溶洞交界口、平导 PK53+678 与溶洞交界口和通道 PK53+620 四个工作面进行抛填，期间每抛填5～8m 厚度摊平碾压一次。图 8-1 中回填顶面（750.000m 高程）加工洞砟回填右侧边线位于隧道中线右侧 26.21m 处，Ⅰ－Ⅰ区以隧道中心线为基准控制加工洞砟回填范围，按照隧道中线右侧 26.12m 宽度放坡进行控制。Ⅰ－Ⅱ区采用普通洞砟回填。730.000m 高程Ⅰ－Ⅰ、Ⅰ－Ⅱ区回填完成后进行整平碾压，并施工砂浆止浆层。750.000m 高程回填完成后施工止浆，然后对Ⅱ－Ⅰ区进行注浆加固。

2. 摊铺与碾压技术

（1）摊铺：级配料摊铺采用人工配合装载机完成，摊铺厚度为 30cm，级配碎石粗平采用装载机，精平采用人工挂线平整，平整时根据定好标高的网格线找出线路纵坡及横坡。

（2）碾压：采用 YZ-20 振动压路机先稳压一遍（一来一返为一遍），然后微振一遍，再重振两遍，最后采用光三轮静压一遍，直至表面没有轮迹。混合料经摊铺与整型后，立即在级配碎石垫层全宽范围内进行碾压。横坡度及平整度合格且含水量接近最佳含水量时，应立即进行碾压，碾压长度以 50～80m 为宜，碾压段落层次分明，设有明显的分界标志并连续碾压，坚持遵循初压和终压均采用静压的原则，以减小变形和提高表层密实度、平整度。碾压过程中，级配碎石的表面始终保持潮湿，当混合料的含水量在最佳含水量（-0.5%～1%）时进行碾压。如表面水蒸发得快，需要及时喷洒少量的水，以混合料表面润湿为准。

（3）压路机在施工面行走时不调头，不急刹车，防止混合料滑移或形成裂缝、松散。碾压时现场进行压实度与地基系数 K_{30} 的跟踪检测，应满足地基系数 $K_{30} \geqslant 190 \text{MPa} / \text{m}$，压实系数 $K \geqslant 0.97$。

8.1.2　堆载预压降低工后沉降技术

1. 堆载预压技术

常规预压技术是采用土料、块石、砂料等材料堆砌于填筑路基表面，作为预压荷载使填筑体提前固结、沉降，从而提高填筑路基的力学性能（变形、强度和稳定性）。其加固原理根据 Terzaghi 有效应力原理可解释为：预压荷载施加时，先由填筑体内部孔隙水承担，使填筑体内产生超孔隙水压力，形成孔压差促使孔隙水快速排出，内部填石颗粒间的有效应力逐渐提高，竖向产生压缩变形，水平向产生挤出变形，从而达到加固填筑路基，减小工后沉降的目的。

由于高山隧道溶洞深度大，回填体填筑厚度大，填筑完成后，填筑体表面离溶洞顶板距离小，剩余空间限制了石料堆砌高度，进而限制了堆料所能提供的预压荷载大小，况且大部分隧道弃砟已用于回填溶洞，山区石料运输难度大、成本高，溶洞环境及施工条件不足以支撑常规堆载技术的实施。为此，提出一种适用于大型岩溶空间填筑路基的堆载预压技术，此技术利用溶洞稳定顶板，在顶板与路基板间按棋盘式均匀布置钢管柱，钢管柱顶部安装千斤顶等构件，以溶洞顶板为千斤顶支撑后座，通过智能操控系统控制千斤顶施加顶力，通过钢管柱传递荷载至路基板表面，对路基板下回填体施加预压荷载，达到加快填筑路基沉降，提高其力学性能的目的，如图 8-2 所示。此技术可用于类似穿越大型岩溶空间的路基回填型隧道。

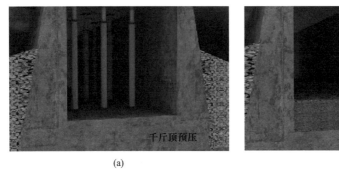

千斤顶预压

堆载预压

(a)   (b)

图 8-2　堆载预压技术实施

（a）千斤顶预压示意图；（b）堆载预压示意图

2. 堆载预压系统

堆载预压系统整体布置如图 8-3 所示，在隧道结构初支和二衬封顶前，通过钢管立柱、千斤顶等构件建立预压系统，钢管立柱布置在回填体表层路基混凝土板上，其上安装千斤顶，千斤顶上加装有作动器，从而实现振动预压，模拟高速列车振动荷载对地基的扰动沉降；千斤顶支撑在溶洞顶板上，通过千斤顶加载获得预压反力，由此对溶洞内回填地基进行预压加固，加速沉降。预压系统连接完成后，从灌砂口向钢管立柱内灌注细砂，以增强立柱稳定性，提升立柱整体刚度，方便千斤顶预压；预压后打开排砂口放出细砂，可方便回收钢管。预压系统通过千斤顶以溶洞顶板为稳定支撑获得预压反力。因而要求大型溶洞在长期发育过程中形成了稳定顶板或在施工过程中形成了人工稳定顶板，在路基回填到适宜高度后进行预压。

3. 技术优越性

这种基于顶板稳定隧道的地基预压方式，不仅能在有限的空间内准确达到预压荷载设计值，而且能依据现场需求提供多种预压加载形式，实现精准、高效、多样加载。各个立柱所有的千斤顶统一由一个控制系统进行控制，既可以同时加载，又可以分步、分级加载；既可以等压力加载，也可以不等压力加载。加载时可以将预压加载与沉降数据结合，沉降小的地方采用大加载压力，沉降大的地方采用小压力加载；做到按需预压，从而调节路基板的不均匀沉降，使路基板整体沉降满足使用要求，各部分沉降变化为相同结果。

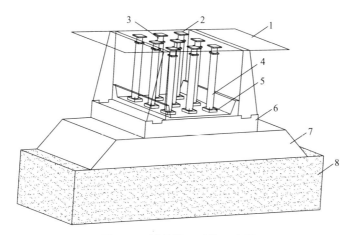

图 8-3　堆载预压系统示意图

1—稳定顶板；2—垫块；3—千斤顶；4—钢管立柱；5—预压载荷板；6—路基板；
7—掺水泥的级配碎石层；8—回填体

8.2　洞砟回填体上部注浆减沉技术研究

高山隧道巨型溶洞回填厚度大，洞砟回填时采用抛填的方式进行，回填洞砟未经分层压实，为避免沉降过大或不均匀沉降对上部隧道结构物产生的不利影响，需要对回填体上部洞砟进行注浆加固，以提高回填体整体稳定性，减小沉降。

8.2.1　设计依据

溶洞体量巨大，已探测到空间超过 100 万 m^3，填筑空间将近 50 万 m^3，按照 30% 孔隙率预算，回填体全部注浆的浆液量要达到 15 万 m^3，浆液量过大。填筑过程中，回填体下部受上部回填体及其他荷载压实，较为密实，工后沉降以蠕变沉降为主，沉降量小，而上部回填体受荷载小，压实率低，存在较多孔隙，如若不处理，工后压密沉降较大，对隧道运营影响大；同时，运营后列车在动荷载扰动作用下上部回填体孔隙也会出现压密，同样造成较大工后沉降。因此，可以采用回填体上部注浆代替全部注浆，注浆范围为隧道主洞两侧沉降影响区，处在厅堂状廊道内。高山隧道巨型溶洞为多分支溶洞，仅厅堂状廊道填筑体积就达到 35 万 m³，为保证注浆量和注浆效果，应将浆液控制在厅堂状廊道的一定平面范围内，为达到控制范围内注浆，还应采用措施构筑周边浆液封堵区，防止浆液流失。

8.2.2　设计内容

基于设计依据，将注浆范围设计为 DIK53+645～DIK53+725 段硬质岩加工洞砟回填体，回填洞砟上部 20m 厚度（即 730.000～750.000m 高程）进行注浆加固，注浆区域设计如图 8-4 所示。垂直于线路方向至边墙外侧 21m，不足 21m 时至洞壁。为约束浆液扩散，在洞砟回填过程中设置两道止浆层。回填至 730.000m 高程时施工 50cm 厚 M10 水泥砂浆止浆层；在洞砟回填面 750.000m 高程，隧道中线两侧各 25m 范围内施工 40cm 厚 C20 钢筋混凝土止浆层。

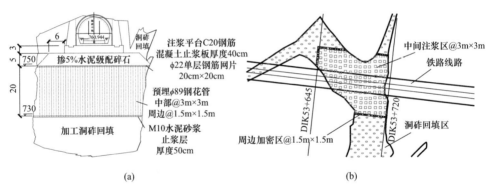

图 8-4　注浆区域设计

（a）深度范围；（b）平面范围

注浆孔正常间距为 3m×3m，注浆区周边 3m 为加密区，间距为 1.5m×1.5m。注浆钻孔直径 110mm，注浆管采用 φ89 钢花管。注浆范围内周边 3m 采用水泥—水玻璃双液浆，水泥浆水灰比为 0.6～0.8，水泥浆与水玻璃体积比为 1：0.3～1：0.4，凝胶时间控制在 5min 内；中间注浆区采用普通水泥单液浆，水灰比为 0.6～0.8。

注浆顺序为先周边、后中间，跳孔分序进行，注浆分两序孔进行，一序孔为单号注浆孔，二序孔为双号注浆孔。单号注浆孔结束标准按照注浆量进行控制，即达到注浆量后结束注浆；双号注浆孔结束标准按照注浆压力进行控制，即达到注浆压力后结束注浆，不受注浆量约束。二序孔进行定压注浆，从而提高注浆加固密实度，注浆终压 0.5～1MPa，注浆速度 10～100L/min。注浆设备系统包括高速水泥浆拌合机、集料桶、高流量注浆泵、流量计、压力表、自动记录仪等，如图 8-5 所示。

一序孔注浆量按照公式（8-1）计算：

$$Q = \pi R^2 h \cdot n \cdot \alpha \cdot (1 + \beta) \tag{8-1}$$

式中：Q 为总注浆量（m^3）；R 为浆液扩散半径（m），取 1.5m；h 为注浆分段深度（m）；n 为地层空隙率，取 0.3；α 为地层浆液填充率（%），取 90%；β 为浆液损失率（%），取 20%。

注浆深度为 20m，带入公式（8-1），可得单孔注浆量为 45.8m^3，按照设计注浆平面估算，总注浆量约为 7700m^3。

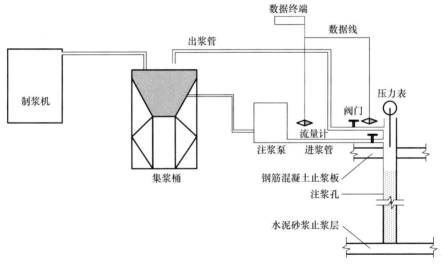

图 8-5　注浆设备系统图

8.2.3　注浆效果数值模拟分析

利用有限元分析软件 MIDAS/GTS 建立超厚回填体数值计算模型，分析回填洞砟上部有无注浆对工后沉降的影响，验证回填体上部注浆作用。

选取线路里程 DK53+660～DK53+710 区段进行模拟，建立隧道—路基三维计算分析模型。其中路基部分模拟范围为隧道中心线两侧各 50m、隧道底板以下 90m，根据实际充填材料划分溶腔区域，建立溶洞填充模型如图 8-6 所示，进一步建立隧道—路基三维有限元数值计算模型如图 8-7 所示。以有无回填体上部注浆和工后静动荷载作用为变量，考察工程结束后隧道路面沉降量，材料参数见表 8-2。

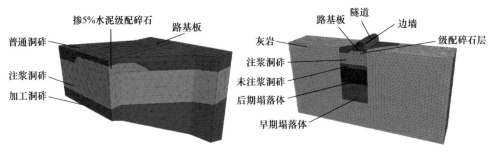

图 8-6　溶洞填充模型示意图　　　　图 8-7　隧道—路基三维有限元数值计算模型

材料参数　　　　　　　　　　　　　　　表 8-2

材料类型	弹性模量 E（MPa）	泊松比 υ	黏聚力 C（MPa）	内摩擦角 ϕ（°）	重度 γ（kN/m³）
级配碎石（掺 5% 水泥）	1800	0.2	—	—	21.5
注浆洞砟	1300	0.2	0.1	40	20
未注浆洞砟	150	0.25	0	36	19
后期塌落体	100	0.3	0	36	17
早期堆积体	130	0.25	0	38	19
灰岩	25000	0.2	—	—	26

1. 静载作用下工后沉降分析

通过模拟可以看出，采用相同回填方式和施工步序，没有回填体上部注浆时，工后隧道路面沉降达到 286mm；有回填体上部注浆时，工后隧道路面沉降为 208mm。回填体上部注浆作用下工后沉降减少 78mm，减沉效果明显，两种模型的沉降变形如图 8-8 所示。注浆在充填碎石孔隙提高整体稳定性的基础上，也作为新增荷载，对下部回填体起到了堆载预压作用。

2. 列车动载作用下工后沉降分析

模拟列车为和谐号 CRH380AL 型列车，轴重 150kN，列车总长 403m，车速 200km/h，双向行驶。取一趟列车经过后，隧道路面沉降和列车动应力传递过程为考察对象。

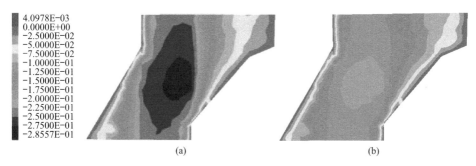

图 8-8　两种模型的沉降变形云图
（a）未注浆；（b）注浆后

动荷载作用下节点下部最大竖向变形量随深度增大逐渐减小。上部道砟层
（−0.8～0m）竖向变形最为明显，该层顶部变形量达到约 0.581mm；隧道结构层
及钢筋混凝土路基板层（−5.7～−0.8m）则表现为整体竖向变形，层间几乎无压
缩；掺 5% 水泥级配碎石层内最大竖向变形量继续随深度增加呈下降趋势，至洞
砟注浆层底面（−30m 处衰减为约 0.015mm）。

以时速 200km/h 为例，列车动应力至路基板底面衰减近 94%，至洞砟注浆层
底面已趋近于 0，如图 8-9 所示。可见，动应力沿深度方向衰减很快，由于 3m 厚
钢筋混凝土路基板和 20m 厚注浆层的
隔振作用，列车运行时动荷载对于溶
洞下部回填体几乎不会产生影响。

动荷载下超厚回填体沉降数值模
拟分析表明，回填洞砟上部注浆合
理，工后沉降满足设计要求。

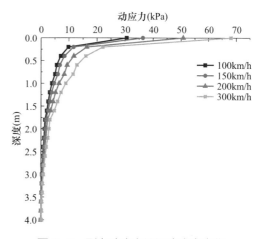

图 8-9　列车动应力沿深度方向变化

8.2.4　注浆减沉技术实施

1. 注浆实施方案

注浆过程主要分为准备阶段和实
施阶段，具体过程如下：

（1）准备阶段

准备阶段包括：730.000m 高程止浆板施工、洞砟填筑和 750.000m 高程止浆
板施工。为约束浆液扩散，在洞砟回填过程中设置两道止浆层。两层止浆板施工
如图 8-10 所示。

(a)　　　　　　　　　　　　　　　(b)

图 8-10　钢筋混凝土两层止浆板施工

（a）730.000m 高程止浆板施工；（b）750.000m 高程止浆板施工

（2）实施阶段

实施阶段包括：放线确定注浆范围→钻孔→下注浆管→制备浆液→周边孔注浆→中间孔注浆→注浆质量检测修复→注浆结束。

1）钻孔

考虑到回填体松散且粒径不均匀，钻孔成孔困难，为避免塌孔、卡钻，同时为保证注浆效果，钻孔前根据设计孔位测量放线定点，钻孔采用地质取芯钻机跟管施工，钻孔直径为 110mm，钻孔时采用水平尺对钻机进行水平校正和垂直校正，保证垂直度偏差小于 1%，钻至孔底注意不要破坏水泥砂浆止浆层。跟管钻孔达到设计标高后，插入注浆钢花管，然后通过钻孔台架上的手拉倒链分节拔出钢套管，并做好孔口的保护，钻孔作业如图 8-11 所示。

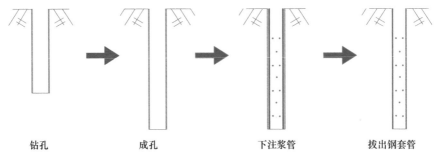

钻孔　　　　　成孔　　　　下注浆管　　　拔出钢套管

图 8-11　钻孔作业

2）注浆

在注浆工程中，浆液的制备和使用需要严格控制各项参数以确保注浆效果。首先，制备浆液采用重量法称量固相材料，水采用水尺量取，水泥按袋计量，加料误差应小于 5%。浆液制备过程中必须搅拌均匀，采用高速搅拌制浆机，搅拌时间不少于 30s。制备好的浆液应尽快存入集浆桶中，存储时间不得超过 4h，且温度应保持在 5～40℃之间。

注浆时，按照先外排、后中间、跳孔分序的顺序进行注浆。首先对周边加密区范围内的注浆孔进行注浆。注浆泵从集浆桶中将制备好的水泥浆液通过进浆管注入注浆孔中，并通过流量计来测量和控制注浆速度，同时在注浆孔上方安装压力计来测量注浆压力。

注浆控制采用定量和定压相结合的原则：一序孔进行定量注浆，以提高扩散范围；二序孔进行定压注浆，提高注浆加固密实度。注浆终压控制在 0.5～1MPa，注浆速度为 10～100L/min。周边孔注浆完成后，可进行中间孔注浆。在所有孔进行注浆且无漏浆现象后，一序孔达到设计注浆量、二序孔达到设计注浆终压时，注浆速度不得大于 5～10L/min，即可结束注浆工作（图 8-12）。

(a)　　　　　　　　　　　(b)

(c)

图 8-12　注浆加固施工过程

（a）注浆泵；（b）注浆孔；（c）注浆加固现场布置

2. 注浆缺陷原因分析及解决方案

（1）缺陷原因分析

注浆是提高回填体整体性、减少工后沉降的重要工艺，注浆质量优劣直接关系到工后沉降的发展，严格的工后沉降要求有较高的注浆合格率。规范要求注浆结束后采用取芯法验证注浆效果，钻孔结石率不小于90%。而现场注浆工艺性试验的检查结果显示结石率为80.7%。施工现场在注浆完成后进行取芯验证及基础承载力试验来验证注浆质量，各注浆缺陷频率见表8-3。

各注浆缺陷频率表 表8-3

序号	缺陷类别	不合格点数	占总数频率（%）	累计（%）
1	空洞	46	76.7	76.7
2	基础承载力低	8	13.3	90.0
3	注浆深度小	3	5	95.0
4	其他	3	5	100
5	合计	60	100	—

由表8-3可以看出，累计缺陷60处，其中空洞缺陷46处，占总数的76.7%，是最主要的缺陷问题。为了进一步把握问题现状，找出问题症结，将注浆范围分为不同注浆区域，其中周边区域宽度3m，次周边区域宽度6m，如图8-13所示。对注浆空洞缺陷按照不同区域边线的距离进行分区统计见表8-4，可以看出周边区域"注浆空洞"缺陷发生41次，占总缺陷数的89.1%。

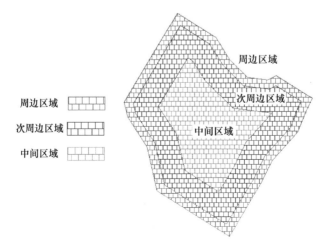

图8-13 注浆范围分区示意图

注浆空洞分区统计表　　　　　　　　　　表8-4

序号	空洞位置	空洞点数	占比（%）	累计频率（%）
1	周边区域	41	89.1	89.1
2	次周边区域	4	8.7	97.8
3	中间区域	1	2.2	100.0

通过表8-4可以发现空洞主要出现在周边注浆区域，由此可以得出影响注浆合格率的主要缺陷为"周边区域空洞"，针对注浆施工过程深入分析，找出了造成周边孔注浆空洞的10条末端因素，缺陷因果图如图8-14所示。通过逐一要因确认发现，周边止浆墙成型差是造成缺陷的最主要原因，周边止浆墙之所以成型差，是因为注浆区的开敞范围较大，如图8-15所示，隧道主洞左侧［图8-15（a）］至洞壁存在较大距离，注浆液凝固不及时将会向外扩散，导致空洞出现，而隧道主洞右侧［图8-15（b）］为主溶蚀通道开口区，跑浆量更大，更难形成封闭止浆墙。

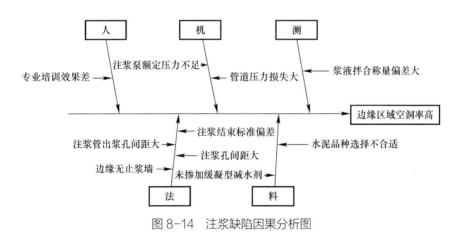

图8-14　注浆缺陷因果分析图

（2）注浆缺陷解决方案

针对"周边止浆墙成型差"提出区域周边浇筑混凝土止浆墙和区域周边注浆形成止浆墙两种解决方案。因注浆深度较大，回填体均为洞砟回填，较小尺寸开挖难以实现，经分析讨论最终选择区域周边注浆形成止浆墙的方案，并制定了四条解决措施：

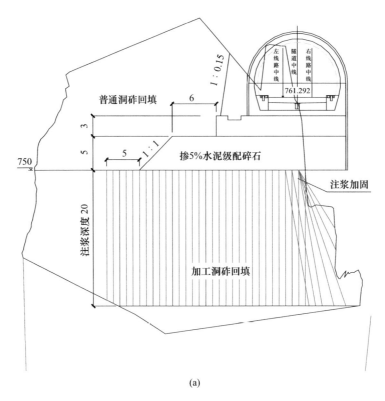

(a)

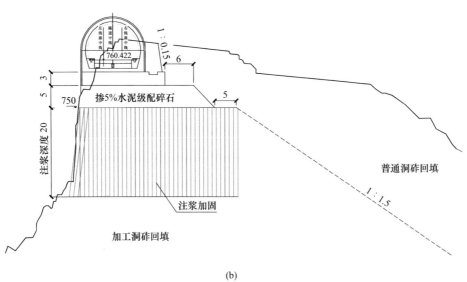

(b)

图 8-15 溶洞注浆分断面设计图

（a）DIK53+660 断面；（b）DIK53+710 断面

1）改进注浆浆液类型，加快浆液凝固，减少扩散

普通水泥单液浆凝固时间在 50min，较长的凝固时间意味着较大的扩散半径，加快浆液凝固速度，减少浆液扩散即可用较少的浆液更快更好地形成止浆墙。现将注浆材料由水泥单液浆优化为水泥—水玻璃双液浆，水玻璃可促使水泥早凝，避免沉淀、析水、保证浆液的和易性、可注性，这样可以加快浆液凝固速度，减少浆液流失。根据浆液配合比试验确定水玻璃：水泥（体积比）=0.6∶1时，水泥—水玻璃双液浆后浆液初凝时间均在 5min 以内，这样不仅使浆液的凝固时间缩短而且水玻璃的用量也大大减少。

2）优化注浆工艺，多次注浆形成止浆墙

传统的钢花管注浆工艺在一次注浆后钢花管将被注浆浆液填满，不能进行二次注浆，若再次注浆则必须重新钻孔。袖阀管注浆工艺通过孔内封闭泥浆、单向密封阀管、注浆芯管上的上下双向密封装置减小了不同注浆段之间的相互干扰，降低了注浆时冒浆、串浆的可能性，能较好地控制注浆范围和注浆压力，而且还可进行同一注浆段的重复注浆；现场止浆墙注浆孔深 20m，单孔袖阀管注浆分三次进行，首次按照每注浆段 50m³ 浆液定量注入；第二次注浆每段注浆量达到 5m³ 或注浆压力达到 0.5MPa 停止注浆；第三次注浆注浆压力达到 1MPa 且注浆速度不大于 10L/min 时说明周围密实，即可结束注浆。

3）优化注浆流程，多孔同时注浆减少浆液流失

由于回填体为加工回填洞砟，回填体内部孔隙较大，注浆所用时间过长将会导致浆液扩散流失过多，影响注浆效果。针对回填体孔隙大的问题，采用多孔同时注浆的方法，这样可以使浆液在短时间内充满孔隙，减少浆液扩散流失。多孔注浆除了增加注浆机的数量外，工程现场还改装制作了一种用于多孔同时注浆的新型注浆装置；新型注浆装置包括一个注浆泵，注浆泵连接一个主注浆管，一个主注浆管连接三个分流管，每个分流管再连接 3 个小分流管，实现 9 孔同时注浆，将一个注浆泵的作用发挥到最大。

4）改进袖阀管出浆口布置，定向注浆

在回填体注浆加固时止浆墙的作用是为了围住注浆区域，防止浆液向外扩散，所以止浆墙并不需要做的太厚，只需要将中间注浆孔的浆液约束在注浆范围内即可。传统的袖阀管出浆孔是朝向各个方向的，这样就会导致注浆时厚度方向的浆液过多，影响止浆墙的施工速度。根据现场需要，将传统袖阀管进行改进，取消厚度方向出浆孔，只保留长度方向出浆孔，厚度方向只靠浆液扩散即可满足

止浆墙需要，这样可以提高止浆墙形成的速度和质量，加快施工进度。

3. 注浆效果检验

采用地质雷达及取芯法同时进行验证。取芯孔数按不小于注浆孔数的 5% 进行钻孔检查。结合地质雷达数据分析及芯样浆液充填情况直观判断注浆效果。检查注浆存在盲区或不饱满时应进行补浆。按照上述解决方案施工后即可进行工程效果检查，工程现场采取钻芯取样的方法重新进行检查，要求取芯孔数不小于注浆孔数的 5%。项目共检查 210 点，合格 195 点，合格率为 92.9%，钻孔结石率超过规范要求的 90%。现场的工程效果证明采取上述解决方案是可行的。

8.3 工后沉降控制与沉降超限处理技术研究

8.3.1 现有工后沉降控制技术

根据国家所制定的相关标准规定，无砟轨道路基工后沉降量不得大于 30mm，任何路基地段在长度为 20m 的范围内，其均匀沉降量必须保持在 20~30m 这个范围内，因沉降差异所带来的路桥与错台、错台与路隧过渡段之间的差异沉降不得超过 5mm，任意两段路基因沉降所形成的折角不得超过 1/1000；若进行路基工后沉降计算，发现与设计标准不一致，则必须采取相应措施控制工后沉降。现有沉降控制技术大体可以概括为以下几个方面：

（1）严格控制标准。对路基的工后沉降采取严格的控制标准。

（2）采取有效的地基处理方法。采用强夯、换填、注浆以及复合地基等方法减小路基的沉降。

（3）提高路基填筑的质量标准。提高路基基底、填料和压实标准的要求，采用级配碎石基床表层等结构形式，对填料采用多项指标综合控制。

（4）运用动态监测手段。在施工过程中埋设监测元件，对其变形情况进行监测，采取有效措施来保证路基工后沉降控制的有效性。

（5）采用堆载预压等手段。增加放置时间，以时间换空间。

（6）以桥代路。路基的比例大幅减少，路桥等不同结构物间设置过渡段。

8.3.2 路基板下注浆减沉技术

混凝土路基板相对于回填材料刚度大，回填体沉降产生后，易造成混凝土路基板底脱空，严重时会导致路基板出现倾斜、裂缝甚至破坏，影响行车安全。工程上对于检测混凝土路基板的板底脱空一直没有很好的办法，现有的板底脱空检测主要有弯沉仪法和探地雷达法，这些方法对于板底脱空不能做到及时发现。现有的板底脱空处理，路面较好的路段可以进行压浆处置和局部换新板，路面较差则必须对原路基板进行破碎而后用水泥进行稳固，这些方法都会对路面正常行车造成很大影响。

1. 技术原理

路基板下注浆减沉技术可以有效地解决上述问题，首先在路基板施工时预先建立沉降监测系统，通过监测系统实时监测回填路基板下的脱空变化，当发现板底脱空时，控制系统根据监测结果发现合适的注浆时机，控制注浆减沉系统通过预留在路基板上的注浆孔结合多孔同时注浆的施工工艺快速完成板底注浆减沉，将很大限度地解决路基板脱空引起的结构病害以及路基板不均匀沉降问题，保证行车安全。

2. 系统简介

路基板下注浆减沉系统由监测系统、注浆减沉系统以及控制装置组成。路基板下注浆减沉系统如图 8-16 所示，通过预留注浆孔进行注浆，不会破坏原有路基，通过及时注浆也可以免除路基板局部换新，缩短施工成本的时间，对行车影响较小。在注浆后，不影响沉降监测的继续实施，将第一个板去掉，并做出相应的处理。

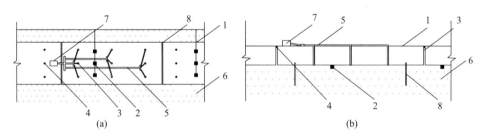

图 8-16　路基板下注浆减沉系统示意图

（a）俯视图；（b）侧视图

1—路基板；2—离层监测传感器；3—注浆孔；4—钢盖板；5—注浆管；6—地基；7—注浆泵；8—止浆板

监测系统包括垂直设置的测杆，沿所述测杆的竖直方向，设有多个离层感知元件，离层感知元件与采集模块、传输模块和数据分析模块相连，共同构成实时在线监测系统；并在路基板下表层受力钢筋上布置钢筋应力计，钢筋应力计也接入在线检测系统。

考虑到路基板的变形状态，监测元件沿路基板横向可布置在路基板横剖面下边线与地基之间距离的 1/4、1/2 和 3/4 处，沿路基板纵向布置应间隔合适的距离，形成多条监测线，监测混凝土板与回填路基的离层；并在相同位置的路基混凝土板下表层受力钢筋上安装钢筋应力计，监测钢筋拉应力；当监测到离层接近超限或钢筋拉应力接近超限时即发出预警，为注浆减沉做准备。

注浆减沉系统，包括注浆装置、预留在路基中的注浆孔和止浆板，止浆板设置在路基板分段处；注浆孔分布在相邻的止浆板之间，在监测系统监测到路基的脱空达到一定程度后，控制系统控制注浆装置通过注浆孔向路基板底部注浆。

在路基中预留的注浆孔内安装注浆管，为了保证注浆的速度和开孔过多影响路基板的强度，每个纵断面预留 3 个注浆孔；考虑到注浆孔直径过小注浆孔容易发生堵塞，孔径过大会削弱路基板的强度，孔径可取 30～50mm，每个注浆孔内设置一个注浆管。在预留注浆孔孔口设钢盖板，盖板不高出路基板地面，不得影响正常行车；注浆时将钢盖板打开，注浆后将孔内水泥浆清除，然后封孔。注浆前后如图 8-17 所示。

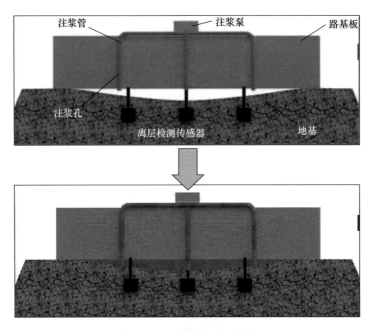

图 8-17　注浆前后示意图

为保证注浆质量，相邻的两个止浆板之间以设置 3 个注浆断面为宜，止浆板下部插入到回填体内，上部与路基板底部浇筑在一起，注浆时可防止浆液外溢同时保证注浆压力。注浆时注浆泵连接一个主注浆管，一个主注浆管连接三个分流管，每个分流管再连接 3 个小分流管，如图 8-18 所示，9 孔应同时注浆。

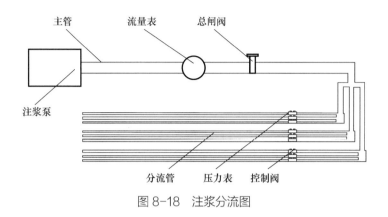

图 8-18 　注浆分流图

本系统将监测和注浆组合在一起，且注浆和监测并不是独立存在的两个工序，两者之间是互相关联的，注浆装置基于监测结果进行注浆，且在注浆过程中，监测元件又实时地监测注浆位置，进而以解决路基板结构受脱空影响引起挠度过大而产生的开裂问题及路基板不均匀沉降引起的行车安全等问题。本系统依据合理的回填路基板下脱空监测和钢筋应力监测，可以及时发现板下离层超限（即脱空超限）、路基板的不均匀沉降和路基板钢筋应力超限，并由此确定注浆时机。监测系统可进行实时数据传输，能提前发现问题并做好治理准备。

对于脱空情况的判断本系统采用两种传感器：离层感知元件和钢筋应力计。钢筋应力计是为监测钢筋拉应力，当监测到离层接近超限或钢筋拉应力接近超限时即发出预警，为注浆减沉做准备；采用两种监测方式主要是为达到双重保险的目的，防止单一监测方法失效而错过注浆时机。在实际工程中，只要钢筋拉应力不超限，路基板就不存在弯曲过大而破坏的问题。但板下脱空是一种潜在危险，其超限的结果是路基板底面钢筋受拉应力超限。采用两种监测手段可以互为补充，同时钢筋应力监测还具有检测注浆效果的能力，脱空被注满后，钢筋应力会降低。

3. 系统实施

通过回填路基板下脱空监测发现合理的注浆时机后，线路停运或分阶段停运；打开预留注浆孔的钢盖板，多孔同时注浆；将脱空区注满后，可用探地雷达检测注浆效果；将预留孔内水泥浆清除，再次用钢盖板封闭注浆孔；撤回注浆装置设施，恢复通行。具体步骤如下：

（1）沿线路方向选择离层监测点，在路基板横剖面下边线 1/4、1/2 和 3/4 处布置感知元件，纵向每隔 10m 左右布置一排感知元件，形成 3 条监测线。并在路基板下表层受力钢筋上布置钢筋应力计，与离层监测系统并入相同监测系统，连接并测试信号。

（2）路基施工时，每断面预留 3 个注浆孔，孔径 30～50mm，内置小钢管，注浆孔与监测点间隔布置。

（3）在路基板分段处设置止浆板，相邻两个止浆板之间恰有 3 个注浆断面共 9 个注浆孔，止浆板下部插入到回填体内，上部与路基板底部浇筑在一起。

（4）在注浆孔孔口设钢盖板，盖板不得高出路基板地面。

（5）施工完成后，对线路进行回填路基板下脱空监测，选择合适的注浆时机：当路基板下离层测点沉降量超限且钢筋应力监测值超过屈服应力后，开始做注浆减沉准备，检查预留注浆通道可用性，分析注浆时机和注浆可行性。

（6）开始注浆时，线路停运或分阶段停运，开始路基板下注浆减沉。打开预留注浆孔钢盖板，通过高效注浆分流，1 幅路基板的 3 个断面内 9 个注浆孔同步开始注浆。

（7）注浆量达到设计值后，停止注浆，此时脱空区被注满，可用探地雷达检测注浆效果。

（8）将预留孔内水泥浆清除，再次用钢盖板封闭注浆孔，撤回注浆泵、注浆管等设施，恢复通行。

采用回填路基板下脱空监测、板底注浆减沉方法及系统，能有效应对路基板脱空引起的结构病害以及路基板不均匀沉降导致的行车安全等问题。通过预留注浆孔进行注浆，不会破坏原有路基，通过及时注浆也可以免除路基板局部换新。多孔同时注浆也可以高效迅速地注满脱空区，从而缩短施工成本的时间，对行车影响较小。在注浆完成后，不会影响原有的沉降监测元件，仍可以通过板下回填路基板脱空监测发现脱空超限的问题，并做出相应的处理。

第9章 高山隧道巨型溶洞施工专项研究

针对高山隧道与巨型溶洞的空间关系，基于分层填筑、堆载预压及注浆减沉等关键技术，专项研究了高山隧道主溶腔施工的总体部署和关键施工要点，并提出相应的辅助施工措施。最终采取"洞砟回填＋多级减沉＋结构防护"综合处置技术和"锚网索喷主动防护＋移动棚架被动防护"安全控制技术，整个施工过程需严格遵循工艺要求，以确保结构的质量和稳定性。该技术方案合理，节省了大量成本，丰富了我国巨型溶洞处置经验。

9.1 总体施工部署

高山隧道 DIK53+678 溶洞主溶腔处理施工主要为溶洞底部埋设排水管道、洞砟与级配碎石回填、回填体注浆加固、洞壁洞顶加固防护和主线隧道结构施工等。其中溶洞排水设施施工、注浆加固施工均暴露在无安全防护的裸溶洞中，安全风险大。在溶腔施工中主溶腔洞壁及顶板稳定性较差，采用主动网防护、锚网喷防护、点对点施工防护、机械防护等措施。溶洞回填采用四壁约束下无碾压回填，溶洞内工后沉降预测值的确定极为重要，是确定二次衬砌预留沉降量的主要参考指标。总体施工部署图如图 9-1 所示。溶洞处理过程使用的主要施工机械有自卸车、装载机、挖掘机、压路机、多功能地质钻机、三臂凿岩台车、风动凿岩机、注浆泵（单液浆）、电焊机、自行式高空作业平台、湿喷机械手等。

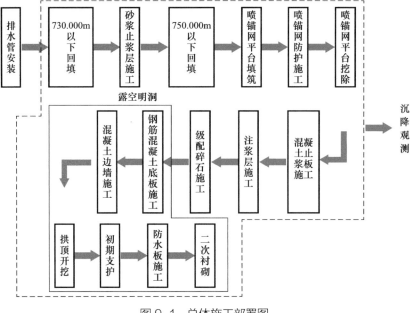

图 9-1   总体施工部署图

9.2   辅助通道施工

9.2.1   迂回平导

迂回平导从原设计平导 PK53+728 引入，右偏（面向平导小里程）45°，行走 85m 之后在左转 45°平行正洞施工，此时平导中线距离隧道左线 85m，平行施工 318m 后再左转转回至原平导位置。迂回平导总长 488m，绕行原设计平导 PK53+290～PK53+728 段共 438m，增加长度 50m。

9.2.2   施工横通道

在平导 PK53+815 处增设 1 号施工横通道，交叉角度 45°，采用无轨运输单车道断面，模筑衬砌结构，工后封堵。在绕行平导（对应原平导里程 PK53+595）处增设 2 号施工横通道，交叉角度 60°，采用无轨运输双车道断面，工后封堵。在平导里程 PK53+761 处设置 3 号施工横通道，交叉角度 45°，采用无轨运输单车道断面，模筑衬砌结构，作为防灾救援疏散横通道，设置防护门。

9.2.3   施工支洞

支洞起点位于平导 PK53+800 处，平面交角 45°，之后设置一处半径为 56m

的半圆曲线，在溶洞西北侧洞壁出洞，出洞口高程 730m，支洞综合坡度 9.5%。施工支洞采用无轨运输双车道断面，净空 7.5m×6.2m（宽 × 高），支洞后期封堵。

9.2.4　平导反打支洞

在迂回平导（对应原平导里程 PK53+620）处向溶洞设置一处支洞，支洞与迂回平导中线平面夹角 75°，纵坡 2%，长度 41m；采用无轨运输双车道断面，支洞后期封堵。

施工辅助坑道及横通道平面布置图如图 9-2 所示。

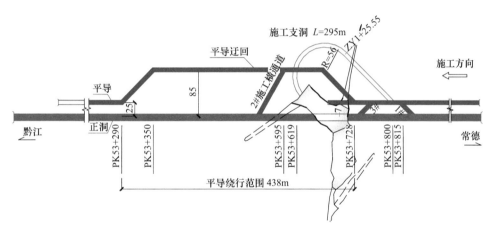

图 9-2　施工辅助坑道及横通道平面布置图

9.3　主溶腔排水与级配碎石回填施工

9.3.1　预处理措施

1. 平导绕行

平导揭示溶洞后为保证工程进度，采用平导绕行施工，绕行段中线与线路左线的线间距为 85m，绕行范围 438m。

2. 设置施工支洞及施工横通道

为便于溶洞内补充勘察、探测和后期施工，设置一座长 295m 的施工支洞连接平导（758.000m 高程）至溶洞底面（730.000m 高程），施工支洞综合坡度 9.5%，采用双车道断面。另外增加 1 号、2 号、3 号施工横通道辅助正洞施工。

3. 岩溶水处理

根据地质调查分析，DK53+690～DK53+720段通过溶洞主通道，主通道两侧有溶隙发育，东北侧溶隙顶有淋雨状滴水，估测水量约200m³/d，溶隙尽头为该溶洞主要的消水洞；回填完成后仅在厅堂状廊道北侧存在无排水通道的封闭区，施工前基底提前埋设透水盲管，引排至东北侧裂隙内的消水点，如图9-3所示。

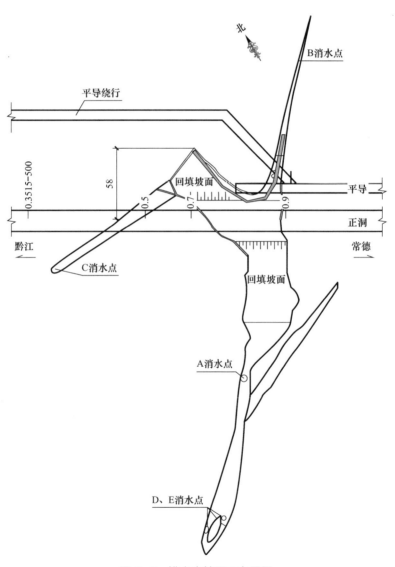

图9-3　排水盲管平面布置图

9.3.2　溶洞排水施工

根据地质勘察，本次岩溶水处理主要针对溶洞底部岩溶水。溶洞实际处于岩溶水垂直渗流带中，且厅堂状廊道洞顶平整，未发现裂隙水流及管道水。东北侧溶隙顶有淋雨状滴水，估测水量约为 $200m^3/d$。另外，洞内地下水受地表降雨影响较小。为避免溶洞回填导致地下水积聚，对溶洞回填体基础产生不利影响，需要在溶洞内保留通畅的地下水排水通道。结合溶洞底地形及溶洞内消水洞情况，在溶洞底部埋设两组排水管路（图 9-4），每组 2 根管路。排水管采用 $\phi1m$ 钢筋混凝土预制管，壁厚不小于 10cm。

施工流程包括：绘制排水管平面图和底纵剖面图，补砟平整，保证高程符合要求；反铲开挖排水管基坑；在基础上铺设碎石基础，厚度不小于 20cm；标记管路中心线，布设排水管；最后进行对称回填。排水管安装要点包括：确保进出水口高程准确，排水坡度满足设计要求；保护好管口，避免被回填堵塞；在管顶两侧各 3m 范围内铺设不小于 1m 的缓冲层。

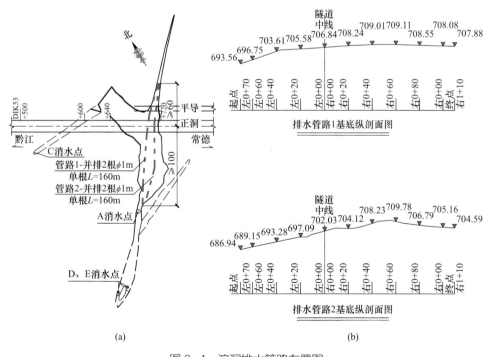

(a)　　　　　　　　　　　　　　(b)

图 9-4　溶洞排水管路布置图

（a）排水盲管平面布置图；（b）排水管路基底纵剖面图

9.3.3　级配碎石施工

1. 集料拌合

级配碎石掺灰 5%，采用 1 号拌合站拌合，为保证填筑时达到最佳含水量，集料拌合时含水量高于设计配合比 1%～2%。并根据天气、运距调整含水量，做到配料准确、拌合均匀、无粗细离析现象。

2. 运输

混合料的运输采用 8 台 10～15t 自卸车运至施工现场，运输车辆的数量根据拌合站生产能力及摊铺机的摊铺能力配备。运输过程中，需对混合料进行覆盖，以免水分散失过快。装车时按"前、后、中"的顺序装料，以减少混合料在下落过程中的重力离析，车辆运输时保持匀速行驶，以减少运输途中的离析。运料车在摊铺作业面以外调头，倒退驶入摊铺现场，避免破坏下承层。

3. 摊铺及碾压

摊铺工作由人工配合装载机完成，摊铺厚度为 30cm，摊铺过程中需确保线路的纵横坡符合标准。粗平采用装载机，精平则采用人工挂线平整；碾压工作采用 YZ-20 型振动压路机，先进行稳压、微振和重振，最后采用光三轮静压。碾压范围应在级配碎石垫层全宽范围内，碾压长度以 50～80m 为宜，碾压过程中保持碎石表面潮湿，并根据混合料的含水量选择最佳碾压时机。在压路机行走时，不调头、不急刹车，以防止混合料滑移或形成裂缝。同时，需要进行地基系数 $K30$ 的跟踪检测，确保满足地基系数 $K30 \geqslant 190\text{MPa/m}$ 和压实系数 $K \geqslant 0.97$ 的要求。级配碎石层施工图如图 9-5 所示。

图 9-5　级配碎石层施工图

4. 接缝处理

横缝应与路中心线垂直设置，接缝处第一天完成的级配碎石接缝处的混合料，留 5～8m 不碾压，第二天洒水使其含水量达到规定的要求后和新摊铺的混合料一起碾压，但应注意此部分混合料的含水量。当含水量较低时，应适当补充洒水，使其含水量达到规定的要求。整平后，新旧混合料一起碾压，振动时，注意减少或杜绝对已成型段的影响。

5. 回填体边缘修正

碾压结束后，边缘要用人工修边夯实。修边要拉线，以保证边线的线型平顺，如发现边缘料过干时应适当洒水再拍边，保证边缘无松散粒料为原则。

9.4　岩溶段隧道结构施工

9.4.1　总体部署与施工要点

1. 总体施工部署

DIK53+655～DIK53+717（62m）该段隧道与溶洞的空间关系从小里程向大里程：隧道结构左侧局部露空—结构两侧及基底全部露空—隧道结构右侧局部露空；底部溶洞回填完成后，对上部隧道结构采用曲墙 + 底板的加强结构，内净空扩大 50cm，同时两侧露空部位增加外边墙；该段落结构纵向按 12m 设一道变形缝。

根据隧道与溶洞的关系做好混凝土地板、外边墙，之后开挖隧道拱部结构轮廓范围的围岩；完成初期支护后，利用泵送混凝土分层回填初支背后露空的部分。二次衬砌考虑到要预留较大沉降量，提前将二衬台车进行改造，使台车断面满足衬砌断面要求。溶洞段衬砌施工程序如图 9-6 所示。

2. 关键施工要点

（1）沉降缝设置要"一缝到底"，即钢筋混凝土底板、边墙、二衬沉降缝在同一截面上，以保证地基沉降时混凝土结构不产生拉裂。

（2）边墙混凝土施工在顶部预留 5cm 缝隙，缝隙采用自流平高强灌浆料填充，保证边墙顶部与溶洞顶密贴。

（3）洞顶欠挖采用光面爆破技术，每次开挖一榀拱架距离，开挖完成后随即进行钢架支护并喷射混凝土。

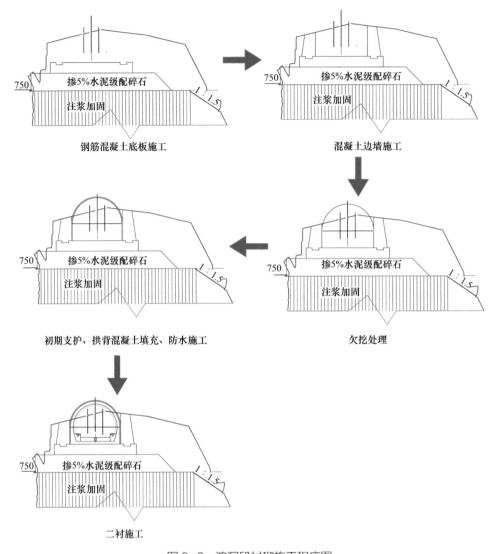

图 9-6   溶洞段衬砌施工程序图

9.4.2   钢筋混凝土路基板与大边墙施工

注浆加固后进行回填体表层、分层及水平位移等沉降监测传感器安装，与早期监控传感器并网形成沉降实时在线监控系统，而后在隧道主洞中心线左右 12m 范围内施工 3m 厚 C35 钢筋混凝土路基板，板内设 4 层 $\phi 25$ 钢筋网片，网格间距为 20cm×20cm，设 $\phi 16$ 架立筋，从隧道主洞穿越溶洞段的中段位置向两个主洞口方向分段浇筑底板，如图 9-7 所示，预留溶洞边缘处接口不浇筑。此后在路基板两侧施工 C20 素混凝土大边墙，边墙横截面直角边梯形，边墙底宽度为 4m，线路外侧坡度为 1∶0.15，底部嵌入底板凹槽内，顶部预留 5cm 缝隙先不接触顶板，为降低不均匀沉降，左右两侧相向施工分段浇筑，如图 9-8 所示。

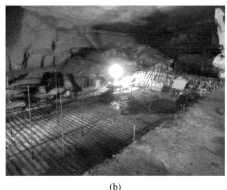

(a)　　　　　　　　　　　　　　　　(b)

图 9-7　溶洞段隧道路基板施工

（a）路基板施工；（b）路基板施工完成

(a)　　　　　　　　　　　　　　　　(b)

图 9-8　混凝土大边墙施工过程

（a）混凝土大边墙施工；（b）混凝土大边墙施工完成

9.4.3　隧道明洞结构施工

在大边墙内侧设隧道明洞结构，初期支护采用 C25 网喷混凝土和 16a 工字钢拱架，二衬支护采用 80cm 厚 C35 钢筋混凝土，隧道断面预留净空 500mm，预防溶洞回填体工后沉降导致的结构侵限，支护断面如图 9-9 所示。隧道结构施工前先在大边墙内侧预埋 3m 厚普通洞砟，在洞砟上方布置 5 排钢管柱，柱顶架设千斤顶，千斤顶支撑在溶洞顶板上，启动千斤顶，对路基板下超厚回填体进行控制性预压，预压荷载达到隧道明洞结构自重的 1.5 倍，超过隧道运营期全部荷载，因千斤顶不具备作动器功能无法模拟列车通过时的扰动作用。隧道仰拱和二衬施工如图 9-10 和图 9-11 所示。

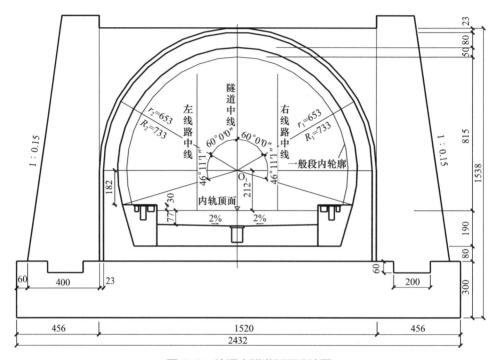

图 9-9　溶洞内隧道断面设计图

(a)　　　　　　　　　　　　　　　　　　(b)

图 9-10　隧道仰拱浇筑

（a）隧道仰拱施工；（b）隧道仰拱过程

（a）　　　　　　　　　　　　　　　　（b）

图 9-11　隧道二衬施工

（a）隧道二衬施工；（b）隧道二衬施工设备

9.5　岩溶段隧道铺轨与架线施工

9.5.1　高山隧道铺轨架线

隧道轨道铺设流程包括前期测量放线、道床基底处理、铺设道砟或整体道床、安装轨枕并精确调整位置、铺设钢轨并临时固定，使用轨距尺和水平尺调整轨道几何尺寸，焊接或扣件连接钢轨，安装连接零件，进行质量检验，道床整平捣固，并在开通前进行安全评估，如图 9-12 所示。根据高山隧洞巨型溶洞处理方案，为降低超厚回填体未知沉降引起轨道变形等问题，高山隧道采用有砟轨道，采用预制轨枕，铺设碎石，有砟轨道具有弹性良好、价格低廉、更换与维修方便、吸噪特性好等优点。同时也具有线路平面几何形状不易保持、使用寿命短、养护维修工作量大等缺点。

（a）　　　　　　　　　　　　　　　　（b）

图 9-12　高山隧道铺轨图

（a）轨枕运输；（b）轨道微调

架线首先进行详细设计和规划，确定电缆和导线的走向、支架位置，并绘制施工图纸，准备高质量的材料和设备，进行严格的质量检查和现场勘察，设置安全防护措施。支架安装阶段，使用激光测距仪定位并钻孔，通过膨胀螺栓将支架固定在隧道壁上，接着使用电缆放线装置逐段放置电缆，并用扎带或电缆夹固定，确保导线张力均匀，并进行连接和保护。电气设备安装包括变电设备、控制设备和辅助设备，确保系统正常运行。在系统调试阶段，进行导通和绝缘测试，检测系统稳定性和可靠性，并进行必要的调整和修复。最终，工程验收和交付由施工团队自检和第三方验收，确保工程质量符合标准，所有技术资料整理归档。通过科学管理和先进技术，施工团队高效、安全地完成架线施工任务，保障隧道电力供应。

9.5.2 高山隧道通车

经过 27 个月施工，黔张常高速铁路高山隧道巨型溶洞的施工处理顺利完成，成功铺轨架线并顺利通车（图 9-13），溶洞处置施工总成本 6900 余万元，相比其他方案，节省成本高达 9600 余万元。高山隧道通车后，货运、客运列车通行正常，运行时速 200km/h，根据隧道健康监测结果显示，运行 2 年后巨型溶洞段隧道结构沉降微小，隧道明洞结构应变变化量小，均在允许范围内。

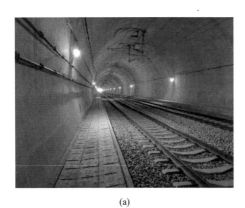

(a)　　　　　　　　　　　　　　　　　(b)

图 9-13　隧道通车图
（a）内部图；（b）外部图

9.6　施工成本分析与经济社会效益

9.6.1　施工成本分析

高山隧道巨型溶洞研究过程中对洞砟回填＋上部注浆、级配碎石回填＋上部注浆、级配碎石＋混凝土板交替回填和大体积混凝土回填四种方案进行了深入研究，最终采用"洞砟回填＋上部注浆"处置方案，与大体积混凝土回填方案相比，产生直接经济效益 6320 万元，为其他标段的溶洞治理提供借鉴和技术复制。巨型溶洞开展了一系列溶洞勘查技术和溶洞稳定性研究，减少了其他溶洞在这些方面的经济投入，同时针对下隐伏的串珠式溶洞进行了详细研究，提出了布袋桩充填等技术方法，其他标段采用高山隧道巨型溶洞技术节省成本 1320 万元。

高山隧道巨型溶洞，采用"洞砟回填＋多级减沉＋结构防护"综合处置技术和"锚网索喷主动防护＋移动棚架被动防护"安全控制技术，节省成本 9600万元，在同类溶洞中处置最快速、成本最经济。经济成本统计表见表 9-1。

经济成本统计表　　　　　　　表 9-1

回填技术方案	经济成本（万元）	安全防护技术方案	经济成本（万元）
级配碎石＋混凝土板交替回填	12870.68	整体满堂支架	4242.5
级配碎石回填＋上部注浆	11744.92	周边满堂支架	3061.4
大体积混凝土回填	10137.63	主线满堂支架	1972.6
洞砟回填＋上部注浆	6926.06	锚网索喷＋移动防护棚架	564.3
处置方案最大节约	5944.62	安全防护最大节约	3678.2

9.6.2　经济效益分析

1. 巨型溶洞处置方案合理，节省成本约 6000 万元

本书提出了线路绕避、回填和桥跨 3 类 12 种巨型溶洞处置技术，线路调整废弃工程量大，经济损失高；桥跨技术施工难度大，经济成本高；回填技术较为合理，其中洞砟回填＋上部注浆方案成本约 6926.06 万元，级配碎石回填＋上部注浆方案成本约 11744.92 万元，级配碎石＋混凝土板交替回填方案成本约12870.68 万元，大体积混凝土回填方案成本约 10137.63 万元。最终优选"洞砟回填＋上部注浆"方案，该方案为国内外首次应用，相比级配碎石＋混凝土板交替回填方案节省成本约 6000 万元。

2. 巨型溶洞安全控制技术合理，节省成本约 3000 万元

本书提出了整体防护、周线防护及主线防护三种满堂支架与锚网索喷防护四种技术，最终优选锚网索喷防护＋移动式防护棚架施工安全方案，相比整体防护满堂支架节省材料成本约 3600 万元，并大幅降低了施工难度。

3. 巨型溶洞处置采用废弃洞砟，废料利用，节约堆放用地

采用"洞砟回填 + 上部注浆"处置方案，能为隧道结构提供较为稳定的基础，同时能够利用回填体反压溶洞侧壁，保证了溶洞周边和隧道明洞结构稳定；回填采用隧道掘进弃砟，实现了废料利用，节约了材料成本，同时节约了弃砟堆放用地。

9.6.3　社会效益分析

目前研究技术已成功运用在黔张常铁路、云桂铁路、怀邵衡铁路等项目工程。通过高山隧道巨型溶洞处置技术研究，丰富了我国巨型溶洞处置方法，推动了铁路隧道修建技术进步，有助于高铁在西南地区的快速发展，同时有助于为川藏铁路岩溶问题提供技术思路。采用洞砟回填，减少了洞砟占用场地，节约了土地，对环境保护有利。

1. 巨型溶洞处置技术合理，顺利穿越了巨型溶洞，保障了黔张常铁路顺利通车

"洞砟回填 + 上部注浆加固"处置技术工艺简单，有利于采用大型机械化设备，施工处置顺利，隧道提前 170d 贯通，对黔张常线路全线顺利通车作出重大贡献。高山隧道巨型溶洞处置快速、经济安全，洞砟回填节约用地、环境友好，大幅提升了山区复杂岩溶隧道建设水平。

2. 巨型溶洞安全防护技术合理，保障了施工人员和设备安全

采用"锚网索喷防护 + 移动式防护棚架"安全控制技术，良好预防了溶洞落石风险，保证了施工人员和设备安全；回填处置方案保证了隧道明洞结构稳定，保证了铁路运营的安全。

3. 采用废弃洞砟回填溶洞，废料利用，节约土地，保护环境

"洞砟回填 + 上部注浆"处置方案采用隧道掘进弃砟回填溶洞，实现了洞砟废料利用，节约了弃砟堆放土地，有利于保护环境。回填技术简单，对溶洞的次生影响小，安全可靠，节约了经济成本。

第 10 章　总结与展望

（1）黔张常高速铁路高山隧道溶洞属于消亡型、半填充、少量涌水的巨型溶洞。溶洞形态特征复杂，主要由厅堂状廊道、主溶裂隙通道和 1 号支洞三部分构成，其中主溶裂隙通道伴生有 2 号支洞。不同区域岩溶发育形态各异，局部发育有陷坑、节理裂隙等，洞底多覆盖塌落物。溶洞位于隧道底部，体量巨大，且周壁较破碎、易坍塌，对隧道工程施工带来极大的挑战。巨型溶洞处置是个系统复杂问题，本技术研究将有助于丰富和完善巨型岩溶隧道修建技术，对川藏铁路等穿越西南山区的高铁建设具有重要意义。

（2）巨型溶腔体地质条件复杂，勘察手段主要包括工程地质调绘、物探、钻探、三维实体建模和测试实验。高山隧道运用综合勘察手段，以溶洞形态测量、地质调查、物探、钻探为主要勘查内容。通过勘察分析得出：隧道区位于岩溶发育的 III～V 级夷平面、岩溶水的垂直渗流带；溶洞为半充填型干溶洞，洞内岩溶水补给有限，地下水受降雨影响小；厅堂状廊道溶蚀底面总体向主通道倾斜，底部基岩钻探 20m 深度范围内岩溶不发育，顶部层面基本稳定，侧壁局部发育宽张节理等。本溶洞水量不大，未因地下水造成太大处置困难，因此没有深入研究地下水问题。

（3）岩溶处理应遵循采取以疏为主、堵排结合、因地制宜、综合治理的原则，对比巨型溶腔处理方案及适用范围采用合理的处理措施。高山隧道巨型溶洞首先确定了平导绕行施工、设置施工支洞的初步措施，然后借鉴类似巨型溶洞的处理经验，对绕避、桥跨和回填三种方案进行比选，最终采用了级配碎石＋混凝土板的回填方案。

（4）隧道穿越巨型溶洞的安全防护主要从对溶洞岩体的加固和对溶洞落石的防护这两个方面考虑。高山隧道巨型溶洞项目在洞壁防护方面提出了满堂支架安全防护和全面锚网索安全防护方案，总结出防护棚架施工工艺、锚网索施工工艺、满堂支架顶升工艺，通过比选最终确定了顶板和周边锚网索喷防护的方案。在溶洞底部设置了临时施工防护通道和可移动式棚架防护，使施工人员得到了安全保障。

（5）为保证溶洞处理后铁路运营正常，需要建立严密的路基沉降监测系统。高山隧道巨型溶洞超厚回填路基在线监测主要包括路基表面沉降、分层沉降、水平位移和混凝土板离层监测四个方面。通过在线实时监测和定期分析总结，可得出超厚回填路基沉降变形规律，及时发现沉降变形异常值，及时指导了溶洞施工处理过程。

（6）基于沉降监测结果，采用抛物线法、指数曲线法和数值模拟法预测了运营期巨型溶洞回填体沉降量，包括回填体表层沉降、底部堆积体分层沉降和回填体水平位移等沉降量预测，将分析结果对比相关行业规程，得出 100 年内溶洞内各项沉降量满足使用要求。

（7）为了揭示黔张常高速铁路超厚回填体在高铁动荷载作用下的沉降规律，本技术在实验室内进行相似模型试验，主要得到回填路基在施工、运营阶段沉降发展规律和预压对路基沉降的控制效果。为了降低工后回填体沉降，本项目在施工期对溶洞回填体采取了分层回填、注浆减沉和堆载预压等主要沉降防治技术。工后沉降控制与超限治理方面，提出了路基板下注浆减沉、路基板结构调整减沉等技术，有效控制了沉降。

（8）超厚回填路基的动力响应问题是一个复杂的动力学问题，文章采用相似模型试验和数值模拟的方法进行研究，而未对现场实际情况进行测试，在日后的研究中，应尽可能地采用更丰富的手段进行综合分析。在相似模型试验中，现有试验条件无法满足经计算得出的全部相似关系，未来可针对高铁路基动力分析开发更完备的相似模拟试验平台或者采用足尺试验的方式，以期更加贴合实际状况。数值模拟分析中，缺少对列车荷载长期作用下的路基振动规律及沉降变形规律研究，没有进一步验证试验中对路基动力沉降作出的预测，下一步应进行超厚回填路基在长期列车荷载作用下的数值模拟分析。

（9）为及时掌握高山隧道 DIK53+678 段巨型溶洞处理段隧道结构受力状态，对溶洞跨越段典型断面二衬混凝土应变、初支钢架应力和二衬结构钢筋应力进行长期实时监测，对工后运营期安全与稳定提供科学性的技术支持。监测项目包括大边墙监测、顶板接触压力监测、锚杆应力监测、初支钢拱架和二衬混凝土内力监测。

（10）高山隧道巨型溶洞施工专项研究内容主要包括：回填施工方案、衬砌支护调整方案、安全防护专项施工方案、监控量测专项方案、工程质量管理和安全生产管理。本项目从管理、措施、技术等各个方面进行专项研究指导施工，既有效保证了施工质量，又提高了工程建设效率效益。

参 考 文 献

［1］ 李雄周，王星星，秦之富. 云南省某高速公路隧道岩溶段处治技术研究［J］. 地下空间与工程学报，2017，13（增1）：433-441.

［2］ 张文峰. 穿越巨型溶腔铁路隧道回填路基沉降机理研究［D］. 济南：山东建筑大学，2019.

［3］ 丁建荣. 隧道岩溶灾害处置技术研究［J］. 中国水运（下半月），2012，12（05）：246-247.

［4］ 何佩军. 野三关隧道穿越高压富水块石充填大型溶洞施工技术研究［J］. 铁道建筑技术，2017，（05）：85-89.

［5］ 邱敬格. 巨型岩溶条件下高铁隧道超厚回填体路基沉降规律与控制技术研究［D］. 济南：山东建筑大学，2018.

［6］ Lima C, Motta L. Study of permanent deformation and granulometric distribution of graded crushed stone pavement material［J］. Procedia Engineering, 2016, 143: 854-861.

［7］ Wang P C, Liu J K, Xu L I, et al. Static shear behavior of crushed rock aggregate subjected to biaxial compression［J］. Journal of the China Railway Society, 2014, 36（36）: 87-92.

［8］ 沈珠江，赵魁芝. 堆石坝流变变形的反馈分析［J］. 水利学报，1998，（06）：2-7.

［9］ 刘汉龙. 江苏宜兴抽水蓄能电站坝料试验研究［R］. 南京：河海大学，2000.

［10］ 柏树田，周晓光. 堆石在平面应变条件下的强度和应力—应变关系［J］. 岩土工程学报，1991，（04）：33-40.

［11］ 张启岳，司洪洋. 粗颗粒土大型三轴压缩试验的强度与应力—应变特性［J］. 水利学报，1982，（09）：22-31.

［12］ 郑治. 填石料的长期变形性能模拟试验研究［J］. 中国公路学报，

2001,（02）：20-23.

[13]　Soriano A，Sanchez F J. Settlements of railroad highembankments［C］//Geotech Engineering for Transportation Infrastructure. Amsterdam：Balkema，1999：1885-1890.

[14]　付玉珠. 填石路基大粒径填料特性试验研究［D］. 成都：西南交通大学，2013.

[15]　邓聚龙. 灰色理论基础［M］. 武汉：华中科技大学出版社，2002.

[16]　张仪萍，俞亚南，张土乔，等. 沉降预测中的灰色模型理论与 Asaoka 法［J］. 系统工程理论与实践，2002，09：141-144.

[17]　左杨. 超高路堤＋栏渣坝整体沉降预测研究［D］. 重庆：重庆交通大学，2009.

[18]　韩汝才，李亮，付鹤林. 利用灰色理论对地基沉降进行不等时距预测［J］. 探矿工程，2000，（2）：4-6.

[19]　石世云. 多变量灰色模型 MGM（1，n）在变形预测中的应用［J］. 测绘通报，1998，（10）：9-12.

[20]　曾超，肖峰，唐仲华. 应用灰色模型（GM）预测软土路基沉降量［J］. 安全和环境工程，2002，9（1）：17-20.

[21]　郑颖人，龚晓南. 岩土塑性力学基础［M］. 北京：中国建筑工业出版社，1989.

[22]　陈国荣，姜弘道，高谦. 高速公路路基性态反分析及沉降预报［J］. 工程地质学报，1998，6（4）：340-343.

[23]　GH Li，HB Liu，XX Qin. Settlement Prediction of Roadbed Based on Mixture Model with Exponential Curve and ANN［J］. Advanced Materials Research，2013，663：76-79.

[24]　孔祥兴，王桂尧，肖世校，等. 高填方路基的沉降变化规律及其预测方法研究［J］. 公路交通技术，2006，（2）：1-4.

[25]　张思远.（京沪）高速铁路路基沉降预测方法适用性研究［D］. 成都：西南交通大学，2012.

[26]　张玉芝. 改进的动态灰色模型在高速铁路变形预测中的应用［J］. 铁路科学与工程学报，2013，10（2）：56-61.

[27]　徐晓宇. 高填方路基沉降变形特性及其预测方法研究［D］. 长沙：

长沙理工大学，2005．

［28］　周禹．高铁铁路路基沉降预测与控制沉降施工技术的研究［D］．重庆：重庆交通大学，2013．

［29］　曹永琅，丛建，吴晓峰．高速公路超软土地基的真空预压加固研究［J］．岩土力学，2003，（05）：771-775．

［30］　赵炼恒，罗恒，李亮，等．冲击压实技术在高速公路高填方路基中的应用研究［J］．岩石力学与工程学报，2006，（增2）：4191-4197．

［31］　李大维．高速公路大粒径填石路堤修筑技术研究［D］．重庆：重庆交通大学，2012．

［32］　孙书平．山区土石混填高路堤施工与沉降控制研究［D］．重庆：重庆交通大学，2013．

［33］　师杨杨．高速铁路路基沉降病害整治技术研究［D］．河北：石家庄铁道大学，2016．

［34］　崔国东．高速铁路路基变形控制的研究［D］．北京：中国铁道科学研究院，2016．

［35］　罗文艺．黔张常铁路高山隧道巨型溶洞发育特征及工程评价［J］．铁道标准设计，2018，62（06）：93-98．

［36］　王军，邱敬格，杨凡，等．隧道掘进爆破对某巨型干溶洞洞壁危岩体的扰动作用研究［J］．隧道建设（中英文），2018，38（1）：41-49．

［37］　中国铁路总公司．铁路隧道监控量测技术规程 Q/CR 9218-2015［S］．北京：中国铁道出版社，2015．

［38］　李勇良．云桂客专营盘山隧道穿越巨型溶洞处治技术研究［J］．铁道建筑技术，2016，（02）：57-60+74．

［39］　林本涛，巩江峰．朱砂堡二号隧道特大型岩溶空腔处理技术［J］．高速铁路技术，2016，7（03）：91-96．

［40］　王少辉，陈兆，蒋冲，等．特大型溶洞隧道综合处治方案及施工技术［J］．隧道建设，2017，37（06）：748-752．

［41］　黄胤超，王少辉，杨凤华．那丘隧道廊道厅堂式溶洞处治方案比选［J］．公路交通技术，2016，32（01）：109-112．

［42］　张欣．田德铁路陇外隧道巨型溶洞的处理［J］．铁道运营技术，

2011, 17 (02): 29-31.

[43] 刘齐军, 丁永全, 邓少军. 龙塘坪隧道大型溶洞处理技术研究 [J].
公路, 2012, (09): 259-261.

[44] 马涛. 宜万铁路龙麟宫隧道 1 号大型溶洞处理技术研究 [J]. 铁道
标准设计, 2010, (8): 125-128.

[45] 李鸣冲. 宜万铁路龙麟宫隧道穿越大型半充填溶洞综合处理技术研
究 [J]. 铁道标准设计, 2010, (08): 119-121.

[46] 张龙, 曹校勇, 林永锋. 羊桥坝隧道大型干溶洞处理方案研究 [J].
现代隧道技术, 2014, 51 (04): 185-190.

[47] 周大勇. 齐岳山隧道溶洞预报与处治技术研究 [J]. 铁道建筑技术,
2016, (08): 87-90.

[48] 吴力平, 冯杨, 李刚. 基于层次分析法的施工现场平面布置方案评
估 [J]. 浙江工业大学学报, 2010, 38 (01): 111-113+118.

[49] 许振浩, 李术才, 李利平, 等. 基于层次分析法的岩溶隧道突水突
泥风险评估 [J]. 岩土力学, 2011, 32 (06): 1757-1766.

[50] 陈婷婷, 宋永发. 基于 AHP-TOPSIS 的地铁车站施工方案比选 [J].
工程管理学报, 2012, 26 (02): 33-36.

[51] Alexander J, Saty T L. Stability analysis of forward backward processes
conflict [J]. Behavioral Sciences, 1977, 22 (6): 375-382.

[52] 古兰玉. 上跨铁路营业线桥梁施工技术与施工方案比选方法研究
[D]. 北京: 清华大学, 2017.

[53] 张群. 路基不均匀沉降对双块式无碴轨道的影响研究 [D]. 成都:
西南交通大学, 2007.

[54] 付龙龙, 宫全美, 周顺华, 等. 列车荷载作用下有砟轨道轨面沉
降与路基不均匀沉降间的相关关系 [J]. 振动与冲击, 2013, 32
(14): 23-28+39.

[55] 詹永祥, 蒋关鲁. 无碴轨道路基基床动力特性的研究 [J]. 岩土力
学, 2010, 31 (02): 392-396.

[56] 中国铁路总公司. 铁路工程沉降变形观测与评估技术规程 Q/CR
9230-2016 [S]. 北京: 中国铁道出版社, 2015.

[57] 杨超, 杨永林, 丁吉峰, 等. 基于实测数据的高填方工后预测模型

研究 [J]. 测绘地理信息，2018，43（04）：78-80+83.

[58] 杨涛，李国维，杨伟清. 基于双曲线法的分级填筑路堤沉降预测 [J]. 岩土力学，2004，（10）：1551-1554.

[59] 黄广军. Asaoka 法预测软土地基沉降时存在的问题和对策 [J]. 岩土力学，2016，37（04）：1061-1065+1074.

[60] 秦尚林，陈善雄，许锡昌. 路基沉降预测的拓展指数曲线模型 [J]. 铁道标准设计，2010，（02）：28-30.